Danner Biologisch kochen und backen

Helma Danner

Biologisch kochen und backen

Das Rezeptbuch der natürlichen Ernährung

Econ Verlag
Düsseldorf · Wien

Umschlagfoto und Bildteil: Hermann Tannert
Zeichnungen: Eva-Maria Wowy

31.–50. Tausend
2. bearbeitete und erweiterte Neuauflage 1981
Copyright © 1981 by Econ Verlag GmbH, Düsseldorf und Wien.
Alle Rechte der Verbreitung, auch durch Film, Funk, Fernsehen, fotomechanische Wiedergabe, Tonträger jeder Art, auszugsweisen Nachdruck oder Einspeicherung und Rückgewinnung in Datenverarbeitungsanlagen aller Art, sind vorbehalten.
Gesetzt aus der Helvetica der Linotype GmbH
Satz: Dörlemann-Satz, Lemförde
Druck und Bindearbeiten: Ebner Ulm
Printed in Germany
ISBN-Nr. 3 430 11998 7

Inhalt

Vorwort	7
Vorwort zur 2. Auflage	9
Was ist Vollwerternährung?	11
Grundprinzipien der vollwertigen Ernährung	12
Das Frischkornmüsli	14
Salate und die Gemüsefrischkost	17
Vollkornbackwaren	47
Getreidemühlen	48
Tips für »Eigenbrötler«	50
Brote, Brötchen, Toast	53
Gebäck	69
Kuchen	81
Torten	104
Osterbackwaren	113
Weihnachtsgebäck	118
Plätzchen	136
Spezialitäten für Sommerfeste, Kirchweih, Kindergeburtstag	138
Suppen, Saucen, Hauptgerichte	143
Suppen	143
Eintopfgerichte	153
Saucen	160
Quark, pikant	165
Hauptgerichte	168
Frikadellen, Steaks	195
Beilagen	200
Gemüse	212

Leckereien 219

    Süßspeisen 219
    Desserts 230
    Eis 245
    Eisgetränke 251

Herzhaftes am Abend 253

Anhang 265

    Schonend tiefkühlen 265
    Einfrieren von Backwaren 265
    Einfrieren von Gemüse 266
    Einfrieren von Küchenkräutern 267
    Einfrieren von Obst 269
    Kleine Teekunde 270
    Herstellung von milchsaurem Gemüse 273
    Joghurt selbstgemacht 276
    Das Getreide – Grundlage der Vollwertkost 277

Begriffserläuterungen 281
Alphabetisches Gesamtverzeichnis der Rezepte und Zutaten ... 283

Vorwort

> Durch den vollkommenen Mangel an Vernunft in der Küche ist die Entwicklung des Menschen am längsten aufgehalten und am schlimmsten beeinträchtigt worden.
>
> *Friedrich Nietzsche*

Die bedrohliche Zunahme der ernährungsbedingten Zivilisationskrankheiten in den letzten Jahrzehnten beruht auf der Unkenntnis breitester Bevölkerungskreise, daß eine große Zahl von Krankheiten, die seuchenartig die zivilisierten Völker heimgesucht haben, durch fehlerhafte Ernährungsweise und Mängel in der Nahrung hervorgerufen werden.

Verantwortliche Wissenschafter haben erkannt, daß zweierlei geschehen muß, um den unumgänglichen Wandel in den krankheitserzeugenden Eßgewohnheiten der zivilisierten Völker einzuleiten. Als erste Voraussetzung für eine vorbeugende Gesunderhaltung und Eindämmung der ernährungsbedingten Zivilisationskrankheiten ist es notwendig, der Bevölkerung auf wissenschaftlich exakter Grundlage, aber in einer für jeden verständlichen Form das Einzelwissen über die krankmachenden Nahrungsfaktoren zu vermitteln. Diese Voraussetzungen wurden u. a. in meinem Buch »Gesund durch richtiges Essen«, Econ Verlag, und in ausführlicherer Weise in »Schicksal aus der Küche« in meiner im Verlag gesundleben erschienenen Buchreihe »Aus der Sprechstunde« geschaffen.

Genauso wichtig wie die Aufklärung darüber, daß es vorwiegend die Fabriknahrungsmittel sind, die uns den Herzinfarkt, die Leberschädigungen, die Gelenk- und Wirbelsäulenerkrankungen, die Stoffwechselstörungen wie Zuckerkrankheit, Gicht und Fettsucht, die Anfälligkeit für Infekte, den Gebißverfall u. a. m. beschert haben, ist die Wissensvermittlung darüber, wie diese wissenschaftlichen Erkenntnisse ihren praktischen Niederschlag in der Zubereitung der Speisen finden. Es geht um die Frage, ob es möglich ist, eine gesunderhaltende und heilende Kost in der Küche herzustellen, die einerseits den Forderungen der medizinischen Ernährungswissenschaft entspricht und andererseits auch dem Gaumen gerecht wird. Bei jeder notwendigen Kostumstellung eines Kranken ergibt sich als Haupthindernis seine Befürchtung, nunmehr den gewohnten Genüssen entsagen zu müssen, weil er annimmt, eine »gesunde Kost« müsse schlecht schmecken.

Eine Kost, die nicht gut schmeckt, kann keine Heilkost sein.

Frau Danner zeigt in dem vorliegenden Buch meisterhaft, wie eine vitalstoffreiche Vollwertnahrung, die weitgehendst frei ist von schädlichen Fabriknahrungsmitteln, schmackhafter zubereitet werden kann als die übliche bürgerliche Kost. Sie beweist, daß gesunderhaltende Nahrung kein Verzicht auf köstliche Gebäcke, Torten und Tafelfreuden aller Art bedeutet. Die häufig anzutreffende Vorstellung, daß man aus Vollkornmehlen keine süßen Gebäcke herstellen könne oder daß ein solches Gebäck weniger genußreich sei als Produkte aus Auszugsmehlen und Fabrikzucker, wird durch dieses Buch widerlegt. Es zeigt sich, daß es lediglich von der Kochkunst und dem Gewußt-wie abhängt, um eine gesunderhaltende Kost zugleich zu einer Gaumenfreude zu machen.

Der katastrophale Gesundheitszustand der zivilisierten Völker verlangt neue Eßgewohnheiten. Den Weg dazu zeigt dieses Buch in hervorragender Weise. Es stellt die notwendige praktische Ergänzung zur neuen Ernährungslehre dar und wird daher, davon bin ich überzeugt, in hohem Maße dazu beitragen, daß die wissenschaftlichen Erkenntnisse der modernen Ernährungsforschung die notwendige rasche Verbreitung finden.

Krankenhaus Lahnhöhe Dr. med. M. O. Bruker
Überregionales Zentrum für Ganzheitsmedizin *Chefarzt*

Vorwort zur 2. Auflage

> Die Ernährung ist nicht das Höchste im Leben, aber sie ist der Nährboden, auf dem das Höchste gedeihen oder verderben kann.
>
> Dr. M. O. Bircher-Benner

Seit dem Erscheinen der 1. Auflage im Frühjahr 1979 hat sich das Angebot an naturbelassenen Lebensmitteln stark ausgeweitet. Die Bio-Landwirtschaft im In- und Ausland stellte sich auf das Qualitätsbewußtsein von Konsumenten und Verteilern ein. Naturkostläden und Bio-Läden haben es sich zur Aufgabe gemacht, Lebensmittel in naturbelassenem und frischem Zustand für ernährungsbewußte Menschen bereitzuhalten.

Entsprechend dem erweiterten Lebensmittelangebot wurde die Herstellung von Haushalts-Getreidemühlen intensiviert. Hier lag der Schwerpunkt auf der Entwicklung von Küchengeräten, die sowohl als universelle Küchengeräte wie auch als Getreidemühlen verwendet werden können. Heute gibt es zu einem angemessenen Preis Küchengeräte, die diese Anforderungen erfüllen. Das war notwendig, um die Ausführung der Vollwerternährung breiteren Bevölkerungskreisen zu ermöglichen.

Die in diesem Buch erwähnten Koch- und Backzutaten werden jetzt auch in den Naturkost- und Bio-Läden, allerdings unter anderen Handelsbezeichnungen, geführt.

Es ist erfreulich festzustellen, daß das Verständnis für richtige Ernährung als Voraussetzung für die Gesundheit im Bewußtsein der Menschen immer stärker Eingang findet. Neben einem sicheren Grundwissen über die gesunderhaltende Ernährung ist die Durchführung dieser Erkenntnisse in der täglichen Praxis der Nahrungszubereitung erforderlich.

Die 2. Auflage dieses Buches soll ein sicherer Leitfaden für alle die Menschen sein, die sich der Vollwerternährung zuwenden. Neu aufgenommen wurden ein alphabetisches Gesamtregister, Begriffserläuterungen für verschiedene Zutaten und eine Einführung in die »Grundprinzipien der vollwertigen Ernährung«. Eine Neubearbeitung der Haushaltsgetreidemühlen-Übersicht wurde durch den heutigen Stand der Technik notwendig.

Schließlich wird durch neue, erprobte Rezepte die Vielgestaltigkeit und der Wohlgeschmack der Vollwerternährung aufgezeigt.

Meine besten Wünsche zum guten Gelingen der Rezepte begleiten diese 2. Auflage.

Lauf a. d. Pegnitz, im Februar 1981   Helma Danner

Was ist Vollwerternährung?

Alles, was die Natur hervorbringt, ist vollwertig. Erst durch den Eingriff des Menschen in das Naturgeschehen, übermäßige Mineralstoffdüngung und Anwendung von giftigen Pflanzenschutzmitteln einerseits und Extrahieren, Präparieren, Isolieren, Konservieren und Erhitzen andererseits, entstanden die sog. denaturierten Nahrungsmittel.

Alle in diesem Buch aufgeführten Rezepte beinhalten zum größten Teil vollwertige Lebensmittel.

An die Stelle von Auszugsmehlen und deren Produkte treten frisch gemahlene Vollkornmehle, Vollkornnudeln, Vollkornbrote und Vollkorngebäck.

Für das tägliche Müsli wird frisch gemahlenes Getreide mit frischem Obst verwendet, kein Fertigmüsli.

Sämtliche Fabrikzuckerarten und die damit versetzten Produkte entfallen. Zum Süßen werden Honig oder Trockenfrüchte genommen. Auch der für Rohspeisen verwendete Honig sollte unbedingt unerhitzt sein.

Die Salate, Gemüse und das Obst werden größtenteils roh verwendet und mit kaltgepreßten Ölen oder unpasteurisiertem Rahm zubereitet.

Die Milch wird roh genossen und das Joghurt aus Rohmilch zubereitet.

Die verwendeten Getreidesorten, die Milch, die Eier, das Gemüse, die Salate und das Obst sollten biologische, giftfreie gezogene Produkte sein.

Alle dem Leser unbekannten Lebensmittel, Gewürze und sonstige Zutagen erfragt und erhält er im Reformhaus oder in Naturkostläden.

Das vorliegende Buch führt in die Praxis der Vollwerternährung ein. Eine ausführliche Darstellung über die medizinischen Grundlagen der Vollwerternährung bringen die von Dr. med. M. O. Bruker verfaßten Bücher »Gesund durch richtiges Essen«, Econ Verlag, Düsseldorf, und »Schicksal aus der Küche«, Verlag gesundleben, 6072 Dreieich.

Grundprinzipien der vollwertigen Ernährung

Das Prinzip der vollwertigen Ernährung besteht darin, daß es die Ursachen der Gesundheit als Heilmittel verwendet.

Danach müssen folgende *Lebensmittel täglich* gegessen werden:

1. *Vollkornbrote,* und zwar abwechselnd verschiedene Sorten. Das Brot, die Brötchen und andere Backwaren müssen aus frischgemahlenem Vollkornmehl zubereitet sein.
2. *Das Frischkornmüsli* muß aus frischgemahlenem oder gekeimtem Getreide unter Verwendung von frischem Obst zubereitet werden.
3. Die Nahrung muß einen großen Anteil von *rohem Gemüse, Salaten und Obst* enthalten.
4. Der Verzehr von *naturbelassenen Fetten* in Form von Butter, kaltgeschlagenem Öl, Nüssen oder Samen (z. B. Leinsamen) ist notwendig.

Folgende *Nahrungsmittel* sind zu *meiden:*

1. Jeder *in der Fabrik hergestellte Zucker*: weißer und brauner Zucker, Traubenzucker, Fruchtzucker, Malzzucker, Milchzucker.
2. *Alle Auszugsmehlprodukte,* wie Weißbrot, Schwarzbrot, Graubrot, weiße Brötchen, Kuchen und süßes Backwerk, Teigwaren, Pudding, geschälter Reis u. ä.
3. *Alle Obst- und Gemüsesäfte,* gleichgültig, ob selbst frisch gepreßt oder fertig gekauft.
4. *Alle denaturierten Fette,* wie gewöhnlich Öle und Margarinen.

Neben den Lebensmitteln, die unbedingt gegessen werden müssen, und den Nahrungsmitteln, die zu meiden sind, verbleibt noch eine Gruppe der erlaubten Speisen. Alles, was nicht als zu meiden genannt wurde, darf und soll verwendet werden, denn die Kost muß, da sie ein ganzes Leben lang gegessen werden soll, abwechslungsreich sein.

Die Befolgung dieser bewährten Ratschläge von Dr. M. O. Bruker bringt keinerlei Risiko, dafür aber die Sicherheit, optimale Gesundheit zu erhalten oder zurückzugewinnen. Wegen der langen Anlaufzeiten der Zivilisationskrankheiten ist es wichtig, möglichst früh mit den Maßnahmen zu beginnen. Damit werden alle ernährungsbedingten Zivilisationskrankheiten verhütet, wie:

Gefäß-, Kreislauf- und Herzerkrankungen einschließlich Herzinfarkt und Thrombosen, Leber-, Galle-, Magen- und Darmerkrankungen, Verstopfung, Gebißschäden, Erkrankungen der Bewegungsorgane (Arthrose, Arthritis, Wirbelsäulenschäden), die Stoffwechselstörungen der Fettsucht und Zuckerkrankheit sowie die Neigung zu sog. Erkältungen.

Bei verspäteter Vorbeugung ist im Anfang einer Krankheit oft noch Heilung zu erzielen, wenn nicht irreparable Formveränderungen (z. B. Karies) vorliegen. Es besteht die Aussicht, selbst bei fortgeschrittenen Fällen gestörte Funktionen wieder herzustellen, womit die Beschwerden verschwinden. In jedem Fall ist aber ein Stillstand oder eine Verlangsamung des Krankheitsprozesses zu erreichen.

Weitere Empfehlungen zur Vollwertkost

Der unerhitzte Nahrungsanteil (Frischkornmüsli, Gemüsesalate, Obst) soll mindestens ein Drittel der gesamten täglichen Nahrungsmenge ausmachen.

Der Anteil an Frischkost sollte zu zwei Dritteln aus Gemüse (zubereitet als Salate) und zu einem Drittel aus Obst bestehen. Die Frischkost soll bei jeder Mahlzeit zu Beginn gegessen werden.

Der Verzehr von Fleisch und Wurst ist unnötig. Ein mäßiger Verzehr von Käse, Milchprodukten und Eiern ist auf jeden Fall vorteilhaft.
In vielen Krankheitsfällen jedoch ist völlige Vermeidung von tierischem Eiweiß notwendig.

Bei dieser Ernährung werden keine Verbote ausgesprochen. Jeder kann die Empfehlungen nach dem Grad seines Gesundheitswunsches streng oder nur teilweise einhalten.

Das Frischkornmüsli

Die Verwendung von rohem Getreide und frischem Obst als Frühstück gehen auf die Versuche von Professor Kollath zurück. Er bewies, daß der menschliche und tierische Organismus zur Regeneration der Zellen, zum normalen Ablauf des Stoffwechsels, zum gesunden Aufbau des kindlichen Organismus und zum Wiederaufbau und Ersatz der verbrauchten und alternden Zellen *täglich* Wachstums-, Wuchs- und Zellerneuerungsstoffe benötigt.

Diese Zellerneuerungsstoffe mit dem Vitamin-B-Komplex sind in optimaler Form im vollen, unverletzten, rohen Getreidekorn mit lebendem Keim enthalten und sind somit das hochwertigste, zugleich billigste und überall erhältliche Naturprodukt.

Das Frischkornmüsli hat nicht nur einen hohen Nähr- und Wirkstoffwert, sondern regt auch die Darmfunktionen kräftig und regulierend an.

Weizen, Roggen, Hafer, Gerste, Hirse und Buchweizen sind die Getreidearten, die sich für das Frischkornfrühstück anbieten.

Man kann Weizen oder auch Hafer (als frisch gequetschte Flocken) für sich allein verwenden oder auch gemischt, z. B. als Fünfkorn.

Das Getreide wird jeden Abend mit einer Getreidemühle, anfangs genügt auch eine handbetriebene Kaffeemühle, *frisch geschrotet* und mit soviel Wasser verrührt, daß ein dickflüssiger Brei entsteht. Zugedeckt bleibt er über Nacht stehen.

Am Morgen gibt man Zitronensaft, Honig, kurz eingeweichten, ganzen Leinsamen oder frisch geschroteten Leinsamen hinzu, reibt auf einer feinen Bircherraffel Äpfel dazu und hebt sie darunter. Nun verteilt man das Müsli in Portionsschälchen und gibt kleingeschnittenes Obst der Jahreszeit darüber, das man mit geriebenen Nüssen bestreut. Nach Belieben kann auch alles Obst, fein oder grob gerieben, daruntergehoben werden. In die Mitte gibt man geschlagene Sahne oder Quark und serviert sofort.

Das Frischkornfrühstück, liebevoll zubereitet und hübsch garniert, wird so zum täglichen Bedürfnis und zum Eckpfeiler der Gesundheit.

Es kann immer wieder anders zubereitet werden, statt Honig können abends gesondert eingeweichte Trockenfrüchte verwendet werden, so z. B. Rosinen, Korinthen, Feigen, Aprikosen und Pflaumen.

Die frisch geriebenen Äpfel sollte man nach Möglichkeit immer dazunehmen, denn sie lockern das Müsli auf.

Johannisbeeren werden mit zerdrückter Banane und/oder Honig angerichtet, da sie sehr sauer sind.

Das Obst, das oben aufs Müsli kommt, sollte immer wieder gewechselt werden. Ebenso kann es einmal klein gewürfelt, einmal mit Quark, Joghurt oder Sahne gemixt werden (z. B. Banane, Zwetschgen).

Auch bei Sahne und Quark und bei den Nußsorten kann ein Wechsel erfolgen. Die Nüsse können gerieben, aber auch kleingeschnitten oder im ganzen über das Müsli gegeben werden.

Das Müsli kann auch morgens geschrotet, eingeweicht und abends zubereitet und gegessen werden.

Rezept für 4 Personen

8 El Weizen, Hafer oder Fünfkorn, geschrotet und eingeweicht
Saft von 1 Zitrone, ungespritzt oder von $1/2$ Grapefruit
1 El Honig *oder* 50–75 g Trockenfrüchte
2 El Leinsamen
500 g Äpfel
300–400 g Obst der Jahreszeit
30 g Nüsse
4 El Quark *oder* knapp $1/8$ l geschlagene Sahne

Frischkornfrühstück mit gekeimtem Weizen oder Roggen nach Dr. Evers

Weizen oder Roggen (unterschiedliche Keimdauer) werden in einer Schüssel mit Wasser bedeckt über Nacht eingeweicht. Am nächsten Morgen gießt man alles in ein Sieb, braust den Weizen mit Wasser ab, läßt ihn abtropfen und gibt ihn bis zum Abend wieder in eine Schüssel, die man mit einem Tuch abdeckt. Am Abend gibt man wieder Wasser über die Körner und wiederholt dies, bis sich kleine Keime zeigen. Dies erfolgt bei Weizen am 2. oder 3. Tag, bei Roggen am 3. oder 4. Tag.

Die Keime sind ganz kurz, gerade sichtbar, am wirkungsvollsten. Im Kühlschrank kann man den Keimprozeß stoppen, wenn man die Körner nicht gleich verwendet.

Die Körnerfrüchte sind nur durch tüchtiges Kauen gut zu verdauen.

Zu den Körnern gibt man nun Zitronensaft, Honig, frisch gequetschten Leinsamen und gewürfeltes oder geschnittenes Obst und vermischt alles wie einen Obstsalat. Nun verteilt man in Portionsschälchen, gibt obendrauf geschlagene Sahne oder Quark und bestreut mit gehackten oder geriebenen Nüssen und serviert sofort.

Rezept für 4 Personen

8 El Weizen (keimen lassen)
Saft von 1 Zitrone, ungespritzt
1 El Honig *oder* 50–75 g Trockenobst
2 El Leinsamen
600–800 g gemischtes Obst
4 El Quark *oder* knapp $1/8$ l geschlagene Sahne
30 g Nüsse

Alle zum Müsli verwendeten Produkte sollten hochwertige, gesunde Lebensmittel sein; das Getreide keimfähig und aus biologischem Anbau, die Zitronen und das Obst ungespritzt, die Trockenfrüchte ungeschwefelt, der Leinsamen und die Nüsse ausgesuchte, saubere Qualität. Meist erhält man diese Qualitätsprodukte nur in Reformhäusern oder in Naturkostläden.* Das Müsli ist so anhaltend sättigend, daß man ohne Zwischenmahlzeit bis Mittag auskommt. Bei Bedarf kann nach dem Müsli noch Vollkornbrot oder Vollkorngebäck gereicht werden.

* Versand u. a.: Weiling, Postfach 1803, 4420 Coesfeld.

Salate und die Gemüsefrischkost

Mit ihren im natürlichen Verbund enthaltenen Vitaminen und Vitalstoffen aktivieren Salate und roh genossenes Gemüse alle Lebensvorgänge und sind für unser Wohlbefinden mitbestimmend und maßgeblich am Verdauungsprozeß beteiligt.

Die Salate und Gemüse sollten aus biologischem, giftfreiem Anbau stammen. Wichtig dabei ist auch die frische Zubereitung vor jeder Mahlzeit. Sie werden mit kaltgeschlagenen Ölen, Sauerrahm, Sahne, Obstessig oder Zitrone und mit frischen oder getrockneten Kräutern und Gewürzen angemacht. Für die Zerkleinerung sind Rohkostreiben, Rohkostraffel und eine Rohkostmaschine aus rostfreiem Edelstahl unerläßlich.

Diese Frischkost soll täglich genossen werden, jeweils zu Beginn jeder Mahlzeit. Sie wirkt gleich günstig auf Appetit und Verdauung. Damit werden dem Körper alle wasser- und fettlöslichen Vitamine zugeführt.

Die Frischkost allein reicht jedoch nicht aus, um den gesamten Vitaminhaushalt zu decken. Die wichtige Gruppe der B-Vitamine kann nur durch Vollkornprodukte roh, gebacken und gekocht, zugeführt werden.

Blaukrautsalat

300 g Blaukraut, netto
½ Tl Vollmeersalz

1 Joghurt
3 El kaltgeschlagenes Öl*
2 El Obstessig
½ Tl Brechts Salatgewürz
1 Tl Honig
1–2 El frisch geriebener Meerrettich

300 g Äpfel

Das Blaukraut fein hobeln und mit etwas Vollmeersalz bestreuen, gut mischen und kurz mit dem Kartoffelstampfer stoßen, danach ist das Kraut naß und geschmeidig. Zugedeckt 1 Stunde ziehen lassen.

Joghurt, Öl und Obstessig mit dem Salatgewürz, Honig und Meerrettich gut mischen.

Die Äpfel fein reiben, unter das Blaukraut geben, die Salatsauce darübergießen und gut vermengen.

Blumenkohl mit Karotten

250 g Blumenkohl, netto
300 g Karotten

⅛ l Buttermilch
2 El kaltgeschlagenes Sonnenblumenöl
2 MS Brechts Kräutersalz
2 MS Curry
1 Bund Schnittlauch

Die Buttermilch mit dem Sonnenblumenöl und den angegebenen Gewürzen verrühren.

Die Blumenkohlröschen und die Karotten mit der Rohkostmaschine raspeln und unter die Salatsauce heben.

Blumenkohl mit Tomaten

200 g Blumenkohl, netto
350 g Tomaten

3 El Obstessig
3 El kaltgeschlagenes Öl
1 kleine Zwiebel
½ Tl Vollmeersalz
1 Bund frischer Dill

Obstessig und Öl cremig rühren, die feingeschnittene Zwiebel, das Vollmeersalz und den feingehackten Dill dazugeben.

Die Blumenkohlröschen mit der Rohkostmaschine fein raffeln, die Tomaten würfeln und beides unter die Salatsauce heben.

---

* Lieferant u.a.: Firma Fritz Kaucher, Reform-Ölmühle, Postfach 1106, 7860 Schopfheim

Bunter Champignonsalat

6 El kaltgeschlagenes Öl
3 El Zitronensaft
1 Tl Kräutersenf Natura
1 MS Cayennepfeffer
2 MS Brechts Kräutersalz
1 El gehackte Petersilie
250 g frische Champignons
1 grüne Paprikaschote
1 rote Paprikaschote

Das Öl mit Zitronensaft cremig rühren und mit Kräutersenf, Cayennepfeffer und Kräutersalz würzen.

Die rohen, frischen Champignons sorgfältig waschen, putzen und abtropfen lassen. In dünne Blättchen schneiden.

Die Paprikaschoten entkernen, feinwürflig schneiden und beides unter die Salatsauce heben. Etwa 15 Minuten ziehen lassen.

Mit gehackter Petersilie bestreuen.

Für die festliche Tafel kann man den Salat in einer mit grünen Salatblättern ausgelegten Schüssel servieren.

Bunter Salatteller

Salate und Gemüse
 der Jahreszeit
Apfel, Orange, Ananas, Zwiebel
Kräuselpetersilie

1–2 Joghurt
3 El kaltgeschlagenes Sonnenblumenöl
2 El Obstessig (Apfel)
1 El Kräutersenf Natura
1 Tl Honig
1 Tl Brechts Salatkräuter
1 El frische Salatkräuter
2 MS Vollmeersalz
1 kleingeschnittene Knoblauchzehe

Die Salate und Gemüse fein schneiden, hobeln oder stifteln und für jede Person auf einem flachen Eßteller mit Farbkontrasten anordnen.

Auf grüne Salate wie Endivie, Chinakohl, Chicorée o. ä. einige feingewürfelte Apfel- oder Orangenstückchen legen, auf Feldsalat einige Ananasstückchen, auf Tomaten feingeschnittene Zwiebel streuen.

Mit Kräuselpetersilie verzieren.

Die Salatsauce, aus Joghurt mit allen angegebenen Zutaten verrührt, wird erst bei Tisch über den Salat gegossen.

Viele andere Salatsaucen eignen sich ebenfalls für dieses Gemüseallerlei.

Broccoli Venezia

350 g Broccoli
500 g Tomaten
1/8 l Sahne
1/8 l Sauerrahm
2 El Kräutersenf
2 MS Kräutersalz
1 Tl getrocknete Salatkräuter
2 Knoblauchzehen
1 Bund Schnittlauch
1 Bund Dill

Unter die steifgeschlagene Sahne Sauerrahm, Senf, Kräutersalz und Salatkräuter rühren. Knoblauch, Schnittlauch und Dill fein schneiden und unterziehen.

Broccoli waschen, in kleine Röschen teilen und die Tomaten achteln.

Broccoli und Tomaten werden abwechselnd im Kreis auf Salatteller gelegt. In die freigebliebene Tellermitte die Salatcreme gießen. Broccoli und Tomaten beim Essen in die Salatcreme stippen.

Cattaloniasalat

1 Joghurt
2 El Sauerrahm
1 El kaltgeschlagenes Öl
1 Tl Kräutersenf
1 Tl Honig
1/2 Tl Brechts Salatgewürz
1 El Obstessig
1 MS Vollmeersalz

1 Orange
1 Apfel
1 Staude Cattalonia

1 El gehackte Petersilie

Cattalonia ist ein griechischer Salat, der einer sehr üppigen Löwenzahnpflanze im Aussehen ähnelt. Auch sein Geschmack ist leicht bitter, ähnlich unserem Löwenzahn.

Joghurt mit Sauerrahm, Öl und den angegebenen Gewürzen gut verrühren, Apfel und Orange würfeln und die Staude in 1/2 cm breite Stücke schneiden. Mit der Salatsauce übergießen, mischen und mit Petersilie bestreuen.

Champignonsalat mit Mayonnaise

250 g frische Champignons
4 Blatt Kopfsalat
2 rote Paprikaschoten
1 El gehackter Kerbel oder Petersilie

1 Eidotter
5 El kaltgeschlagenes Sonnenblumenöl
3 El Zitronensaft
1 MS Vollmeersalz
1 Tl Sojasauce

Eidotter glattrühren und tropfenweise das Öl dazugeben. Mit Zitronensaft, Vollmeersalz und Sojasauce würzen.

Die Champignons sorgfältig waschen, putzen und feinblättrig in die Mayonnaise schneiden. Vorsichtig mischen.

Die Salatblätter auf Salatteller legen, die Paprikaschoten der Länge nach halbieren, mit Champignonsalat füllen, auf das Salatblatt stellen und mit etwas Kerbel bestreuen.

Chicoréesalat

½ Becher saure Sahne
½ Becher Joghurt
½ Tl Vollmeersalz
1 Tl Honig
1 Tl Senf
Saft von 1 Zitrone, ungespritzt
1 Tl Brechts Salatkräuter
1 Tl frischen oder gefrorenen Dill

400 g Chicorée
1 mittelgroßer Apfel
1 Orange
1 Banane

Sahne und Joghurt mit dem Schneebesen verquirlen und sämtliche Zutaten unterrühren. Chicorée der Länge nach halbieren, in ½ cm breite Streifen schneiden. Apfel und Banane würfeln. Alles unter die Salatsauce mengen. Orange in Querrichtung aufschneiden und den Salat damit verzieren.

Den Chicoréestrunk nur dann herausschneiden, wenn er sehr bitter ist. Gerade das leicht Bittere schmeckt pikant in Verbindung mit Apfel und Banane.

Chicoréesalat mit Äpfeln

300 g Chicorée
300 g Äpfel
½ Becher Sauerrahm
½ Becher Joghurt
1 Tl Honig
1 Tl Senf
2 Tl frische Kräuter (Dill, Schnittlauch oder Petersilie)
½ Tl Vollmeersalz
Saft von 1 Zitrone, ungespritzt
16 Cashewnüsse

Joghurt und Sauerrahm verrühren und mit den angegebenen Zutaten eine Salatsauce bereiten.

Chicorée in ½ cm breite Streifen schneiden, Äpfel (möglichst rotbackig) mit der Schale fein würfeln und alles unter die Salatsauce heben.

In Portionsschälchen verteilen und mit einigen fein geschnittenen Cashewnüssen bestreuen.

Chicoréesalat mit Birnen

4 El kaltgeschlagenes Sonnenblumenöl
2 El Obstessig
1 Tl Honig
½ Tl Brechts Salatgewürz
250 g Chicorée
250 g Birnen
1 El gehackter Kerbel oder Petersilie

Das Öl mit dem Obstessig zu einer cremigen Sauce verrühren, Honig und Salatgewürz dazugeben.

Chicorée halbieren und in ½ cm breite Streifen schneiden, Birne würfeln und beides unter die Salatsauce heben.

Mit gehacktem Kerbel (Anisgeschmack) oder Petersilie bestreuen.

Chicoréesalat Cannes

1 Joghurt
4 El kaltgeschlagenes Öl
1 Tl Kräutersenf Natura
1 Tl Honig
Saft von 1 Zitrone, ungespritzt
2 MS Vollmeersalz
2 MS Brechts Salatgewürz
100 g Sellerie
1 Apfel

300 g Chicorée
1/4 frische Ananas
Schnittlauch

Salatsauce aus Joghurt, Öl und den angegebenen Gewürzzutaten mischen. Den Sellerie und den Apfel ohne Schale in die Salatsauce fein hineinreiben.

Chicorée halbieren und in 1 cm dicke Streifen schneiden, Ananas würfeln.

Beides unter die Salatsauce mengen und mit Schnittlauch bestreut servieren.

Chicoréesalat mit Grapefruit

1 Joghurt
1 Banane
4 El kaltgeschlagenes Öl
2 El Obstessig
1/2 Tl Vollmeersalz
1 Tl Brechts Salatgewürz
1 Tl Senf

300 g Chicorée
1 Apfel
1 Texas-Grapefruit, rötlich

1 Bund Schnittlauch

Aus Joghurt, Banane und den angegebenen Zutaten die Salatsauce im Mixer pürieren.

Chicorée in 1/2 cm breite Ringe schneiden, Apfel fein würfeln, Grapefruit schälen und zerschneiden.

Mit der Salatsauce übergießen und mit Schnittlauch bestreut anrichten.

Chicoréesalat mit Mayonnaise

1 Eidotter
5 El kaltgeschlagenes Olivenöl
1 El Obstessig
2 El Tomatenketchup

250 g Chicorée
200 g Äpfel
Schnittlauch

Das Ei cremig rühren und das Öl tropfenweise dazurühren. Die fertige Mayonnaise mit Obstessig und Tomatenketchup würzen.

Chicorée halbieren und in 1/2 cm breite Streifen schneiden, Äpfel würfeln und beides unter die Salatsauce heben.

Mit feingeschnittenem Schnittlauch bestreut servieren.

Chicoréesalat Korinth

250 g Chicorée
250 g Äpfel
2 Mandarinen
1 gehäufter El Korinthen
125 g Ziegenkäse

1 Joghurt
1 Tl Senf
1 Tl Honig
Saft von ½ Zitrone, ungespritzt
Saft von ½ Orange, ungespritzt

Die Korinthen 1 Stunde lang in etwas warmem Wasser quellen lassen. Den Chicorée in feine Scheiben schneiden, die Äpfel vierteln oder achteln und in dünne Scheiben schneiden, die Mandarinen schälen und würflig schneiden, den Käse in feine Streifen schneiden.

Joghurt mit Senf, Honig und Zitronen- und Orangensaft verrühren und über die vorbereiteten Zutaten gießen und leicht mischen.

Chinakohl mit Orangen

1 Staude Chinakohl
2 Orangen

1 Becher Joghurt
3 El kaltgeschlagenes Sonnenblumenöl
2 El Obstessig (Apfel)
1 Tl Senf
1 MS Vollmeersalz
1 Tl Honig
1 Tl frischen oder getrockneten Dill
1 Tl Brechts Salatgewürz

Den Joghurt mit allen angegebenen Zutaten gut verrühren. Den gewaschenen Chinakohl fein aufschneiden, wie Endiviensalat, die Orangen schälen und fein würfeln.

Mit der Salatsauce gut vermengen.

Chinakohl mit Meerrettich

1 Staude Chinakohl
2 Äpfel

1 Joghurt
2 El Sauerrahm
2 El Obstessig (Apfel)
2 MS Vollmeersalz
1 Tl Honig
1 Tl Brechts Salatgewürz
1 El gehackte Petersilie
1 El Meerrettich

Die Salatsauce aus Joghurt und den angegebenen Zutaten bereiten, den Meerrettich frisch hineinreiben.

Den gewaschenen Chinakohl fein aufschneiden, wie Endiviensalat, die Äpfel klein würfeln. Gut mit der Salatsauce vermengen.

Statt Chinakohl kann auch Zuckerhut oder Eissalat verwendet werden.

Coleslaw

250 g Weißkraut, netto
250 g Karotten, netto

1 Joghurt
4 El kaltgeschlagenes Öl
2 El Obstessig (Apfel)
1 kleine Zwiebel
½ Tl Vollmeersalz
1 MS Pfeffer
2 MS Paprika
1 El Tomatenketchup
1 El frisch geriebener
 Meerrettich

1 El gehackte Petersilie

Joghurt mit Öl und Obstessig verrühren, Zwiebel fein schneiden und mit den angegebenen Gewürzen die Salatsauce zubereiten.

Das Weißkraut fein hobeln, die Karotten raspeln und beides unter die Salatsauce heben.

Mit gehackter Petersilie bestreut servieren.

Endivie mit Champignons

1 kleine Staude Endivie
250 g frische Champignons

5 El kaltgeschlagenes Olivenöl
2½ El Obstessig
2 MS Vollmeersalz
1 Tl Honig
1 Tl Kräutersenf Natura

2 Tomaten

Das Olivenöl mit Essig cremig rühren und mit Vollmeersalz, Honig und Kräutersenf würzen. Die Endivie gut waschen, abtropfen lassen und sehr fein schneiden.

Die Champignons putzen, waschen und feinblättrig schneiden. Beides unter die Salatsauce heben und vorsichtig mischen.

Mit Tomatenscheiben verziert anrichten.

Endiviensalat mit Radieschen

1 Joghurt
3 El kaltgeschlagenes Öl
2 El Obstessig (Apfel)
¼ Tl Vollmeersalz
½ Tl Brechts Salatgewürz
1 Tl Honig
1 El gehackter Dill

1 Kopf Endivie
1 Apfel
1 Bund Radieschen

Joghurt, Öl und Essig verrühren und die angegebenen Gewürze dazugeben.

Den gut gewaschenen Endiviensalat halbieren und fein aufschneiden, den Apfel würfeln, die Radieschen scheibeln.

Alles unter die Salatsauce heben und gut vermengen.

Endiviensalat mit Tomaten

1 Kopf Endivie
500 g Tomaten
1 Bund Schnittlauch
4 El kaltgeschlagenes Sonnenblumenöl
2 El Obstessig
2 MS Vollmeersalz
2 MS Salatgewürz
1 kleine Zwiebel

Öl mit Essig cremig rühren, Vollmeersalz, Salatgewürz und die feingeschnittene Zwiebel dazugeben.

Den gut gewaschenen, abgetropften Salat feinschneiden, Tomaten in Scheiben oder Würfel schneiden und mit dem feingeschnittenen Schnittlauch unter die Salatsauce heben.

Feldsalat Brüssel

150 g Feldsalat (Rapunzel)
250 g Chicorée
2 reife Birnen (400 g)
$1/2$ frische Ananas (400 g)
100 g eingelegte Silberzwiebeln
5 El Olivenöl, kaltgeschlagen
3 El Obstessig
$1/2$ Tl Vollmeersalz
1 MS Cayennepfeffer
1 Tl Honig
1 kleine Zwiebel

1 hartgekochtes Ei

Das Olivenöl mit dem Obstessig cremig rühren, mit Vollmeersalz, Cayennepfeffer, Honig und einer feingeschnittenen Zwiebel würzen.

Den gut gewaschenen und geputzten Feldsalat abtropfen lassen, den Chicorée in $1/2$ cm breite Ringe schneiden, die Birnen vierteln, schälen und blättrig schneiden, die Ananas vierteln, abschälen und stifteln.

Alles unter die Salatsauce heben und sorgfältig mischen. Mit Eischeiben verzieren.

Fenchel-Apfelsinen-Salat

400 g Fenchelknollen
2 Apfelsinen
2 Äpfel
1 Joghurt
4 El kaltgeschlagenes Öl
Saft von $1/2$ Zitrone, ungespritzt
Vollmeersalz
1 gestrichener Tl Honig
1 kleine Prise Pfeffer

gehacktes Fenchelgrün

Salatsauce aus Joghurt mit den angegebenen Zutaten bereiten. Fenchel waschen, halbieren, Strünke abschneiden und in feine Scheiben schneiden oder hobeln. Äpfel würfeln, Orangen schälen, in 4 Stücke schneiden und feine Streifen quer schneiden. Unter die Salatsauce heben, das feine Fenchelgrün hacken und darüberstreuen.

Fenchelsalat mit Karotten

250 g Fenchel, netto
300 g Karotten, netto
1 Apfel
Fenchelgrün

1 Joghurt
3 El kaltgeschlagenes Öl
2 El Obstessig
1 Tl Kräutersenf Natura
1 Tl Honig
¼ Tl Vollmeersalz
½ Tl Brechts Salatgewürz

Die Strünke des Fenchels abschneiden, den Fenchel halbieren oder vierteln, gut waschen und in feine Scheiben schneiden. Die Karotten grob raspeln, den Apfel würfeln, das Fenchelgrün fein hacken. Joghurt mit Öl und Obstessig und allen angegebenen Zutaten gut mischen. Fenchel, Karotten und Apfel unterheben, mit Fenchelgrün bestreuen.

Gemischter Lauchsalat

150 g Lauch, netto
150 g Feldsalat (Rapunzel)
300 g Tomaten

¼ l Buttermilch
2 El kaltgeschlagenes Öl
1 Tl Honig
1 Tl Kräutersenf Natura
2 Tl Sojasauce
½ Tl Brechts Salatgewürz
¼ Tl Vollmeersalz

Vom Lauch werden nur die hellen, zarten Teile für die Rohkost verwendet. Die Stengel halbieren, sauber waschen und sehr fein schneiden. Den Feldsalat gründlich waschen und in einem Sieb abtropfen lassen, die Tomaten achteln.

Die Buttermilch mit allen angegebenen Zutaten gut verrühren, den Lauch, Feldsalat und die Tomaten unterheben.

Grapefruit Cardinal

2 Grapefruits
300 g rote Rüben
1 Birne
2 El kaltgeschlagenes Öl
einige Cashewkerne

Die Grapefruits gut waschen, halbieren, ringsherum mit dem Messer einschneiden und mit einem Löffel das Innere herausnehmen.

Das Fleisch der Grapefruits fein würfeln, die rote Rübe und Birne schälen, fein reiben und alles mit dem Öl vermengen.

In die ausgehöhlten Grapefruits füllen und mit Cashewkernen garnieren.

Griechischer Tomatensalat

500 g Tomaten
350 g grüne Paprikaschoten
350 g Zucchini
5 El kaltgeschlagenes Olivenöl
3 El Obstessig
2 MS Vollmeersalz
1 Prise Pfeffer
1 Tl Dillspitzen
1 Tl Borretsch
1 kleine Zwiebel

zum Überstreuen:
125 g Ziegenkäse

Die Tomaten quer in Scheiben aufschneiden, die ausgehöhlten Paprikaschoten fein hobeln, ebenso die Zucchini.

Olivenöl und Obstessig cremig rühren, mit den übrigen Zutaten, Zwiebel fein geschnitten, vermengen.

Das vorbereitete Gemüse unterheben, 30 Minuten ziehen lassen. Den Ziegenkäse fein würfeln und über den angerichteten Salat streuen.

Gurkensalat in Dillsauce

1 Schlangengurke
1 Becher Joghurt
2 El kaltgeschlagenes Öl
1 El Sojasauce
1 MS Brechts Kräutersalz
1 Spur Pfeffer
1 Bund frischer Dill
2 Blätter Borretsch

Joghurt, Öl und Sojasauce verrühren, mit Kräutersalz und Pfeffer abschmecken. Die Gurke, wenn sie frisch und zart ist, mit der Schale hobeln und mit dem feingehackten Dill und Borretsch unter die Salatsauce heben.

Gurken-Tomaten-Salat

1 Schlangengurke
400 g Tomaten

1 Becher Sauerrahm (200 g)
1 MS Brechts Kräutersalz
1 Spur Pfeffer
1 Tl Brechts Salatgewürz
1 Zwiebel
1 Bund frischen Dill

Den Sauerrahm mit den angegebenen Gewürzzutaten verrühren, Zwiebel und Dill fein geschnitten.

Die Gurke möglichst mit der Schale hobeln, die Tomaten achteln und unter die Salatsauce heben.

Karotten-Rohkost

400 g Karotten
2 El kaltgeschlagenes Öl
2 El Gomasio (Sesam mit Vollmeersalz) oder
50 g Cashewnüsse

Die Karotten gut bürsten oder schälen, fein reiben und mit dem Öl vermengen.

Anrichten und mit Gomasio oder gehackten Cashewnüssen bestreuen.

Karotten-Rohkost, pikant

500 g Karotten
300 g Äpfel

1 Joghurt
1 El Obstessig
1 Tl Honig
1 MS Vollmeersalz
1 El frischer Dill, gehackt

40 g geriebene Haselnüsse

Den Joghurt mit allen Zutaten verrühren, die Karotten und Äpfel raffeln, unterheben und mit geriebenen Haselnüssen bestreut reichen.

Karotten mit Feldsalat

5 El kaltgeschlagenes Öl
2 El Obstessig
1 El frisch geriebener Meerrettich
500 g Karotten
100 g Feldsalat (Rapunzel)

Öl mit Essig cremig rühren und mit dem frisch geriebenen Meerrettich vermengen.

Die Karotten mit der Rohkostmaschine fein stifteln und mit dem gut gewaschenen, abgetropften Feldsalat in der Salatsauce gut mischen.

Kohlrabi mit Karotten

2 mittelgroße, zarte Kohlrabi
250 g Karotten
1 rote Paprikaschote

3 El Obstessig
3 El kaltgeschlagenes Öl
1 El Tomatenketchup
2 MS Brechts Kräutersalz

1 Bund Schnittlauch

Obstessig mit Öl cremig rühren, mit Tomatenketchup und Kräutersalz würzen.

In die Salatsauce die geschälten Kohlrabi fein reiben, die Karotten grob raspeln und mit der feingewürfelten Paprikaschote mischen.

Mit Schnittlauch bestreut gleich servieren.

Kohlrabi, pikant

2 mittelgroße, zarte Kohlrabi
400 g Tomaten
⅛ l Buttermilch
1 El Obstessig
2 El kaltgeschlagenes Sonnenblumenöl
2 MS Vollmeersalz
1 kleine Zwiebel
1 Bund frischer Dill
1 Tl Kapern
1 milchsaure Gurke

Die Buttermilch mit Essig, Sonnenblumenöl und Vollmeersalz verrühren. Die Zwiebel, den Dill, die Kapern sowie die Gurke fein geschnitten dazugeben.

Die Kohlrabi raspeln, die Tomaten würfeln und unter die Salatsauce heben.

Kohlrabi mit Tomaten

500 g Kohlrabi, netto
500 g Tomaten
1 Bund Schnittlauch
1 Becher Joghurt
2 El kaltgeschlagenes Öl
1 El Obstessig
1 Tl Sojasauce
½ Tl Brechts Kräutersalz
½ Tl Brechts Salatgewürz
1 kleine Zwiebel

Den Joghurt mit Öl, Obstessig und Sojasauce verrühren, Kräutersalz, Salatgewürz und die kleingeschnittene Zwiebel dazugeben.

Die Kohlrabi raspeln, die Tomaten würfeln und unter die Salatsauce heben.

Mit feingeschnittenem Schnittlauch bestreuen.

Bunter Kopfsalat

1 Kopfsalat (oder auch Endivie,
   Eissalat, Chinakohl)
400 g Tomaten
½ bis 1 Gurke (300 g)
10 Blättchen Borretsch
5 El kaltgeschlagenes Öl
3 El Obstessig
2 MS Vollmeersalz
1 Tl Kräutersenf Natura
½ Tl Brechts Salatgewürz
1 Zwiebel

Den Kopfsalat sorgfältig waschen, in mundgerechte Stücke reißen und in einem Sieb abtropfen lassen.

Die Tomaten achteln und die Gurke (wenn sie frisch ist, mit der Schale) hobeln.

Öl und Obstessig cremig rühren, mit Vollmeersalz, Kräutersenf, Salatgewürz und der kleingeschnittenen Zwiebel vermengt über den vorbereiteten Salat geben und sorgsam mischen.

Mit dem feingeschnittenen Borretsch garnieren.

Kopfsalat Frühling

1 Kopfsalat
4 junge zarte Zwiebelschlotten
1–2 Bund Radieschen (je nach Größe)
¼ l Buttermilch
2 El kaltgeschlagenes Öl
½ Tl Brechts Kräutersalz
1 Tl Brechts Salatgewürz
1 Tl Kräutersenf Natura

Den Salat sorgfältig waschen, in mundgerechte Stücke reißen und in einem Sieb abtropfen lassen. Die Zwiebelschlotten in feine Scheiben schneiden, die Radieschen vierteln oder achteln.

Die Buttermilch mit Öl und den angegebenen Gewürzzutaten vermengen und den vorbereiteten Salat, die Schlotten und Radieschen locker in die Sauce mengen.

Kopfsalat in Dillsauce

1 großer Kopfsalat
⅛ l Sauerrahm
2 El Obstessig
1 Tl Kräutersenf Natura
1 Tl Honig
½ Tl Brechts Kräutersalz
1 kleine Zwiebel
2 El gehackten Dill
1–2 Bund Radieschen

Den Kopfsalat gut waschen, in mundgerechte Stücke reißen und in einem Sieb abtropfen lassen.

Den Sauerrahm mit den angegebenen Zutaten verrühren und den Salat unterheben.

Mit fein gescheibelten Radieschen garnieren.

Kopfsalat Lorraine

1 Kopfsalat
200 g frische Champignons
300 g Tomaten
3 El Obstessig
3 El kaltgeschlagenes Öl
2 MS Vollmeersalz
1 MS Cayennepfeffer
1 Tl Honig
1 Zwiebel
1 Bund Schnittlauch

Obstessig und Öl cremig rühren, Vollmeersalz, Cayennepfeffer, Honig und die in dünne Ringe geschnittene Zwiebel dazugeben.

Den Kopfsalat gut waschen, in mundgerechte Stücke reißen und in einem Sieb abtropfen lassen. Die Champignons waschen und fein scheibeln, die Tomaten achteln.

Alles unter die Salatsauce heben und mit feingeschnittenem Schnittlauch bestreuen.

Kopfsalat Maikönig

1 Kopfsalat
125 g jungen Spinat
125 g zarten Spargel, netto
1 Bund Radieschen

1 Becher Joghurt
2 El kaltgeschlagenes Öl
2 El Obstessig
½ Tl Vollmeersalz
1 Tl Honig
1 Tl Senf
1 Bund Schnittlauch
1 Bund Dill

Den Kopfsalat waschen, in mundgerechte Stücke reißen und abtropfen lassen.

Den Spinat waschen, Stiele abschneiden und abtropfen lassen. Den Spargel sorgfältig schälen und in kleine Stücke schneiden, die Radieschen fein scheibeln.

Den Joghurt mit den angegebenen Zutaten verrühren, Schnittlauch und Dill, feingeschnitten, dazugeben.

Den Salat, den in feine Streifen geschnittenen Spinat, den Spargel und die Radieschen unter die Salatsauce heben.

Kopfsalat San Remo

1 Kopfsalat
500 g Orangen
100 g gefüllte Oliven

1 Joghurt
3 El kaltgeschlagenes Öl
2 El Obstessig
1 El Sojasauce
1 Tl Honig
1 Tl Kräutersenf Natura
1 kleine Zwiebel
1 El gehackte Petersilie

40 g Walnußkerne

Den Kopfsalat sorgfältig waschen, in mundgerechte Stücke reißen und in einem Sieb abtropfen lassen.

Die Orangen schälen, quer in Scheiben schneiden, dann würfeln. 4 Scheiben zum Verzieren zurücklassen. Die Oliven fein scheibeln.

Joghurt, Öl und Obstessig gut mit dem Schneebesen schlagen und mit den angegebenen Zutaten verrühren. Die Zwiebel wird in feine Ringe geschnitten; Salat, Orangen und Oliven unter die Sauce heben, mit Orangenscheiben verzieren und mit gehackten Walnüssen bestreuen.

Kopfsalat mit Spargel

1 großer Kopfsalat
300 g Spargel
1 Bund Radieschen

1 Becher Sauerrahm (200 g)
3 El Obstessig
2 El Tomatenketchup
1 Tl Brechts Salatgewürz
1 Bund Schnittlauch

Den Kopfsalat sorgfältig waschen, in mundgerechte Stücke reißen und in einem Sieb abtropfen lassen.

Den frischen, zarten Spargel schälen und in $1/2$ cm dicke Stückchen schneiden.

Die Radieschen fein scheibeln.

Mit einem Schneebesen den Sauerrahm mit Obstessig, Tomatenketchup, Salatgewürz und dem feingeschnittenen Schnittlauch verrühren.

Den geschnittenen Spargel dazugeben und 1 Stunde ziehen lassen.

Den Kopfsalat unterheben und mit den feingeschnittenen Radieschen garnieren.

Kopfsalat Taiwan

1 Kopfsalat
400 g Birnen
40 g Sojabohnen gekeimt
  (siehe Rezept Seite 258)

5 El kaltgeschlagenes Öl
3 El Obstessig
2 MS Vollmeersalz
2 MS Ingwer
$1/2$ Tl Brechts Salatgewürz
1 Tl Sanddornsaft, honiggesüßt
1 Spur Cayennepfeffer

40 g gehackte Cashewnüsse

Den Salat sorgfältig waschen, in mundgerechte Stücke reißen und in einem Sieb abtropfen lassen.

Öl und Obstessig cremig rühren und mit den angegebenen Zutaten würzen. Die gekeimten Sojabohnen hineingeben und 1 Stunde ziehen lassen.

Die Birnen vierteln und fein scheibeln und mit dem Salat unter die Sauce heben.

Mit gehackten Cashewnüssen bestreuen.

Krautsalat

1 Joghurt
2 El Sauerrahm
2 El kaltgeschlagenes Öl
1 El Kräutersenf Natura
1 Tl Honig
Brechts Kräutersalz

1 Apfel
1 Orange
350 g Weißkraut
1 Tl Kümmel

Salatsauce aus Joghurt, Sauerrahm, kaltgeschlagenem Öl und allen angegebenen Gewürzzutaten zubereiten.

Apfel fein würfeln, Orange kleinschneiden und das Weißkraut mit der Rohkostreibe zerkleinern oder hobeln.

Alles gut mischen und durchziehen lassen. Mit wenig Kümmel bestreuen.

Krautsalat Max und Moritz

1 kleines Weißkraut
1 kleines Blaukraut
5 El Obstessig
1 ½ l Wasser

6 El kaltgeschlagenes Öl
4 El Obstessig
1 Tl Honig
2 MS Vollmeersalz
1 MS Pfeffer

1 Bund Kräuselpetersilie

1. Füllung:
400 g Äpfel
3 El frisch geriebener Meerrettich
Saft von 1 Zitrone, ungespritzt

2. Füllung:
½ Rezept Sauerkrautsalat Hawaii
oder Sauerkrautsalat Krim
oder Sauerkrautsalat

siehe Rezepte

Um von einem festen Kraut die Blätter lösen zu können, legt man den ganzen Kopf für etwa 5 Minuten in kochendes Essigwasser. Man löst von jedem Kopf etwa 7–8 Blätter und gibt die Blätter nochmals für etwa 10 Minuten ins kochende Wasser.

Die Blätter müssen sich gut rollen lassen, dürfen aber nicht zerfallen.

Wenn sie etwas abgekühlt sind, schneidet man die Krautblätter so zu, daß man sie gerollt auf eine große, runde, etwas vertiefte Platte legen kann.

Die *Blaukrautblätter* füllt man mit geriebenen Äpfeln, die mit Zitronensaft und frisch geriebenem Meerrettich vermischt sind.

Die *Weißkrautblätter* füllt man mit einem Sauerkrautsalat.

Nun legt man die Krautrollen sternförmig auf die Platte, abwechselnd eine blaue und eine weiße Rolle. Dazwischen mit etwas Kräuselpetersilie verzieren.

Das Öl rührt man mit dem Obstessig cremig, würzt mit Honig, Vollmeersalz und Pfeffer und gießt die Salatsauce über die Röllchen.

Im Kühlschrank einige Stunden ziehen lassen.

Dieser Salat sieht sehr dekorativ aus und eignet sich gut für ein kaltes Büffet.

Maissalat Kentucky

250 g frische Maiskörner
200 g rote Paprikaschoten

1 Eidotter
5 El kaltgeschlagenes Öl
1 El Obstessig
1 Tl Kräutersenf Natura
1 MS Vollmeersalz
½ Tl Honig

1 Kopfsalat

2 El kaltgeschlagenes Öl
2 El Obstessig
2 MS Vollmeersalz
½ Tl Brechts Salatgewürz
1 Bund Schnittlauch

Den Eidotter cremig rühren und langsam das Öl dazugeben. Zu der fertigen Mayonnaise den Obstessig, Kräutersenf, Vollmeersalz und Honig rühren.

Die Paprikaschoten fein würfeln und mit den frischen, zarten Maiskörnern unter die Mayonnaise heben, 1 Stunde kühl stellen.

Den Kopfsalat sorgfältig waschen, in mundgerechte Stücke reißen und in einem Sieb abtropfen lassen.

Das Öl und den Obstessig cremig rühren und Vollmeersalz, Salatgewürz sowie feingeschnittenen Schnittlauch dazugeben. Den grünen Salat unterheben.

Nun den grünen Salat auf Salattellern verteilen und in die Mitte gehäuft den Maissalat geben.

Paprikasalat Alexandria

300 g grüne Paprikaschoten
4 El gekeimte Weizenkörner
(siehe Rezept)
300 g Tomaten
60 g Zwiebeln
einige Salatblätter
1 El gehackte Petersilie

4 El kaltgeschlagenes Öl
3 El Obstessig
¼ Tl Vollmeersalz
1 MS Cayennepfeffer

Die Paprikaschoten hobeln, die Tomaten würfeln und die Zwiebeln in Ringe schneiden.

Das Öl mit dem Obstessig cremig rühren und mit den angegebenen Zutaten verrühren.

Den gekeimten Weizen, die Paprikaschoten, Tomaten und Zwiebelringe (einige große zum Verzieren zurücklassen) unter die Salatsauce heben und 1 Stunde kühl stellen.

In einer mit Salatblättern ausgelegten Schüssel anrichten, mit Zwiebelringen und gehackter Petersilie verzieren.

Prinzeß-Tomate

8 Salatblätter
4 große Tomaten (ca. 500 g)
½ Schlangengurke (ca. 300 g)

Dottersauce:
2–3 Eidotter (hartgekocht)
4 El kaltgeschlagenes Sonnenblumenöl
1 El Obstessig
1 El Sauerrahm
1 Tl Senf
½ Tl Honig
½ Tl Vitam-R
1 MS Selleriesalz
2 MS Paprika, süß

Eiweißsauce:
2–3 Eiweiß (hartgekocht)
1 El Obstessig
1 El kaltgeschlagenes Sonnenblumenöl
1 MS Selleriesalz

Die gewaschenen, gut abgetropften Salatblätter auf 4 Salatteller legen. Die Tomaten von oben in 8 Teile schneiden, die unten noch zusammenhängen und auf den Salat legen. In jeden Schnitt eine 3–4 mm dicke Gurkenscheibe, mit Schale, stecken.

Die Eidotter mit der Gabel zerdrücken, mit Öl, Obstessig und den angegebenen Zutaten verrühren.

Das Eiweiß ganz fein hacken und in verrührtem Obstessig, Öl und Selleriesalz wenden.

Die *Dottersauce* in die Mitte der Tomate geben, die *Eiweißsauce* über den grünen Salat verteilen.

Dazu dünne Vollkornroggenscheiben reichen.

Rapunzel-Fenchel-Salat

250 g Fenchel
150 g Rapunzel (Feldsalat)
1 großer Apfel

1 Becher Sauerrahm (200 g)
2 El Obstessig
1 Tl Honig
1 Tl Senf
Vollmeersalz
1 Tl Sojasauce
gehacktes Fenchelgrün

Salatsauce aus Rahm, Obstessig und den angegebenen Gewürzzutaten mit dem Schneebesen zusammenrühren.

Fenchel waschen, Strünke abschneiden, halbieren und in feine Scheiben schneiden.

Rapunzel gut waschen, Apfel würfeln. Alles unter die Salatsauce heben und mit gehacktem Fenchelgrün überstreuen.

Rettichsalat mit Kresse

125 g Kresse
2 große Rettiche
2 El kaltgeschlagenes Öl
etwas Kräutersalz

Die Kresse fein schneiden, die Rettiche schälen (die roten Mairettiche nicht), grob raspeln, mit Öl und Kräutersalz mischen und gleich servieren.

Rote-Rüben-Rohkost

150 g rote Rüben
1 mittelgroßer Apfel
2 El kaltgeschlagenes Öl
4 Tl Kokosflocken, frisch
  gerieben

Die geschälten Rüben und den Apfel auf einer feinen Reibe raffeln, Öl darübergeben und anrichten. Mit Kokosflocken bestreuen.

Rote Rüben mit Sauerrahm

250 g rote Rüben
200 g Äpfel
4 El Sauerrahm
2 MS Brechts Kräutersalz
½ Tl Kümmel

einige gehackte Cashewnüsse

Rote Rüben, geschält, und die Äpfel mit der Schale fein reiben; mit Sauerrahm, Kräutersalz und Kümmel vermengen. Mit gehackten Cashewnüssen bestreuen.

Sauerkrautsalat

500 g rohes Sauerkraut, unpasteurisiert
2 rotbackige Äpfel
2 milchsaure Gurken

3 El kaltgeschlagenes Sonnenblumenöl
2 El Zitronensaft
1 Tl Honig
1 kleine Zwiebel
1 MS Basilikum
1 Tl Kümmel

1 Tl gehackte Petersilie

Das Sauerkraut schneiden, die Äpfel und Gurken würfeln.

Das Sonnenblumenöl mit Zitronensaft und Honig verrühren, die feingeschnittene Zwiebel, Basilikum und Kümmel dazugeben.

Das Sauerkraut, Äpfel und Gurken unterheben und 30 Minuten ziehen lassen. Mit gehackter Petersilie bestreut anrichten.

Sauerkrautsalat Hawaii

500 g rohes Sauerkraut, unpasteurisiert
2 mittelgroße Äpfel
$1/4 - 1/2$ Ananas, je nach Größe
4 El kaltgeschlagenes Sonnenblumenöl
Saft von 1 Zitrone, ungespritzt
1 große Zwiebel
1 gehäufter El gehackte Petersilie

Sauerkraut kleinschneiden, Äpfel mit der Schale hineinreiben und gleich daruntermischen, daß sie nicht braun werden. Ananas wie einen Apfel vierteln, mittleren Strunk und Schale wegschneiden, fein würfeln, Zwiebel fein schneiden und mit Öl und Zitrone unter das Sauerkraut mengen, 30 Minuten ziehen lassen.

Mit Petersilie bestreut anrichten.

Sauerkrautsalat Krim

250 g rohes Sauerkraut, unpasteurisiert
200 g rote Rüben, netto
200 g Äpfel
1 kleine Zwiebel
4 El kaltgeschlagenes Olivenöl

$1/2$ Kopf grüner Salat
1 El Kokosflocken (frisch gerieben)

Sauerkraut schneiden, rote Rüben und Äpfel (mit der Schale) hineinreiben, Zwiebel fein schneiden und mit dem Öl alles gut vermengen.

Eine Schüssel mit grünen Salatblättern ausschlagen und darin den Salat, mit Kokosflocken bestreut, servieren.

Sauerkrautsalat, römisch

100 g Weizenkörner
½ l Wasser
400 g rohes Sauerkraut, unpasteurisiert
1 Zwiebel
2 Äpfel
1 milchsaure Gurke
Saft von 1 Zitrone, ungespritzt
4 El kaltgeschlagenes Sonnenblumenöl
Basilikum
1 Tl Kümmel

Den Weizen über Nacht einweichen und dann ca. 45 Minuten leicht kochen lassen (ohne Salz, sonst wird das Korn nicht weich). Abseihen und abkühlen lassen.

Das Sauerkraut grob schneiden, Zwiebel fein schneiden, Gurke und Äpfel würfeln. Mit Zitronensaft, Öl, Basilikum und Kümmel gut würzen und die Körner untermengen.

1 Stunde ziehen lassen.

Schwarzwurzel-Rohkost mit Mayonnaise

1 Eidotter
4 El kaltgeschlagenes Sonnenblumenöl
1 El Joghurt
1 El Obstessig
1 Tl Meerrettich
¼ Tl Vollmeersalz

300 g Schwarzwurzeln

1 rote Paprikaschote
Schnittlauch

Das Eidotter gut verrühren, tropfenweise das Öl dazugeben, Joghurt und Obstessig unterrühren und mit Meerrettich (möglichst frisch gerieben) und Vollmeersalz würzen.

Die Schwarzwurzeln bürsten, schälen und gleich in die Mayonnaise reiben, sofort unterheben.

Die Paprikaschote der Länge nach in 4 Teile schneiden, entkernen und die Schwarzwurzeln hineinfüllen.

Mit etwas feingeschnittenem Schnittlauch bestreuen.

Schwarzwurzelsalat, pikant

300 g Schwarzwurzeln
3 El kaltgeschlagenes Sonnenblumenöl
1 El Obstessig
1 MS Vollmeersalz
1 MS Pfeffer
4 kleine Tomaten
2 El gehackte Mandeln

Das Öl mit dem Obstessig cremig rühren, Vollmeersalz und Pfeffer dazugeben.

Die Schwarzwurzeln gut bürsten, mit dem Kartoffelschäler schälen (Gummihandschuhe anziehen, da die Schwarzwurzeln sehr kleben) und sofort in die Salatsauce reiben und unterheben.

Tomaten aushöhlen, etwas würzen, die Schwarzwurzeln hineinfüllen und mit abgezogenen, gehackten Mandeln bestreuen.

Selleriesalat Astor

300 g Sellerie, netto
300 g Äpfel
½ Ananas, ca. 175 g netto
gut ⅛ l Sahne
½ Tl Vollmeersalz
1 Tl Honig
Saft von 1 Zitrone, ungespritzt
½ Tl Brechts Salatgewürz
1 El gehackter Dill oder Petersilie
½ Kopf grünen Salat
8 halbe Walnußkerne

Für die Salatsauce die ungeschlagene Sahne mit den angegebenen Gewürzzutaten verrühren.

Den Sellerie in die Sauce reiben, die eine Hälfte grob raffeln, die andere Hälfte fein reiben. Äpfel mit der Schale würfeln. Die frische Ananas wie einen Apfel teilen, den mittleren Strunk und die Schale entfernen und kleinschneiden.

Alles unterheben.

Den grünen Salat auf dem Salatteller ausbreiten und den Selleriesalat daraufgeben. Mit halben Walnußkernen verzieren.

Selleriesalat Bombay

350 g Sellerie
200 g Äpfel
1 Eidotter
5 El kaltgeschlagenes Sonnenblumenöl
2 El Zitronensaft
2 El Joghurt
1 Tl Curry
4 Salatblätter
1 Tomate oder 1 hartgekochtes Ei
½ Bund Schnittlauch

Das Eidotter cremig rühren und tropfenweise das Öl dazurühren. Die fertige Mayonnaise mit Zitronensaft, Joghurt und Curry würzen. Den Sellerie und den Apfel (ohne Schale) fein reiben und unter die Salatsauce heben.

Auf Salatblätter verteilen und mit Tomaten- oder Eischeiben verzieren, mit Schnittlauch bestreuen.

Selleriesalat Richelieu

400 g Sellerie, netto
Saft von 1 Zitrone, ungespritzt
2 Eigelb
$1/8$ l kaltgeschlagenes Olivenöl
1 Tl Kräutersenf Natura
Vollmeersalz
1 Prise Pfeffer
1 El Obstessig (Apfel)
$1/2$ Tl Vitam-R
1 El gehackte Petersilie
2 hartgekochte Eier

Den Sellerie mit der Rohkostmaschine fein stifteln, mit Zitronensaft beträufeln.

Die Eidotter cremig rühren, dann unter ständigem Rühren tropfenweise das Öl dazugeben. Wenn die Mayonnaise dick und cremig ist, mit Vollmeersalz, Pfeffer, Senf, Obstessig und Vitam-R abschmecken. Den gestifteten Sellerie unterheben und gut mischen.

Mit gehackter Petersilie bestreuen und mit Eischeiben verzieren.

Spargelsalat mit Champignons

125 g Spargel, netto
125 g Champignons
4 Salatblätter
Rosenpaprika
100 g Frischkäse (Cortina oder Gervais)
3 El kaltgeschlagenes Öl
2 El Zitronensaft
1 El frischer Dill oder Kerbel

Den Frischkäse cremig rühren und langsam das Öl, dann den Zitronensaft dazurühren und mit feingeschnittenem Dill oder Kerbel würzen.

Den Spargel sorgfältig von oben nach unten schälen und in 1 cm kleine Stücke schneiden, die Champignons fein scheibeln und beides unter die Salatcreme heben. Etwas kühl stellen.

Auf Salatblättern anrichten, hauchdünn mit Rosenpaprika bestreut.

Spargelcocktail

250 g zarten, dicken Spargel, netto
2 El Magerquark
3 El kaltgeschlagenes Sonnenblumenöl
2 El Zitronensaft
$1/2$ Tl Vitam-R
$1/2$ Tl Kräutersenf Natura
$1/2$ Bund Schnittlauch

Den Magerquark mit Sonnenblumenöl und Zitronensaft cremig rühren, mit Vitam-R und Kräutersenf würzen.

Den rohen, geschälten Spargel auf einer feinen Bircherraffel reiben und unter die Salatcreme rühren.

In breite Kelchgläser füllen, mit Schnittlauch bestreut servieren.

Spargel in Cumberlandsauce

200 g rohen Spargel, netto
2 El Kräutersenf Natura
3 El kaltgeschlagenes Olivenöl
3 El Marmelade aus frischen Johannisbeeren (Seite 244)
1 MS Vollmeersalz
Schale von $1/2$ Zitrone, ungespritzt
4 Blätter grünen Salat
1 hartgekochtes Ei

Den zarten Spargel sorgfältig von oben nach unten schälen und in $1/2$ cm kleine Stücke schneiden.

Das kaltgeschlagene Olivenöl tropfenweise in den Kräutersenf rühren und, ständig weiterrührend, die Marmelade dazugeben. Mit Vollmeersalz und abgeriebener Zitronenschale abschmecken.

Den Spargel unterheben und auf einem Salatblatt, mit $1/4$ hartgekochtem Ei verziert, servieren.

Spinatsalat mit Äpfeln

250 g Spinat
250 g Karotten
250 g Äpfel

1 Becher Joghurt
2 El Obstessig
2 El kaltgeschlagenes Öl
1 Tl Honig
$1/2$ Tl Vollmeersalz
1 Tl Thymian (frisch oder getrocknet)

Den jungen, zarten Spinat gut waschen, Stengel abschneiden und abtropfen lassen.

Joghurt mit Obstessig und Öl, Honig, Vollmeersalz und Thymian verrühren.

Den Spinat in 1 cm breite Streifen schneiden, die Karotten grob raspeln und die Äpfel würfeln, dann unter die Salatsauce heben und gleich auftragen.

Spinatsalat in Rahm

250 g Spinat
1 rote Paprikaschote
200 g Karotten
3 Zwiebelschlotten

1 Becher Sauerrahm (200 g)
3 El Obstessig
2 El Tomatenketchup
1 Tl Sojasauce

Den ganz frischen, jungen Spinat gut waschen, abtropfen lassen und die Stiele abschneiden.

Den Sauerrahm mit Obstessig, Tomatenketchup und Sojasauce verrühren.

Die in feine Rädchen geschnittenen Zwiebelschlotten, die grobgeraspelten Karotten, die feingewürfelte Paprikaschote und den in 1 cm breite Streifen geschnittenen Spinat unter die Salatsauce heben.

Spinatsalat mit Tomaten

250 g Spinat
1 Bund Radieschen
1 grüne Paprikaschote
350 g Tomaten

2 El Obstessig
3 El kaltgeschlagenes Öl
2 MS Vollmeersalz
2 MS Ingwer, gemahlen
2 MS Thymian, gemahlen
1 Tl Senf
1/2 Tl Honig
1 Zwiebel

1 hartgekochtes Ei

Den ganz frischen, jungen Spinat gut waschen, abtropfen lassen und die Stiele abschneiden.

Die Radieschen fein scheibeln, die Paprikaschote und die Tomaten fein würfeln. Öl und Obstessig cremig rühren und mit allen angegebenen Gewürzzutaten und der feingeschnittenen Zwiebel vermengen.

Den Spinat, in 1 cm breite Streifen geschnitten, mit den Radieschen, Tomaten und der Paprikaschote unter die Salatsauce heben. Mit Eischeiben garnieren.

Spinatsalat Regina

250 g Spinat
1/8 l Sahne
250 g Tomaten
1 grüne Paprikaschote
1 Knoblauchzehe
2 MS Vollmeersalz
1 Bund Schnittlauch

Den ganz frischen, jungen Spinat gut waschen, Stiele abschneiden, eventuell etwas zerschneiden und gut abtropfen lassen.

Die Sahne steif schlagen. Tomaten und Paprikaschote zerschneiden und mixen, Knoblauchzehe fein schneiden oder pressen, Schnittlauch fein schneiden und mit dem Vollmeersalz unter die geschlagene Sahne heben.

Den Spinat auf Salattellern verteilen und bei Tisch mit der Sahne-Tomaten-Creme übergießen.

Staudensellerie mit Frischkäse

350 g Staudensellerie, netto
100 g Frischkäse (Cortina, Gervais o. ä.)
2 Eigelb
1/2 Tl Paprika
Vollmeersalz
40 g gehackte Erdnüsse

Den Frischkäse mit dem Eigelb verrühren, mit Paprika und Vollmeersalz abschmecken.

Staudensellerie gut waschen, Blätter entfernen und Stengel fein schneiden.

Mit der Salatcreme übergießen und mit gehackten Erdnüssen bestreut servieren.

Staudensellerie

400 g Staudensellerie, netto
2 Äpfel
2 El Magerquark
1 Joghurt
1 Banane
4 El kaltgeschlagenes Öl
2 El Obstessig
½ Tl Vollmeersalz
½ Tl Brechts Salatgewürz
1 Bund Schnittlauch

Staudensellerie gut waschen, die Blätter wegschneiden und die Stengel fein aufschneiden. Die Äpfel würfeln.

Im Mixgerät Quark, Joghurt und Banane mit den angegebenen Zutaten mixen und über den geschnittenen Salat gießen.

Mit Schnittlauch bestreut anrichten.

Tomaten gefüllt mit Kohlrabi (oder Rettich)

8 Tomaten (ca. 500 g)
2–3 kleine Kohlrabi (oder 1 Rettich)
1 El kaltgeschlagenes Öl
1 Tl gehackter frischer Dill (oder Schnittlauch)
1 MS Brechts Kräutersalz

Von den Tomaten die Kappe abschneiden, mit einem Teelöffel aushöhlen und leicht mit Kräutersalz würzen.

Die Kohlrabi schälen, fein reiben (den Rettich schälen und raspeln), mit Öl, feingeschnittenem Dill und wenig Kräutersalz mischen und in die Tomaten füllen.

Tomatensalat mit Kresse

500 g Tomaten
125 g Kresse
1 kleine Zwiebel
3 El Obstessig
3 El kaltgeschlagenes Öl
½ Tl Brechts Kräutersalz
1 Spur Pfeffer

Essig und Öl cremig rühren, die feingeschnittene Zwiebel, Kräutersalz und Pfeffer dazugeben.

Die Tomaten quer in Scheiben aufschneiden, unter die Salatsauce heben und 30 Minuten ziehen lassen.

Vor dem Servieren mit feingeschnittener Kresse vermengen.

Topinambursalat Brasilia

3 El Obstessig (Apfel)
5 El kaltgeschlagenes Olivenöl
1 El Kräutersenf
2 MS Vollmeersalz
1 Zwiebel, mittlere Größe
40 g grüne Sojabohnen, gekeimt (s. Seite 258)

500 g Topinambur
8 Salatblätter

1 Bund Schnittlauch

Obstessig, Öl, Senf und Vollmeersalz cremig rühren, die feingeschnittene Zwiebel und die gekeimten Sojabohnen dazugeben.

Die Topinambur gut waschen und bürsten, mit der Schale grob raspeln und sofort unter die Salatsauce heben.

Den grünen Salat auf den Salattellern ausbreiten und den Topinambursalat daraufgeben. Mit feingeschnittenem Schnittlauch bestreuen.

Waldorfsalat

150 g Magerquark
4 El Sahne
2 El Sauerrahm
Saft von 1 Zitrone, ungespritzt
1 gehäufter Tl Honig
3 El kaltgeschlagenes Sonnenblumenöl

300 g Sellerie, netto
250 g Äpfel
1 Orange
¼ frische Ananas
50 g Walnußkerne

Quark, Sahne, Sauerrahm, Zitrone, Honig und Öl nacheinander zu einer Mayonnaise zusammenrühren. Sellerie schälen, probieren, ob er nicht bitter schmeckt, und die Hälfte fein reiben, die andere Hälfte grob raspeln. Sofort unter die Mayonnaise heben, Äpfel schälen und fein würfeln, Orange schälen, quer in Scheiben schneiden und würfeln.

Ananas wie einen Apfel vierteln, den mittleren Strunk und die Schale herausschneiden und in feine Streifen schneiden. Walnüsse grob hacken, alles untermengen und mit Toast reichen.

Bei festlichen Anlässen in einer Schüssel, ausgelegt mit grünen Salatblättern, servieren.

Weißkrautsalat

500 g Weißkraut, netto
½ Tl Vollmeersalz
3 El Olivenöl, kaltgeschlagen
2 El Zitronensaft
½ Tl Kümmel, gemahlen
¼ Tl Kümmel
1 kleine Zwiebel
200 g Äpfel
1 Bund Schnittlauch

Das Weißkraut fein hobeln, mit etwas Vollmeersalz überstreuen, gut mischen und kurz mit dem Kartoffelstampfer stoßen. Zugedeckt 1 Stunde ziehen lassen, das Kraut wird dadurch saftig und etwas weich.

Das Öl mit dem Zitronensaft cremig rühren, Kümmel und die sehr fein geschnittene Zwiebel dazugeben und den Apfel, ohne Schale, fein in die Salatsauce reiben.

Die Salatsauce über das Weißkraut gießen und gut mischen. Mit feingeschnittenem Schnittlauch überstreut anrichten.

Weißkrautsalat Regent

3 El Obstessig (Apfel)
5 El kaltgeschlagenes Olivenöl
2 MS Vollmeersalz
1 Bund Petersilie
1 kleine Zwiebel

300 g Weißkraut, netto
¼–½ Ananas, je nach Größe
2 Äpfel
2 Orangen

Obstessig, Öl und Vollmeersalz cremig rühren, die Petersilie fein gehackt, die Zwiebel fein geschnitten dazugeben.

Das Weißkraut fein hobeln, die Ananas stifteln, die Äpfel und eine Orange in Würfel schneiden. Alles zur Salatsauce geben und gut mischen.

Die zweite Orange in Scheiben schneiden und zur Verzierung auf den Salat legen.

Wirsingsalat mit Radieschen

400 g Wirsing, netto
2 Bund Radieschen
5 El kaltgeschlagenes Sonnenblumenöl
3 El Obstessig
1 El Sojasauce
1 Tl Honig
1 kleingeschnittene Zwiebel
1 Bund Schnittlauch

Sonnenblumenöl mit Obstessig cremig rühren, Sojasauce, Honig, die feingeschnittene Zwiebel und Schnittlauch unterrühren.

Den Wirsing putzen, waschen und den zarten, hellen Kopf mit der Rohkostmaschine zerkleinern.

Die Radieschen scheibeln und beides mit der Salatsauce gut vermengen.

Wirsingsalat mit Tomaten

3 El Obstessig (Apfel)
5 El kaltgeschlagenes Olivenöl
1 El Kräutersenf
2 MS Pfeffer
1 Bund Borretsch
1 Bund Dill
1 große Zwiebel

400 g Wirsing
500 g Tomaten

Obstessig, Öl, Senf, Vollmeersalz und Pfeffer cremig rühren. Borretsch und Dill fein hakken, die Zwiebel fein schneiden und zur Salatsauce geben.

Zur Wirsingrohkost nicht die dunklen äußeren Blätter, sondern nur den hellen inneren Kopf verwenden.

Den gewaschenen Wirsing mit der Rohkostmaschine zerkleinern, die Tomaten klein würfeln, zur Salatsauce geben und alles gut mischen.

Wirsing-Rohkost

1 Tasse Sauerrahm
1 Tl Honig
1 Tl Kräutersenf Natura
2 El Obstessig
1 Tl Brechts Salatkräuter
Brechts Kräutersalz
1 Tl süßen Paprika

250 g Wirsing
1 großer Apfel
1 El Kräuter

zum Verzieren:
4 Tl Preiselbeerkompott
(siehe Rezept Seite 240)

Salatsauce aus Sauerrahm und sämtlichen Gewürzzutaten zubereiten. Wirsing fein schneiden, Apfel klein würfeln und unterheben, mit frischen Kräutern, Dill oder Petersilie bestreuen.

In Portionsschälchen verteilen und Preiselbeerkompott in die Mitte geben.

Vollkornbackwaren

Wenn man das Vollkornmüsli noch ohne Getreidemühle zubereiten konnte, ist diese bei den Backwaren unerläßlich. Eine Übersicht der derzeit gebräuchlichsten Mühlen finden Sie auf den Seiten 48 und 49.

Vollkornbackwaren werden frisch gemahlen aus dem ganzen Getreidekorn ohne Entfernung einzelner Teile gebacken. Es ist wichtig, daß das Getreide erst vor dem Backen gemahlen wird, da schon kurz nach dem Mahlen durch den Luftsauerstoff ein Wirkstoffverlust eintritt, der sowohl den gesundheitlichen Wert wie auch Geschmack und Aroma mindert. Deshalb wird in allen Rezepten von frisch gemahlenem Weizen- oder Roggenvollkornmehl geschrieben.

Dieses Vollkornmehl enthält außer dem hochwertigen Eiweiß den hohen Fettgehalt des Keims, den kohlenhydratreichen Mehlkern und die rohfaserreichen Randschichten. Dazu kommen die fettlöslichen Vitamine A und E, der Vitamin-B-Komplex und lebenswichtige Vitalstoffe.

Mit den Vollkornbackwaren schließt sich der Kreis der vollwertigen Ernährung, die alle wasserlöslichen Vitamine in der Frischkost, alle fettlöslichen Vitamine in den kaltgeschlagenen Ölen, Rahm, Nüssen und Getreide und den Vitamin-B-Komplex im Frischkornmüsli und den Vollkornbackwaren enthält.

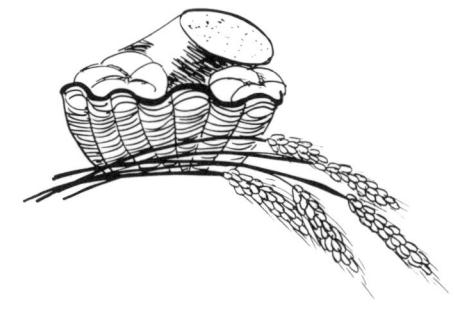

Getreidemühlen (Stand Januar 1981)

Das Angebot an Haushalts-Getreidemühlen wurde in jüngster Zeit stark erweitert. Am Markt sind heute zwei Arten von Getreidemühlen:

1. Spezial-Getreidemühlen, die nur zum Mahlen von Getreide geeignet sind,
2. Haushalts-Getreidemühlen, die schon vorhandene Marken-Küchengeräte zu universellen Küchengeräten aufwerten.

Besonders erwähnenswert ist die Haushalts-Getreidemühle nach »System Messerschmidt«. Das Mahlwerk gibt es außer in der bisherigen Stahlausführung nunmehr auch aus hochverschleißfester Keramik. Diese Getreidemühle kann außer zum Mahlen von Getreide (Weizen, Roggen, Gerste, Hafer, Hirse, Buchweizen und Reis) auch zum Mahlen und Quetschen ölhaltiger Samen (z. B. Leinsamen, Mohn, Sesam, Kümmel) verwendet werden. Sie arbeitet schneidend und reibend, so daß das Mahlgut nur mäßig erwärmt wird und deshalb in seiner natürlichen Zusammensetzung erhalten bleibt.

Die Haushalts-Getreidemühle nach »System Messerschmidt« ist zu folgenden Geräten verwendbar:

Hersteller	Geräte-Typ	Feineinstellung Gramm/Min.
Bauknecht	Küchenmaschine	
	Allfix A 2–1	150
	KU 2–1	150
	Fleischwolf FW 50	70
Bosch	UM 4	80
Braun	KM 321 und Mx 32	80
Electro-as	Mixi-Garant	150
Gesundleben GmbH	Bio-Susi	80
Jupiter	Elektro-Wolf 861 u. 862	65
Kenwood	Chef electronic A 901	120
	Chef A 701A	120
	Major A 707A	120
Kitchen-Aid	Küchenmaschine K 45	110
Moulinex	Janette u. Charlotte	40

Hersteller	Geräte-Typ	Feineinstellung Gramm/Min.
Starmix	Küchenmaschine MX 3	120
	MX 4 u. MX 41	130
	MX 50 u. MX 51	130
Stiebel Eltron	Elektro-Wolf KFW 02463	80
Zyliss	Elektro-Wolf 4310	90
	3310	90

Zu den besonderen Eigenschaften dieser Haushalts-Getreidemühle zählen:

Absolut staubfreies Mahlen.
Die Mehlfeinheit und damit die Backeigenschaften sind ausgezeichnet.
Schwierige Teige wie z. B. Bisquit-, Nudel- und Strudelteige gelingen vortrefflich.
Das Fassungsvermögen des Einfülltrichters beträgt 1250 g. Diese Mühle ist im Hinblick auf die Mahlleistung sehr preisgünstig.
Sie kann auch von Hand betrieben werden (wichtig für Urlaub und Stromausfall). Eine Halterung ist zusätzlich erhältlich und kann mühelos an jedem Tisch befestigt werden.

Bezugsquellen:
Gesundleben GmbH, 6072 Dreieich
Naturkost- und Bio-Läden
Reformhäuser
Elektrofach- und Haushaltswarengeschäfte

Tips für »Eigenbrötler«

Für die Brotbereitung benötigt man außer Mehl und Wasser ein Teiglockerungsmittel, das den Teig aufgehen läßt. Hefe und Sauerteig sind allgemein bekannt. Das neueste vollwertige Teiglockerungsmittel ist ein Spezialbackferment nach Hugo Erbe, das auf der Basis von Honig und unter Zusatz von Cerealien zubereitet wird.

Hefe eignet sich ausschließlich für die Verarbeitung von Weizen, und die Teiglockerung geschieht in kürzester Zeit, deshalb können sich wenig Aromastoffe bilden, und die Hefebrote haben einen milden, weniger herzhaften Geschmack. Brote mit Hefe sind am leichtesten ohne besondere Backerfahrung zu backen.

Sauerteig ist das älteste Triebmittel, das wir kennen. Es wird vornehmlich mit Roggen verarbeitet. Die Brotherstellung damit erfordert etwas Fertigkeit, und man sollte bereits einige Male Brot mit Hefe oder Spezialbackferment gebacken haben. Mit Sauerteig gebackene Brote sind kräftig im Geschmack, und sie sollten eine Woche alt sein, bevor sie gegessen werden.

Spezial-Backferment bietet die Möglichkeit, Brote aus jeder Getreideart und -mischung herzustellen. Auch hohe Anteile an Hafer, Gerste oder Maisschrot lassen sich gut verarbeiten. Die Teigansätze sind unempfindlicher, und es ist denkbar einfach, sich den Grundansatz aus dem trockenen Granulat selbst herzustellen. Die Zeit der Teigausreifung kann um viele Stunden ohne Schaden hinausgeschoben werden, so daß das Brotbacken ohne Streß zum echten Hobby werden kann.

Die Brote sind schnittfest und selbst für Magenleidende, die Sauerteig und Hefe nicht vertragen, leicht bekömmlich. Durch den langandauernden Gärprozeß ist die volle Ausreifung des Aromas gewährleistet.

Brote mit Spezial-Backferment sind auch für Backanfänger leicht herzustellen.

Hefe und Sauerteig können zusammen in einem Brot verbacken werden. Sie schmecken so kräftig wie reine Sauerteigbrote, sind aber lockerer. Sie sind auch einfacher und schneller zu backen als reine Sauerteigbrote, da die Hefe die Garzeiten verkürzt.

*Bereitung des Grundansatzes aus dem Spezial-Backferment**

Der Grundansatz ist ein gärender Teig, der aus dem trockenen Granulat bereitet wird.

20 g Spezial-Backferment werden mit ca. 120 ccm Wasser (gut warm, ca. 40°) klümpchenfrei aufgelöst. Dazu gibt man 50 g Weizenmehl, Type 1700, und 50 g Weizenmehl, Type 1050, Demeter. Alles gut vermengen, der Teig soll weich sein, aber es soll sich kein Wasser absetzen.

Diesen Teig bei einer Temperatur von 28–35° für 24 Stunden bedeckt stehenlassen. Nach dieser Zeit ist eine Bläschenbildung zu beobachten. Zu diesem Teig werden dann ca. 180 ccm Wasser (ca. 40° warm) gegeben und untermengt. Dazu 150 g Weizenmehl, Type 1700, und 150 g Weizenmehl, Type 1050; alles gut vermengen. Der Teig soll eine mittlere Festigkeit aufweisen. Weitere 24 Stunden bei 28–35° stehenlassen.
Der Teig ist durch Gärung auf mehr als das Doppelte seines anfänglichen Volumens angewachsen. Der Gärungsvorgang ist damit abgeschlossen und der Teig gebrauchsfertig.

In einem Schraubglas (nicht mehr als ¾ gefüllt) wird er im Kühlschrank aufbewahrt, wo er sich über ein halbes Jahr hält. Eine sich an der Oberfläche zeigende graue Verfärbung hat nichts zu sagen, da es sich um arteigene Hefen handelt, die von Natur aus grau sind.
Wer eine Getreidemühle besitzt, kann statt der Type 1700 selbstgemahlenes Weizenvollkornmehl verwenden und statt der Type 1050 ausgesiebtes selbstgemahlenes Weizenvollkornmehl.

Weitere Ratschläge

Um die Backleistung eines normalen Haushaltherdes zum Brotbacken zu steigern, legt man auf den Boden der Backröhre einige Schamotte- oder Backsteine und stellt darauf das Blech. Beim Einschieben des Brotes geht dadurch weniger Hitze verloren, und die Steine halten die Backtemperatur konstanter (dieser Hinweis gilt nur für Elektroherde).

---

* Lieferant u. a.: Backtechnik GmbH KG, Postfach 80, 6364 Florstadt 1

Die Backzutaten sollen alle lauwarm sein. Das frisch gemahlene Vollkornmehl hat gerade die richtige »Backwärme«.

Der Teig muß an einem warmen, zugfreien Platz gehen und verarbeitet werden. Hefeteige verdoppeln sich etwa, Sauerteige und Teige mit Backferment nehmen etwa um die Hälfte zu.

Beim Kneten die Hände ab und zu in lauwarmes Wasser tauchen.

Eine besonders schöne Form bekommt das Brot, wenn man es in einem Backkörbchen gehen läßt und danach auf das Blech stürzt.

Große Brote (ab 1500 g) werden bei sinkender Temperatur gebacken. Die Röhre muß so lange vorgeheizt werden, damit die angegebene Backtemperatur erreicht wird.

Damit das Brot gut aufgeht, stellt man eine Tasse mit kochendem Wasser auf das Backblech neben das Brot, oder man stellt ein Gefäß mit kochendem Wasser einige Minuten vor dem Einschieben des Brotes in die Röhre. Die beste Methode zur Erzeugung des nötigen Wasserdampfs ist: Etwa eine halbe Tasse heißes Wasser vorsichtig auf die Bodenplatte gießen und sofort das Brot einschieben (Vorsicht bei Gasherden, damit die Flammen nicht erlöschen).

Wenn das Brot beim Anklopfen auf der Unterseite hohl klingt, ist es gar. Bei Kastenbroten Probe mit einem Holzstäbchen.

Wird das Brot gleich nach dem Herausziehen mit kaltem Wasser bestrichen, bekommt es eine glänzende Kruste.

Ein wohlgelungenes Brot zeigt auf der schön gewölbten Oberfläche Einrisse. Ein flachgelaufenes Brot ist meistens zu lange gegangen, oder die Ofentemperatur war zu niedrig. Ein sehr hohes Brot mit einem Rundumriß über dem Boden ist zu kurz gegangen.

In allen Fällen sind dies nur Schönheitsfehler, die die Brotqualität nicht beeinflussen.

Die besten Backergebnisse bei Kastenbroten und Kuchen erzielt man mit dunklen Stahlblechformen, wie sie die Bäcker verwenden.

Brote, Brötchen, Toast

Amerikanisches Maisbrot

200 g Weizenvollkornmehl
500 g Maisgrieß (Polenta)
1 Tl Vollmeersalz
1 Backpulver
50 g Buchweizenmehl

½ l Milch
40 g Butter
2 Eier
80 g Honig

In einer Schüssel mischt man das frisch gemahlene Weizenvollkornmehl und das Buchweizenmehl mit dem Maisgrieß, Vollmeersalz und Backpulver.

In der lauwarmen Milch läßt man die Butter zerlaufen, rührt die Eier und den Honig dazu. Dies gießt man in das Mehlgemisch und rührt alles gut durch.

In eine gefettete, gemehlte Kastenform gibt man den sehr flüssigen Teig und bäckt ihn im vorgeheizten Ofen bei 200°, unterste Schiene, ca. 35 Minuten. Auf ein Gitter stürzen und auskühlen lassen.

Mit Erdnußmus (von Granovita) bestrichen sehr gut zum Frühstück.

Bauern-Vollkornbrot (Sauerteig)

Vorteig:
125 g Sauerteig*
½ l warmes Wasser
400 g Roggenvollkornmehl

Hauptteig:
800 g Roggenvollkornmehl
400 g Weizenvollkornmehl
3 gehäufte Tl Vollmeersalz
1 Tl Cenovis Bierhefe
2 El Kümmel, ganz
1 El Koriander, ganz
1 Tl Anis, ganz
1 Tl Fenchel, ganz
½ Tl Cardamon, gemahlen

¾ l lauwarmes Wasser
ca. 100 g Streumehl (Weizenvollkornmehl)

---

* Wer vom Bäcker keinen fertigen Sauerteig bekommen kann, nimmt statt der 125 g Sauerteig 50 g Backhefe und verfährt genau nach Rezept. Von diesem Vorteig kann ebenso für das nächste Brot wieder 125 g weggenommen werden.

Den Sauerteig in ½ l lauwarmem Wasser auflösen und das frisch gemahlene Roggenvollkornmehl dazurühren. Zugedeckt bei 30–35° ca. 12 Stunden gären lassen. Beim Aufreißen des Teiges muß sich eine starke Bläschenbildung zeigen.

125 g dieses Vorteiges für das nächste Brot wegnehmen, mit etwas Roggenvollkornmehl verkneten und in einem Glas kühl aufbewahren (ca. 8 Tage verwendungsfähig).

Das frisch gemahlene Roggen- und Weizenvollkornmehl mischt man in einer Backschüssel mit Vollmeersalz, Bierhefe und den angegebenen Gewürzen, drückt in die Mitte eine Vertiefung und gibt den Vorteig hinein. Von der Mitte aus mit dem Vollkornmehl vermengen. Das lauwarme Wasser unter ständigem Kneten zugießen und den Teig gut und kräftig durcharbeiten, bis er sich von der Schüssel löst.

Den Teig herausnehmen, die Schüssel mit Vollkornmehl ausstreuen, den Teig hineinlegen, mit Vollkornmehl bestäuben und zugedeckt an einem warmen Ort 3–6 Stunden gehen lassen (die Zeit hängt von der Wärme ab).

Hat sich das Teigvolumen ungefähr verdoppelt und zeigt kleine Risse an der Oberfläche, knetet man den Teig auf einer bemehlten Arbeitsfläche nochmals gut durch, formt einen Kloß und legt ihn mit dem Teigschluß nach oben in ein gewärmtes, gut bemehltes Brotkörbchen. Zugedeckt und warm gestellt 45–60 Minuten ruhen lassen. Zeigen sich auf der Oberfläche kleine Risse, ist es Zeit, das Brot einzuschieben.

Auf ein bemehltes Backblech kippen, schnell mit Wasser bestreichen, mit Kümmel bestreuen und mit der Gabel ringsherum einige Male einstechen. In den auf 250° vorgeheizten Ofen vorsichtig ½ Tasse heißes Wasser gießen und das Brot auf die unterste Schiene oder auf die Steine einschieben. 20 Minuten bei 250°, 1 Stunde bei 190° und 10 Minuten bei Nachhitze backen.

Herausnehmen, schnell mit kaltem Wasser abpinseln und auf einem Gitter 1 Tag auskühlen lassen. Frühestens nach 2 Tagen das Brot anschneiden.

Die angegebene Menge ergibt ein gut 4½ Pfund schweres Brot.

Buttermilchbrot (Hefebrot)

Vorteig:
500 g Weizenvollkornmehl
⅛ l Buttermilch
30 g Hefe

Hauptteig:
¼ l Buttermilch
1 gehäufter Tl Vollmeersalz

Streumehl

1 El Buttermilch
1 El Sesam

Das frisch gemahlene Weizenvollkornmehl in eine Schüssel geben, eine Vertiefung drücken und die in lauwarmer Buttermilch aufgelöste Hefe mit etwas Vollkornmehl zu einem dicklichen Brei verrühren. Mit etwas Mehl bestäuben und 15 Minuten gehen lassen.

Dann die leicht erwärmte Buttermilch und das Vollmeersalz dazugeben, zu einem Teig verarbeiten und gut durchkneten oder schlagen.

Mit feuchten Händen einen Kloß formen, die Schüssel mit etwas Mehl ausstreuen und den Teig hineinlegen. Mit Vollkornmehl bestäuben und zugedeckt ca. 45 Minuten gehen lassen.

Wenn sich das Teigvolumen verdoppelt hat, den Teig auf einer bemehlten Arbeitsfläche nochmals durchkneten, eine Rolle formen und in eine gefettete, bemehlte Kastenform (30 cm) legen. Mit Buttermilch bestreichen und mit Sesam bestreuen.

Zugedeckt nochmals 15 Minuten gehen lassen.

In den vorgeheizten Ofen bei 220° (2. Schiene von unten) geben und 35–40 Minuten backen.

Die ersten 15 Minuten 1 Tasse mit kochendem Wasser dazustellen.

Gleich aus der Form nehmen und auf einem Gitter auskühlen lassen. Wenn das Brot beim Anklopfen auf der Unterseite hohl klingt, ist es gar.

Erst am nächsten Tag anschneiden.

Dreikornbrot (mit Spezial-Backferment)

300 g Hafer, ganz
½ l Wasser

Vorteig:
400 g Weizenvollkornmehl
1 gehäufter El Grundansatz
1 gehäufter Tl Backferment
½ l lauwarmes Wasser

Hauptteig:
600 g Weizenvollkornmehl
500 g Roggenvollkornmehl
2 gestrichene El Vollmeersalz
⅜ l lauwarmes Wasser

Streumehl
Haferflocken

Die Arbeitsweise und die Backzeiten sind genau wie beim Weizenvollkornbrot (Seite 66).

Der Hafer wird mit ½ l kochendem Wasser überbrüht und muß ca. 12 Stunden quellen. Dann wird er mit dem restlichen Einweichwasser zum Hauptteig geknetet.

Das Brotkörbchen, in das man das Brot zum letzten Gehen legt, wird statt mit Mehl mit Haferflocken ausgestreut.

Aufs Blech gestürzt, bleiben die Haferflocken auf dem Brot.

Es wird nur mit der Gabel einige Male ringsherum eingestochen und dann eingeschoben. Das Brot erst nach 2 Tagen anschneiden.

Ingwerbrot

100 g kaltgeschlagenes Sonnenblumenöl
200 g Honig
⅛ l saure Milch oder Joghurt
2 Eigelb
300 g Weizenvollkornmehl
2 El Ingwer
½ gestrichener Tl Cayennepfeffer
1 gestrichener Tl Vollmeersalz
1 gehäufter Tl doppelt kohlensaures Natron
3 El Wasser
2 Eischnee

Öl, Honig, Sauermilch und Eigelb gut verrühren. Das frisch gemahlene Weizenvollkornmehl mit Ingwer, Cayennepfeffer und Vollmeersalz mischen und dazurühren. Das Natron in 3 El Wasser auflösen und unter den Teig rühren, Eischnee unterheben.

In eine geölte, gebröselte Kastenform (30 cm) füllen und bei 175° 50–55 Minuten, 2. Schiene von unten, backen.

Erst etwas abkühlen lassen und dann aus der Form nehmen. 2 Tage durchziehen lassen.

Kräuterbrot (Hefebrot)

Vorteig:
600 g Weizenvollkornmehl
⅛ l lauwarmes Wasser
30 g Hefe

Hauptteig:
50 g Butter
je 1 El Petersilie, Dill, Schnittlauch
1 kleine Zwiebel
1 Knoblauchzehe
1 Tl Brechts Selleriesalz
⅛ l lauwarmes Wasser
200 g Magerquark

etwas Streumehl (Weizenvollkornmehl)

Das frisch gemahlene Weizenvollkornmehl in eine Schüssel geben, eine Vertiefung eindrücken und darin die in lauwarmem Wasser aufgelöste Hefe mit dem Mehl zu einem dicklichen Brei rühren. Mit Mehl bestäubt, ca. 15 Minuten gehen lassen.

Die Butter mit den feingehackten Kräutern, Zwiebel, Knoblauch und Selleriesalz verrühren und mit dem Wasser und Magerquark zum Vorteig geben. Den Teig gut durchschlagen und in der bemehlten Schüssel, mit etwas Mehl bestäubt, ca. 1 Stunde gehen lassen.

Auf einer bemehlten Arbeitsfläche nochmals kurz durchkneten, eine Rolle formen und in eine gefettete, bemehlte Kastenform legen und ca. 15 Minuten gehen lassen.

In den auf 220° vorgeheizten Ofen auf die unterste Schiene einschieben, ½ Tasse heißes Wasser vorsichtig auf die Bodenplatte gießen und den Ofen schließen, ca. 40 Minuten bei 220°, 20 Minuten bei 180°, 10 Minuten bei Nachhitze backen.

Das Brot erst nach 2 Tagen anschneiden.

Zu Suppen oder Salaten mit Butter bestrichen sehr pikant.

Kümmel-Vollkornbrot (Sauerteig und Hefe)

Vorteig:
125 g Sauerteig
½ l lauwarmes Wasser
400 g Roggenvollkornmehl

Hauptteig:
800 g Roggenvollkornmehl
200 g Weizenvollkornmehl
4 El Kümmel
3 Tl Vollmeersalz
⅛ l Wasser + 40 g Hefe
½ l lauwarmes Wasser

ca. 100 g Streumehl (Weizenvollkornmehl)

Den Sauerteig in lauwarmem Wasser aufrühren und das frisch gemahlene Roggenvollkornmehl dazugeben. Zugedeckt bei 30–35° ca. 12 Stunden gären lassen. Nach dieser Zeit ist eine starke Bläschenbildung zu sehen, wenn man den Teig etwas aufreißt.
125 g dieses Vorteigs wegnehmen, mit etwas Roggenvollkornmehl verkneten und für das nächste Brot in einem Glas kühl aufbewahren (ca. 8 Tage verwendungsfähig).

Das frisch gemahlene Roggen- und Weizenvollkornmehl in einer Schüssel mit Kümmel und Vollmeersalz mischen, eine Vertiefung eindrücken und den Vorteig und die in ⅛ l lauwarmem Wasser angerührte Hefe dazugeben, von der Mitte aus mit dem Vollkornmehl vermengen.

Nach und nach das lauwarme Wasser zugeben und den Teig gut und kräftig mit den Händen kneten (10–15 Minuten), bis er geschmeidig ist und sich von der Schüssel löst.

Wenn er sich ganz von der Schüssel gelöst hat, herausnehmen, die Schüssel gut mit Vollkornmehl bestäuben, den Teig hineinlegen, mit Vollkornmehl bestäuben und zugedeckt an einem warmen Ort 1½ bis 2 Stunden gehen lassen.

Wenn sich das Teigvolumen knapp verdoppelt hat, knetet man ihn auf einer bemehlten Arbeitsfläche nochmals durch, formt eine Kugel und legt sie mit dem Teigschluß nach oben in ein gut bemehltes gewärmtes Brotkörbchen. Noch einmal 30–60 Minuten zugedeckt an einem warmen Ort gehen lassen.

Den gegangenen Teig auf ein bemehltes Blech stürzen und mit dem Messer rautenförmig einritzen. In den auf 250° vorgeheizten Ofen vorsichtig ½ Tasse heißes Wasser schütten, das Brot auf der untersten Schiene oder auf den Steinen einschieben. 20 Minuten bei 250°, 60 Minuten bei 190° und 10 Minuten bei Nachhitze backen.

Auf einem Gitter 1 Tag auskühlen lassen. Frühestens nach 2 Tagen anschneiden. Die angegebene Menge ergibt ein gut 4 Pfund schweres Brot.

Leinsamenbrötchen

50 g Leinsamen
⅛ l lauwarmes Wasser

Vorteig:
550 g Weizenvollkornmehl
⅛ l lauwarmes Wasser
30 g Hefe

Hauptteig:
⅛ l lauwarmes Wasser
1 Tl Vollmeersalz
100 g Magerquark

etwas Streumehl (Weizenvollkornmehl)

Den ganzen Leinsamen in lauwarmem Wasser einweichen und ca. 15 Minuten quellen lassen. Das frisch gemahlene Weizenvollkornmehl in eine Schüssel geben, eine Vertiefung eindrücken und darin die in lauwarmem Wasser aufgelöste Hefe mit dem Mehl zu einem dicklichen Brei rühren. Mit Mehl bestäubt ca. 15 Minuten gehen lassen.

Das in Wasser aufgelöste Vollmeersalz, Magerquark und gequollenen Leinsamen dazugeben und den Teig gut durchkneten. Mit feuchten Händen den Teig herausnehmen, die Schüssel mit Mehl ausstreuen, den Teig wieder hineingeben und leicht bemehlt zugedeckt ca. 1 Stunde an einem warmen Ort gehen lassen. Den Teig auf einer bemehlten Arbeitsfläche nochmals kurz durchkneten, eine Rolle formen und in 15 Teile schneiden.

Die Teiglinge rund wirken und auf ein gefettetes Blech legen, mit dem Teigschluß nach unten. Mit einem leicht gewärmten Tuch bedeckt ca. 15 Minuten gehen lassen. In den auf 220° vorgeheizten Ofen auf die mittlere Schiene einschieben. $^1/_2$ Tasse heißes Wasser vorsichtig auf die Bodenplatte gießen und den Herd schließen. Etwa 35–40 Minuten backen.

Leinsamenbrot (Hefebrot)

100 g Leinsamen, im ganzen
$^1/_8$ l warmes Wasser

Vorteig:
500 g frisch gemahlenes Weizenvollkornmehl
30 g Hefe
$^1/_8$ l Wasser

Hauptteig:
$^1/_4$ l Joghurt
1 gehäufter Tl Vollmeersalz

Streumehl

Den Leinsamen in warmem Wasser 15 Minuten einweichen.

Das Weizenvollkornmehl in eine Schüssel geben, eine Vertiefung drücken und darin die mit lauwarmem Wasser verrührte Hefe zu einem dicklichen Brei verrühren. Mit etwas Vollkornmehl überstäuben und ca. 10 Minuten gehen lassen.

Dann das leicht erwärmte Joghurt, den gequollenen Leinsamen und das Vollmeersalz dazugeben und den Teig schlagen, bis er Blasen wirft. Mit feuchten Händen eine Kugel formen, die Schüssel mit etwas Vollkornmehl ausstreuen und den Teig wieder hineingeben. Leicht mit Vollkornmehl bestäuben und zugedeckt 45 Minuten gehen lassen.

Wenn er sich verdoppelt hat, auf einer bemehlten Arbeitsfläche nochmals durchkneten. Eine Rolle formen und in eine gefettete, bemehlte Kastenform (30 cm) legen. Mit einem scharfen Messer rautenförmig einschneiden und nochmals zugedeckt 15 Minuten gehen lassen.

Mit 1 Tasse kochendem Wasser in die vorgeheizte Röhre schieben oder etwas Wasser auf die Bodenplatte gießen (2. Schiene von unten) und bei 220° ca. 35–40 Minuten backen. Herausnehmen, mit kaltem Wasser bepinseln und auf einem Gitter 1 Tag auskühlen lassen.

Wenn das Brot beim Anklopfen auf der Unterseite hohl klingt, ist es gar.

Mohn- und Sesambrötchen, Kümmelschrippen

Vorteig:
550 g Weizenvollkornmehl
⅛ l lauwarmes Wasser
30 g Hefe

Hauptteig:
⅛ l lauwarmes Wasser
⅛ l lauwarme Milch
1 gehäufter Tl Vollmeersalz

etwas Streumehl (Weizenvollkornmehl)

zum Verzieren:
Mohn
Sesam
Kümmel

Das frisch gemahlene Weizenvollkornmehl in eine Schüssel geben, eine Vertiefung drücken und darin die in lauwarmem Wasser aufgelöste Hefe mit etwas Mehl zu einem dicklichen Brei verrühren. Mit Mehl bestäubt ca. 15 Minuten gehen lassen.

Milch und Wasser erwärmen, Vollmeersalz darin auflösen und zu dem gegangenen Vorteig rühren. Den Teig nun 5–10 Minuten gut durchkneten, bis er nicht mehr klebt und sich gut von der Schüssel löst. In der leicht bemehlten Schüssel zugedeckt an einem warmen Ort ca. 30 Minuten gehen lassen.

Wenn sich das Teigvolumen verdoppelt hat, knetet man den Teig auf einer leicht bemehlten Arbeitsfläche kurz durch, formt eine Rolle und schneidet diese in 15 Teile. Die Teigstücke rund formen, einige für Schrippen länglich, und 5 Minuten angehen lassen.

Die geformten Wecken mit lauwarmem Wasser bestreichen, leicht in Mohn und Sesam drücken, die länglichen Wecken in Kümmel und auf das gefettete Backblech legen.

Mit einem Messer die Oberfläche kreuzweise einschneiden, die Schrippen der Länge nach.

In den auf 225° vorgeheizten Ofen auf die mittlere Schiene einschieben, ¼–½ Tasse heißes Wasser vorsichtig auf die Bodenplatte gießen und den Herd sofort schließen. Nach 20–25 Minuten sind die Brötchen gar.

Quark-Gewürzbrot (Hefe)

Vorteig:
1400 g Weizenvollkornmehl
¼ l Wasser
120 g Hefe

Hauptteig:
½ l Wasser
2 El Vollmeersalz
2 El Koriander, ganz oder:
1 El Kümmel, ganz
1 Tl Anis, ganz
1 Tl Fenchel, ganz
500 g Magerquark

100 g Streumehl (Weizenvollkornmehl)

Das frisch gemahlene Weizenvollkornmehl in eine Schüssel geben, eine Vertiefung drücken und darin die in warmem Wasser aufgelöste Hefe mit dem Mehl zu einem dicklichen Brei verrühren. Mit Mehl bestäubt ca. 15 Minuten gehen lassen.

Nun das Vollmeersalz im lauwarmem Wasser auflösen und mit den Gewürzen und dem Quark zum gegangenen Vorteig geben. Alles gut verrühren und ca. 10 Minuten durchkneten. In der bemehlten Schüssel mit einem Tuch bedeckt ca. 45 Minuten gehen lassen.

Den Teig nochmals durchkneten und in ein bemehltes, leicht gewärmtes Brotkörbchen legen, den Teigschluß nach oben. Mit einem Tuch bedeckt nochmals 15 Minuten gehen lassen.

Auf ein bemehltes Blech stürzen, kreuzweise leicht einschneiden oder mit der Gabel ringsherum einige Male einstechen und in den auf 250° vorgeheizten Backofen, unterste Schiene, einschieben. ½ Tasse heißes Wasser vorsichtig auf die Bodenplatte gießen und den Herd schließen.

20 Minuten bei 250°, 60 Minuten bei 190° und 20 Minuten bei Nachhitze backen.

Das Brot auf einem Gitter auskühlen lassen und erst nach 2 Tagen anschneiden.

Quarkvollkornbrot (mit Spezial-Backferment)

Vorteig:
400 g Weizenvollkornmehl
1 gehäufter El Grundansatz
 (50 g)
1 gehäufter Tl Backferment
 (6 g)
$^1/_2$ l lauwarmes Wasser

Hauptteig:
900 g Weizenvollkornmehl
knapp $^1/_4$ l lauwarmes Wasser
500 g Magerquark
2 El Vollmeersalz
2 gehäufte El Koriander

ca. 100 g Streumehl (Weizenvollkornmehl)

Die Arbeitsweise und die Backzeiten sind genau wie beim Weizenvollkornbrot (Seite 66).

Der Quark wird gut eingeknetet. Das Quarkbrot stürzt man vom Korb auf das Blech. Die bemehlte Oberfläche ritzt man kreuzweise mit einem scharfen Messer ein.

Das fertige Brot wiegt ca. $4^1/_2$ Pfund.

Roggenvollkornbrot (mit Spezial-Backferment)

Vorteig:
400 g Roggenvollkornmehl
500 g ($^1/_2$ l) lauwarmes Wasser
1 gehäufter El Grundansatz
 (50 g)
1 gehäufter Tl Backferment
 (6 g)

Hauptteig:
600 g Roggenvollkornmehl
400 g Weizenvollkornmehl
4 leicht gehäufte Tl Vollmeersalz
$^5/_8$ l lauwarmes Wasser

nach Belieben:
2 Tl Anis, ganz
2 Tl Fenchel, ganz
2 Tl Cardamon, gemahlen
2 Tl Kümmel, ganz
2 Tl Koriander, ganz

ca. 100 g Weizenvollkornmehl
 als Streumehl

Die Arbeitsweise und die Backzeiten sind genau wie beim Weizenvollkornbrot. Das Roggenbrot ist etwas dunkler und fester, jedoch im Geschmack noch herzhafter (Seite 66).

Ergibt gut 4 Pfund Brot.

Sonnenblumenbrot (mit Spezial-Backferment)

Vorteig:
400 g Weizenvollkornmehl
¹/₂ l lauwarmes Wasser
1 gehäufter El Grundansatz
 (50 g)
1 gehäufter Tl Backferment
 (6 g)

Hauptteig:
800 g Weizenvollkornmehl
200 g Roggenvollkornmehl
¹/₈ l lauwarmes Wasser
³/₈ l lauwarme Milch
2 El Vollmeersalz
250 g Sonnenblumenkerne
 (enthülst)

Die Arbeitsweise und die Backzeiten sind genau wie beim Weizenvollkornbrot mit Spezial-Backferment (Seite 66).

Die Sonnenblumenkerne werden eingeknetet.

Das Brot wird mit bemehlter Oberfläche, nur mit der Gabel eingestochen, gebacken und wird nach dem Backen auch nicht mit Wasser bestrichen.

Vollkorn-Toastbrot (Hefe)

Vorteig:
450 g Weizenvollkornmehl
30 g Hefe
¹/₈ l Milch

Hauptteig:
¹/₈ l Milch
30 g Butter
1 gestrichener El Honig
1 gestrichener Tl Vollmeersalz
1 Ei

etwas Streumehl

Das frisch gemahlene Weizenvollkornmehl in eine Schüssel geben, eine Vertiefung drücken und die mit lauwarmer Milch angerührte Hefe darin zu einem dicklichen Brei rühren. Mit etwas Mehl bestäuben und ca. 10 Minuten gehen lassen.

In der lauwarmen Milch die Butter, Honig und Vollmeersalz verrühren und zum gegangenen Vorteig rühren. Das Ei mit der Gabel schlagen (¹/₃ zum Bestreichen zurücklassen) und ebenfalls dazugeben. Alles gut vermengen und den Teig ca. 5–10 Minuten mit feuchten Händen kneten.

Den sehr lockeren Teig mit feuchten Händen zu einer Kugel formen. Die Schüssel mit Mehl bestreuen und den Teig wieder hineinlegen, ebenfalls mit Mehl bestäuben und 30–45 Minuten zugedeckt gehen lassen.

Wenn sich das Teigvolumen verdoppelt hat, auf einer bemehlten Arbeitsfläche gut durchkneten, zu einer Rolle formen und in eine gefettete und bemehlte Kastenform (30 cm) geben. Nochmals zugedeckt 15 Minuten gehen lassen. Mit dem restlichen Ei bestreichen.

Bei 220° (unterste Schiene) 25 Minuten backen. 1 Tasse kochendes Wasser für die ersten 10 Minuten dazustellen oder etwas heißes Wasser auf die Bodenplatte gießen.

Gleich aus der Form nehmen und auf einem Gitter auskühlen lassen. Wenn das Brot beim Anklopfen auf der Unterseite hohl klingt, ist es gar.

Das Brot erst am nächsten Tag aufschneiden.

Walliser Nußbrot (mit Spezial-Backferment)

Vorteig:
400 g Roggenvollkornmehl
$^1/_2$ l lauwarmes Wasser
1 gehäufter El Grundansatz
  (50 g)
1 gehäufter Tl Backferment
  (6 g)

Hauptteig:
400 g Roggenvollkornmehl
800 g Weizenvollkornmehl
2 gestrichene El Vollmeersalz
200 g Walnußkerne
$^3/_4$ l lauwarmes Wasser

ca. 100 g Weizenvollkornmehl
  als Streumehl

Die Arbeitsweise und die Backzeiten sind genau wie beim Weizenvollkornbrot mit Spezial-Backferment (Seite 66).

Die Walnußkerne werden unzerkleinert eingeknetet. Das Brot wird vor dem Einschieben in den Ofen mit einem scharfen Messer ca. $^1/_2$ cm tief kreuzweise eingeschnitten. Es wird mit bemehlter Oberfläche gebacken und auch nach dem Backen nicht mit Wasser bestrichen.

Weizenvollkornbrot (mit Spezial-Backferment)

Vorteig:
400 g Weizenvollkornmehl
½ l Wasser
1 gehäufter El Grundansatz
 (50 g)
1 gehäufter Tl Backferment
 (6 g)

Hauptteig:
1000 g Weizenvollkornmehl
½ l Wasser
4 leicht gehäufte Tl Vollmeersalz

nach Belieben:
2 Tl Anis, gemahlen
2 Tl Fenchel, gemahlen
1 Tl Cardamon, gemahlen
2 Tl Kümmel, ganz
2 Tl Koriander, ganz

ca. 100 g Weizenvollkornmehl
 als Streumehl

Der Grundansatz und das Ferment werden mit dem lauwarmen Wasser klümpchenfrei verrührt. Dann fügt man das frisch gemahlene Weizenvollkornmehl dazu und vermengt alles gut.

Diesen Teigansatz läßt man in einer ausreichend großen Schüssel bei ca. 20° Raumtemperatur stehen. Er muß so abgedeckt werden, daß die Oberfläche nicht abtrocknet (mit Folie und Tuch).

Der Teig muß mindestens 12 Stunden stehen, und es schadet nichts, wenn er 20 Stunden und mehr steht. In diesem Fall muß man mit einer stärkeren Säuerung rechnen.

Nun wird der Hauptteig bereitet. In eine große Schüssel gibt man das frisch gemahlene Weizenvollkornmehl, vermengt es mit den Gewürzen und Salz (Fenchel, Anis und Cardamon können unter den Weizen gemischt in der Mühle mitgemahlen werden) und drückt eine Vertiefung in die Mitte. Dahinein gibt man den Vorteig und vermengt diesen von der Mitte aus mit Weizenvollkornmehl. Das Wasser wird nach und nach zugegeben. Der Teig wird nun ca. 10 Minuten lang mit den Händen kräftig geknetet.

In die Schüssel etwas Mehl streuen, den Teig hineingeben, mit etwas Mehl bestäuben und mit Folie und Tuch abgedeckt 1–1½ Stunden warm (30–35°) stellen. Es muß sich eine gute Lockerung des Teiges zeigen, das Teigvolumen nimmt um gut ⅓ zu.

Nun wird der Teig nochmals kurz durchgeknetet. In einem gut gemehlten Brotkörbchen oder in einer anderen Form mit dem Teigschluß nach oben nochmals ca. 30–50 Minuten gehen lassen, mit Mehl bestäubt und mit Folie und Tuch abgedeckt. Zeigen sich kleine Risse an der Oberfläche, ist das Brot gerade richtig zum Einschieben.

Brote mit richtiger Gare sind leicht gewölbt, übergare fallen an der Oberfläche leicht ein.

Nun stürzt man das Brot auf das leicht gefettete Blech und kann es mit bemehlter Oberfläche einschieben. Man kann es mit lauwarmem Wasser abstreichen und mit Kümmel, den man leicht andrückt, bestreuen. In beiden Fällen sticht man ringsherum mit der Gabel etwas ein. In den auf 250° vorgeheizten Ofen schiebt man das Brot auf der untersten Schiene ein und stellt auf das Blech 20 Minuten 1 Tasse mit kochendem Wasser. Man bäckt 20 Minuten bei 250° Hitze, 60 Minuten bei 190° und 10 Minuten bei Nachhitze.

Das Brot herausnehmen und, wenn Glanz erwünscht ist, mit kaltem Wasser abstreichen. Auf einem Gitter 24 Stunden auskühlen lassen. In einem Leinensäckchen oder Leinengeschirrtuch einige Tage kühl lagern.

Zwiebelbrot

Vorteig:
800 g Weizenvollkornmehl
¼ l lauwarmes Wasser
40 g Hefe

Hauptteig:
3 gehäufte Tl Vollmeersalz
300 g Zwiebeln
1 El Diäsan
¼ l lauwarmes Wasser
1 Ei
etwas Streumehl

Das frisch gemahlene Weizenvollkornmehl in eine Schüssel geben, eine Vertiefung eindrücken und die in lauwarmem Wasser aufgelöste Hefe mit etwas Mehl zu einem dicklichen Brei verrühren. Mit Mehl bestäuben und ca. 15 Minuten gehen lassen.

Die Zwiebeln grobwürflig schneiden (½ cm breit) und in Diäsan glasig dünsten. Etwas abkühlen lassen.

Zu dem gegangenen Vorteig das lauwarme Wasser, in dem das Vollmeersalz aufgelöst wurde, langsam einrühren, die Zwiebeln dazugeben und den Teig glattkneten. In der bemehlten Schüssel den Teig 30–45 Minuten gehen lassen.

Wenn sich das Teigvolumen verdoppelt hat, knetet man ihn auf einer bemehlten Arbeitsfläche nochmals durch, schneidet ihn in 3 Teile und wirkt aus jedem Teil eine Rolle, die man mit gutem Abstand aufs gefettete, bemehlte Blech legt. Mit einer Schere schneidet man das Brot beidseitig alle 5 cm ca. 2 cm tief schräg ein und läßt es zugedeckt ca. 15 Minuten gehen. Mit verquirltem Ei bestreichen und bei 220° ca. 40 Minuten, mittlere Schiene, backen. Nach 30 Minuten eventuell mit Alu-Folie abdecken.

Für 20 Minuten 1 Tasse kochendes Wasser hineinstellen oder ½ Tasse vorsichtig auf den Boden der Backröhre gießen.

Das Brot ist gar, wenn es beim Anklopfen der Unterseite hohl klingt. Es schmeckt herrlich zu Suppe, Abendbrot oder Imbiß.

Zwiebelfladen

Vorteig:
550 g Weizenvollkornmehl
¼ l lauwarmes Wasser
30 g Hefe

Hauptteig:
250 g Zwiebeln
1 El Diäsan
¼ l Buttermilch
1 gehäufter Tl Kräutersalz

Streumehl

Die Arbeitsweise und die Backzeiten sind genau wie beim Zwiebelbrot (Seite 67).

Den gegangenen Teig auf einer bemehlten Arbeitsfläche nochmals kneten und in 4 Teile schneiden. Aus jedem Teil eine Kugel formen, diese mit einem Nudelholz ca. 2 cm dick rund auswalken und auf ein gefettetes, bemehltes Backblech legen. Nochmals 15 Minuten gehen lassen, mit lauwarmen Wasser bestreichen, dann mit einer Schere ringsherum den Rand ca. 2 cm tief 10–12mal einschneiden und in den Ofen einschieben.

Gebäck

Aniszopf

Vorteig:
900 g Weizenvollkornmehl
¹/₄ l Milch
50 g Hefe

Hauptteig:
³/₈ l Milch
3 gestrichene El Honig
1 gestrichener El Vollmeersalz
3 gehäufte El Anis, im ganzen
ca. 100 g Streumehl

¹/₂ Ei
1 El Mohn

Das frisch gemahlene Weizenvollkornmehl in eine Schüssel geben, eine Vertiefung drücken und die mit lauwarmer Milch verrührte Hefe darin mit etwas Weizenvollkornmehl zu einem dicklichen Brei rühren. Mit etwas Weizenvollkornmehl bedecken und 10 Minuten gehen lassen.

In der lauwarmen Milch den Honig und das Vollmeersalz verrühren und mit dem Anis zum Vorteig geben, zu einem glatten Teig verarbeiten. Gut durchkneten, mit Weizenvollkornmehl bestäubt 30–45 Minuten gehen lassen. Wenn sich der Teig verdoppelt hat, auf einer bemehlten Arbeitsfläche durchkneten, in 3 Teile teilen und aus jedem Teil eine ca. 50 cm lange Rolle wirken.

Auf dem gefetteten Blech einen Zopf flechten, die Enden mit etwas Wasser zusammenkleben und 10 Minuten gehen lassen. Mit verquirltem Ei bestreichen und mit Mohn bestreuen. Mit 1 Tasse kochendem Wasser für 15 Minuten in den vorgeheizten Backofen schieben. Bei 220° auf der untersten Schiene ca. 30–35 Minuten backen.

Mit Butter köstlich zum Frühstück.

Bayerische Bierstangen

500 g Weizenvollkornmehl
2 Tl Vollmeersalz
½ Backpulver
60 g Hefe
³/₈ l lauwarmes Wasser

1 Ei
Salz
Kümmel

Das frisch gemahlene Weizenvollkornmehl in einer Schüssel mit Vollmeersalz und Backpulver mischen, in die Mitte eine Vertiefung drücken und die in etwas Wasser aufgelöste Hefe hineingießen. Mit etwas Weizenvollkornmehl verrühren und leicht abdecken, 10 Minuten gehen lassen. Nach und nach das Wasser dazugeben und gut unterarbeiten.

Wenn sich der Teig von der Schüssel löst, auf eine mit Weizenvollkornmehl bestäubte Arbeitsfläche geben und eine Rolle formen. Die eine Hälfte des Teigs in 10 Stücke schneiden, 10 Minuten gehen lassen. Von jedem Stück eine ca. 30 cm lange Stange rollen, nebeneinander hinlegen und mit dem Pinsel das verquirlte Ei aufstreichen, mit Salz und Kümmel bestreuen. Auf das gefettete Blech legen, in den vorgeheizten Ofen, mittlere Schiene, schieben und bei 225° ca. 25 Minuten backen; auf einem Gitter auskühlen lassen. Mit der 2. Hälfte verfährt man ebenso.

Ergibt 2 Bleche mit je 10 Bierstangen.
Zu Bier, Wein oder auch zum Salatteller schmecken sie vorzüglich.

Käsegebäck

200 g Emmentaler oder Gouda
200 g Butter
250 g Weizenvollkornmehl
½ Tl Vollmeersalz

ca. 30 g Streumehl
2 Eigelb
2 Tl Milch
Kümmel
Paprika
halbe abgeschälte Mandeln

Über das frisch gemahlene Weizenvollkornmehl streut man den geriebenen Käse und das Vollmeersalz und schneidet die kalte Butter darüber. Alles rasch zusammenkneten und 30 Minuten kühl stellen.

Auf einer bemehlten Arbeitsfläche walkt man den Teig aus, am besten in kleinen Partien.

Mit dem Rädchen in kleine Rauten teilen, Eigelb und Milch verrühren, die Rauten damit bestreichen, mit Kümmel oder Paprika bestreuen und auf das Backblech legen.

Aus den Teigrändern macht man kleine Kugeln, drückt sie etwas flach, bestreicht sie mit Eigelb und legt eine Mandel in die Mitte.

Bei 180°, mittlere Schiene, 15–20 Minuten backen, auf dem Blech auskühlen lassen, da sie sehr zerbrechlich sind.

Die Menge ergibt 2 Bleche Gebäck. Frisch gebacken schmeckt es sehr gut zu Bier und Wein.

Es läßt sich sehr gut einfrieren und ist bei Bedarf in der Röhre gleich aufgetaut.

Käsesnacks

Vorteig:
500 g Weizenvollkornmehl
⅛ l Wasser
30 g Hefe

Hauptteig:
¼ l Milch
30 g Butter
2 Tl Vollmeersalz
150 g Emmentaler

2 El Milch
50 g Emmentaler

Das frisch gemahlene Weizenvollkornmehl in eine Schüssel geben, eine Vertiefung drücken und darin die in lauwarmem Wasser aufgelöste Hefe mit etwas Weizenvollkornmehl zu einem dicklichen Brei verrühren. Mit etwas Weizenvollkornmehl bedecken und 10 Minuten gehen lassen.

In der lauwarmen Milch die Butter zergehen lassen, Vollmeersalz dazugeben und an den Vorteig rühren. Den geriebenen Emmentaler darüberstreuen und alles zu einem glatten Teig kneten. In der bemehlten Schüssel ca. 30–45 Minuten gehen lassen.

Wenn sich der Teig verdoppelt hat, auf einer bemehlten Arbeitsfläche kurz durchkneten, in 3 Teile schneiden und davon 3 backblechlange Rollen wirken. Auf das gefettete, bemehlte Blech legen und zugedeckt 10 Minuten gehen lassen.

Mit Milch bestreichen, mit geriebenem Käse bestreuen und schräg einschneiden, jede Rolle ca. 10mal. Die Schnitte ziemlich tief machen, so daß die fertigen Snacks stückweise abgebrochen werden können.

Vorsichtig ¼ bis ½ Tasse Wasser in den vorgeheizten Ofen gießen und das Blech einschieben. Bei 225° ca. 25 Minuten auf der untersten Schiene backen.

Die Snacks sind mit und ohne Butter, zur Suppe oder zum Salatteller gereicht, eine feine Zugabe.

Sie können eingefroren werden und sind in der Röhre gleich wieder aufgetaut und frisch.

Roggenvollkornsticks

300 g Roggenvollkornmehl
1 Tl Vollmeersalz
⅛ l Wasser
125 g Butter

1 Eidotter
1 Tl Milch
Sesam
Kümmel
Mohn

Das frisch gemahlene Roggenvollkornmehl mit dem Vollmeersalz mischen, das Wasser von der Mitte aus einrühren, die kalte Butter darüberschneiden und alles gut zusammenkneten. 1 Stunde ruhen lassen.

Eine lange Rolle formen und mit dem Messer in ca. 50 Teile schneiden. Von jedem Teil eine kleine Kugel drehen und dann zwischen den Händen in kleine Rollen formen, in der Mitte dicker, am Rand dünner werdend, ca. 10–12 cm lang. Alle eng aneinander auf die Arbeitsplatte legen.

1 Eidotter und 1 Tl Milch verrühren und mit dem Pinsel über die Röllchen streichen. Nun je ⅓ mit Sesam, Kümmel und Mohn bestreuen. Auf das gefettete Blech legen. Sie dürfen eng gelegt werden, da sie nicht aufgehen; sie passen alle auf ein Blech.

In den vorgeheizten Ofen, mittlere Schiene, schieben und bei 200° ca. 25 Minuten backen. Wenn die Spitzchen braun werden, herausnehmen.

Sie schmecken zu Bier und Wein sehr gut, lassen sich auch gut einfrieren und sind bei Bedarf in der Röhre sofort wieder frisch.

Ergibt ca. 50 Stück.

Schusterbuben und Kümmelringe

Vorteig:
300 g Weizenvollkornmehl
250 g Roggenvollkornmehl
⅛ l lauwarmes Wasser
40 g Hefe

Hauptteig:
¼ l lauwarmes Wasser
1 Tl Vollmeersalz

etwas Streumehl (Weizenvollkornmehl)

zum Bestreuen:
Vollmeersalz
Kümmel

Das frisch gemahlene Weizen- und Roggenvollkornmehl in einer Schüssel mischen, eine Vertiefung drücken und darin die in lauwarmem Wasser aufgelöste Hefe mit etwas Mehl zu einem dicklichen Brei rühren. Mit Mehl bestäubt ca. 15 Minuten gehen lassen.

Das Vollmeersalz im lauwarmen Wasser auflösen und zu dem gegangenen Vorteig rühren. Den Teig 5–10 Minuten gut durchkneten, bis er sich gut von der Schüssel löst. In einer bemehlten Schüssel zugedeckt 30–45 Minuten an einem warmen Ort gehen lassen.

Wenn sich das Teigvolumen ungefähr verdoppelt hat, knetet man den Teig auf einer bemehlten Arbeitsfläche kurz durch, formt eine Rolle und schneidet diese in 15 Teile.

Die Teigstücke wirkt man rund und legt sie mit dem Teigschluß nach unten auf ein gefettetes Backblech.

Für die *Kümmelringe* legt man die rund geformten Teigstücke auf eine leicht bemehlte Arbeitsfläche, läßt sie 5 Minuten angehen und drückt sie mit der Hand wieder leicht flach. Mit einem dicken, bemehlten Kochlöffelstiel drückt man in die Mitte ein Loch und weitet dieses durch leichtes Rotieren auf ca.

3 cm aus. Die Ringe auch auf das Backblech legen und mit einem angewärmten Tuch bedeckt ca. 20 Minuten gehen lassen.

Die gut gegangenen Wecken und Ringe mit lauwarmem Wasser bestreichen und mit Vollmeersalz und Kümmel bestreuen.

In den auf 225° vorgeheizten Backofen, mittlere Schiene, schieben, $1/4-1/2$ Tasse heißes Wasser vorsichtig auf die Bodenplatte gießen und den Herd schließen.

Nach ca. 30 Minuten sind die Brötchen gar.

Tiroler Ostergebäck

Vorteig:
900 g Weizenvollkornmehl
$1/8$ l Milch
60 g Hefe

Hauptteig:
$3/8$ l Milch
90 g Butter
120 g Honig
1 leicht gehäufter Tl Vollmeersalz

200 g Rosinen, ungeschwefelt

1 Ei
etwas Streumehl (Weizenvollkornmehl)

In das frisch gemahlene Weizenvollkornmehl eine Vertiefung drücken und die mit lauwarmer Milch angerührte Hefe zu einem dicklichen Brei verrühren, mit etwas Mehl abdecken und ca. 10 Minuten gehen lassen.

In der warmen Milch die Butter, den Honig und das Vollmeersalz verrühren und langsam zu dem gegangenen Vorteig rühren, die Rosinen dazugeben, gut schlagen oder kneten.

Der Teig muß noch sehr locker sein, da er noch anzieht. Die Schüssel und den Teig mit Vollkornmehl bestäuben und 30–40 Minuten gehen lassen. Das Teigvolumen hat sich ungefähr verdoppelt.

Den Teig auf einer leicht bemehlten Arbeitsfläche nochmals kurz durchkneten, zu einer Rolle formen und in ca. 30 Teigstücke teilen. Aus den Teigstücken formt man nun verschiedene Gebäcke, läßt sie 10 Minuten gehen, legt sie auf ein gefettetes Blech und bestreicht sie mit verquirltem Ei und bäckt bei 225° ca. 20 Minuten im vorgeheizten Ofen, mittlere Schiene.

Die ca. 30 Teigstücke passen auf 2 normalgroße Backbleche.

Rosenbrötchen: Von den Teigstücken formt man eine Kugel, drückt sie mit der Hand flach, schlägt die Ränder rosenblütenartig ein und läßt sie umgedreht gehen. Danach dreht man sie nach oben und bestreicht sie mit Ei.

Rosinenstängchen: Die Teigstücke in ca. 15 cm lange Stangen rollen, gehen lassen und mit einem scharfen Messer einmal der Länge nach aufschneiden. Aufs Blech legen und mit Ei bestreichen.

Schneckenhäuschen: Die Teigstücke zu ca. 40 cm langen Rollen auslängen, locker zu einer Schnecke aufrollen und in der Mitte von unten etwas hochdrücken. Gehen lassen, aufs Blech legen und mit Ei bestreichen.

Rosinenhörnchen: Die Teigstücke zu ca. 15 cm langen Rollen auslängen, in der Mitte dicker, an den Enden dünner werdend und halbmondförmig einlegen, gehen lassen, aufs Blech legen und mit Ei bestreichen.

Rosinenzöpfchen: Die Teigstücke zu ca. 30 cm langen Rollen auslängen, in der Mitte knicken und spiralenförmig umeinanderdrehen. Gehen lassen, aufs Blech legen und mit Ei bestreichen.

Das Gebäck wird nicht nur zur Osterzeit von den Kindern gern gegessen, sondern schmeckt auch in der übrigen Zeit gut zum Frühstück oder in der Pause.

Es läßt sich leicht abgekühlt gut einfrieren.

Bei 190°, unterste Schiene, 35–40 Minuten backen.

Statt Kleingebäck zu formen, kann man aus dem ganzen Teig auch einen Zopf drehen oder flechten. Mit Ei bestreichen und gehackten Mandeln bestreuen.

Vollkornallerlei für den Brotkorb

Vorteig:
1000 g Weizenvollkornmehl
⅛ l lauwarme Milch
60 g Hefe

Hauptteig:
½ l lauwarme Milch
1 gehäufter Tl Vollmeersalz
1 Ei
Kümmel, Sesam, Mohn, Anis
etwas Streumehl (Weizenvollkornmehl)

Das frisch gemahlene Weizenvollkornmehl in eine große Schüssel geben, in die Mitte eine Vertiefung drücken und die in ⅛ l lauwarme Milch aufgelöste Hefe hineingeben. Mit etwas Weizenvollkornmehl zu einem dicklichen Brei verrühren und leicht mit Vollkornmehl bedecken.

Nach 10 Minuten ist die Hefe gegangen. Nun das Vollmeersalz darüberstreuen und langsam unter Rühren die übrige lauwarme Milch dazugießen. Alles gut zusammenkneten, bis sich der Teig von der Schüssel löst. Der Teig soll eher zu locker als zu fest sein, da das Vollkornmehl noch anzieht. In die leicht bemehlte Schüssel legen und ½ Stunde gehen lassen.

Der Teig hat sich nun verdoppelt und wird nochmals fest durchgeknetet, zu einer Rolle geformt und in kleine Teigstücke geschnitten, ca. 28 Stück.

Aus den Teigstücken formt man nun verschiedene Gebäcke, legt sie auf ein leicht gefettetes Blech, läßt sie 10 Minuten gehen und bäckt sie bei 225°, mittlere Schiene, 20–25 Minuten.

Kronensemmeln: Die Teigstücke werden zu runden Brötchen geformt, mit dem Teigschluß nach unten auf ein leicht gefettetes Blech gelegt, mit verquirltem Ei bestrichen und mit einer Schere sternförmig eingeschnitten. Die Sternecken in der Mitte etwas hochziehen.

Kümmelstangen: Die Teigstücke auswalken, zu Quadraten schneiden und übereck zusammenrollen. Mit verquirltem Ei bestreichen und mit Kümmel bestreuen.

Mohnzöpfle: Die Teigstücke zu ca. 30 cm langen Rollen auslängen, in der Mitte knicken und spiralenförmig umeinanderdrehen. Mit verquirltem Ei bestreichen und mit Mohn bestreuen.

Mohnkränzchen: Die Teigstücke zu ca. 50 cm langen Rollen auslängen, in 3 Teile schneiden, einen Zopf flechten, ringförmig zusammenfügen, mit Ei bestreichen und mit Mohn bestreuen.

Anishörnchen: Die Teigstücke auswalken, zu Quadraten schneiden, übereck zusammenrollen und zu Hörnchen biegen. Mit verquirltem Ei bestreichen und mit zerstoßenem Anis bestreuen.

Sesamschnecken: Die Teigstücke zu ca. 30 cm langen Rollen auslängen, nebeneinanderlegen, mit verquirltem Ei bestreichen und mit Sesam bestreuen. Zu Schnecken aufrollen und in der Mitte von unten etwas hochdrücken.

Die Brötchen können leicht abgekühlt eingefroren werden und sind bei Bedarf im Backofen bei 150° gleich aufgetaut.

Windbeutel (Brandteig)

¼ l Wasser
2 MS Vollmeersalz
70 g Butter
150 g Weizenvollkornmehl

3 große oder 4 kleine Eier
1 gestrichener Tl Backpulver

Das Wasser mit Butter und Salz aufkochen, von der Kochstelle nehmen und das frisch gemahlene Weizenvollkornmehl auf einmal in die Flüssigkeit schütten. Nun alles rasch zusammenrühren, bis die Masse sich als Kloß geformt hat.

Nun wieder auf die Kochstelle und den Kloß noch 1 Minute rühren, bis der Topfboden mit einer dünnen Teigschicht bedeckt ist. Den Teig etwas abkühlen lassen und ein Ei nach dem anderen sehr gut unter den Teig rühren, bis er stark glänzt. Gibt man zuviel Eier an den Teig, zerlaufen die Windbeutel.

Zum Schluß gibt man das Backpulver dazu.

Mit zwei Teelöffeln auf ein gefettetes, bemehltes Blech walnußgroße Häufchen setzen. Die Menge ergibt 28–30 Stück, die auf ein normales Backblech passen.

Für festliche Anlässe kann der Teig auch in den Spritzbeutel gefüllt und in verschiedenen Größen auf das Blech gespritzt werden.

In den gut vorgeheizten Backofen geben und bei 200° ca. 25–30 Minuten backen (2. Schiene von unten).

Die ersten 15 Minuten das Rohr nicht öffnen!

Die fertigen Windbeutel herausnehmen, auskühlen lassen, aufschneiden und füllen. Die Windbeutel kann man pikant und süß füllen, siehe Rezepte Seite 244 und Seite 261.

Die Windbeutel lassen sich ungefüllt gut einfrieren und sind im Nu in der warmen Röhre aufgetaut.

Baguette Normandie

Vorteig:
650 g Weizenvollkornmehl
$^1/_8$ l lauwarmes Wasser
30 g Hefe

Hauptteig:
$^3/_8$ l lauwarmes Wasser oder Milch oder Buttermilch
1 gestrichener El Vollmeersalz

Streumehl

Das frischgemahlene Weizenvollkornmehl in eine Schüssel geben, eine Vertiefung drücken und darin die im lauwarmen Wasser verrührte Hefe mit einem Teil des Mehles zu einem dicklichen Brei verrühren. Mit Mehl bestäubt 15 Minuten gehen lassen.

Das Vollmeersalz in Wasser oder Milch oder Buttermilch auflösen und zum gegangenen Teig geben. Alles verrühren und den Teig

10 Minuten gut kneten. Wenn der Teig an den Händen klebt, diese öfters in lauwarmes Wasser tauchen und weiterkneten. Den lockeren Teig ringsherum mit Mehl bestäubt 30–45 Minuten gehen lassen.

Den gegangenen Teig nochmals durchkneten, in drei Stücke schneiden und aus jedem Stück eine backblechlange Rolle auswirken. Diese Rollen, mit einem Tuch bedeckt, 15 Minuten gehen lassen. Danach die Rollen wenden und auf ein gefettetes, bemehltes Backblech heben.

Jede Rolle mit einem scharfen Messer 5–6mal $\frac{1}{2}$ cm tief schräg einschneiden. In dem auf 220° vorgeheizten Ofen 25 Minuten auf der untersten Schiene backen.

Frisch gebacken, leicht abgekühlt, schmecken Baguettes am besten.

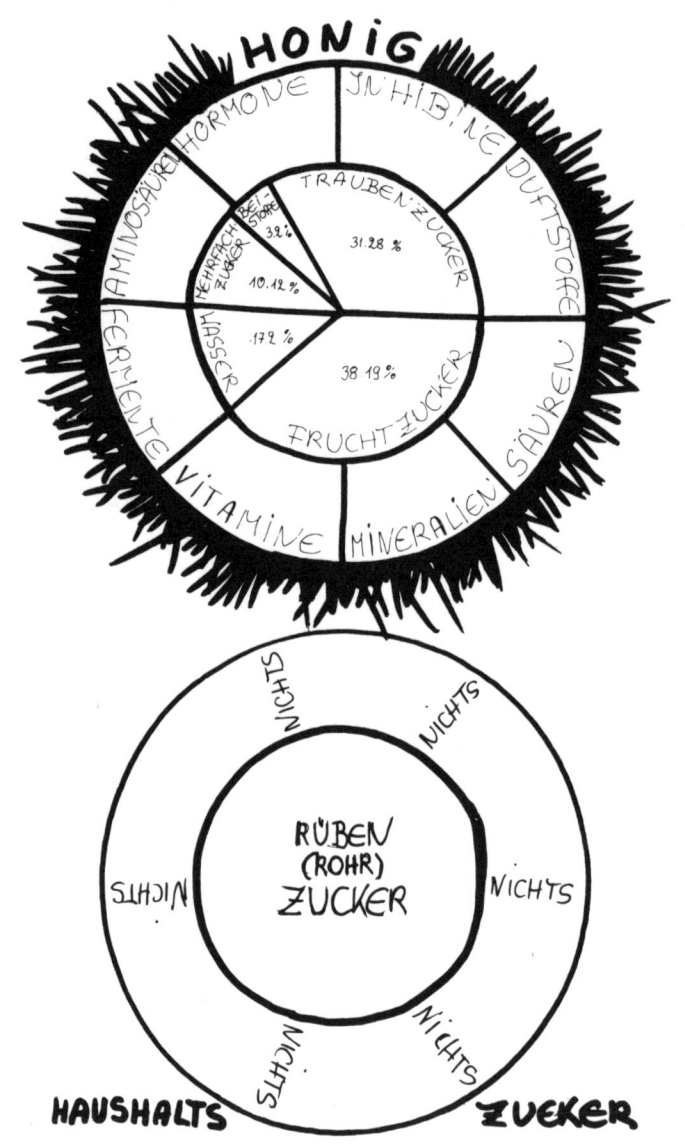

Kuchen

Apfelkuchen, fränkisch

Teig:
350 g Weizenvollkornmehl
1 gehäufter Tl Backpulver
1 Prise Vollmeersalz
2 gestrichene Tl Zimt
100 g Honig
2 Eier
100 g Butter

Apfelmus:
1 500 g Äpfel
1 Tasse Wasser

1–3 El Honig
2 MS Delifrut

In einer Schüssel das frisch gemahlene Weizenvollkornmehl mit Backpulver, Vollmeersalz und Zimt mischen, in der Mitte den Honig und die Eier ($^1/_2$ Dotter zum Bestreichen zurückbehalten) mit etwas Weizenvollkornmehl verrühren, die kalte Butter darüberschneiden und alles rasch zusammenkneten. Den Teig 30 Minuten ruhen lassen.

Die Äpfel vierteln, schälen und mit wenig Wasser weich kochen, das Apfelmus muß dickflüssig werden. Abkühlen lassen, verquirlen, mit Honig süßen (die Menge hängt von der Apfelsorte ab) und mit Delifrut würzen.

Mit $^2/_3$ des Teigs eine Springform auslegen, 2 cm Rand hochziehen und abrädeln. Das dicke, abgekühlte Apfelmus auf den Teig streichen. Den restlichen Teig auswalken und in 12 etwa 1 cm dünne Streifen rädeln.

Den Kuchen gitterförmig belegen (6 Streifen in einer Richtung, die restlichen 6 Streifen so legen, daß ein Rautenmuster entsteht). Das $^1/_2$ Eigelb mit einigen Tropfen Wasser verdünnt auf das Gitter streichen.

Bei 200° auf mittlerer Schiene ca. 30–35 Minuten backen.

Den Kuchen, erst wenn er ganz abgekühlt ist, mit Hilfe eines Pappbodens vom Springformboden nehmen.

Apfelkuchen, gedeckt

400 g Weizenvollkornmehl
1 MS Vollmeersalz
1 Tl Backpulver
1 MS Brechts Vanille
Schale von 1/2 Zitrone, ungespritzt
2 Eier
100 g Honig
150 g Butter

Füllung:
2 El Zitronensaft
2 El Rum, 40%ig
50 g Honig
50 g Korinthen
750 g mürbe Äpfel, netto

zum Bestreichen:
1 Eidotter und 1 Tl Milch

Das frisch gemahlene Weizenvollkornmehl in einer Schüssel mit Vollmeersalz, Backpulver, Vanille und der abgeriebenen Zitronenschale mischen. Eine Vertiefung drücken, Eier und Honig darin verrühren, die kalte Butter fein darüberschneiden und alles rasch zusammenkneten, 30 Minuten kühl stellen.

Zitronensaft, Rum und Honig verrühren, die Korinthen und die feingeschnittenen Äpfel dazugeben, gut mischen und durchziehen lassen. (Eine festere Apfelsorte muß etwa 5 Minuten gedünstet werden, sonst bleiben die Äpfel hart.)

Die Hälfte des Teigs auswalken, mit der Springform einen Kreis abstechen für die Decke. Mit dem restlichen Teig den Boden der Springform belegen, den Rand 3 cm hochziehen und gerade abrädeln. Die vorbereiteten Äpfel hineinfüllen und mit Hilfe eines Pappbodens die Teigdecke daraufgleiten lassen. Leicht an die Ränder drücken. Einige Male mit der Gabel einstechen, mit verdünntem Eidotter bestreichen und im vorgeheizten Ofen bei 175° ca. 35 Minuten, unterste Schiene, backen.

Springformrand entfernen, auf einem Gitter auskühlen lassen und erst dann mit Hilfe eines Pappbodens vom Springformboden nehmen.

Apfelkuchen mit Rahmguß

Teig:
250 g Weizenvollkornmehl
80 g Honig
1 Ei
1 Prise Vollmeersalz
2 MS Delifrut
1 gestrichener Tl Backpulver
70 g Butter

600 g Apfelschnitze
Zimt

Rahmguß:
2 Eidotter
100 g Honig
¹/₈ l Sauerrahm
1 El Rum
2 Eischnee

In das frisch gemahlene Weizenvollkornmehl eine Vertiefung drücken und darin das Ei, Honig, Backpulver, Vollmeersalz und Delifrut mit dem Weizenvollkornmehl verrühren. Die kalte Butter darüberschneiden und alles rasch zusammenkneten, Teig 30 Minuten ruhen lassen.

Eine Springform mit dem Teig belegen, einen ca. 3 cm hohen Rand hochziehen und abrädeln. Den Boden mit den feingeschnittenen Äpfeln belegen und bei 200° auf der 2. Schiene von unten 20 Minuten vorbacken.

Die Eidotter mit Honig, Sauerrahm, Eischnee und Rum verrühren. Den halbgebackenen Kuchen aus der Backröhre nehmen, die Äpfel mit Zimt bestreuen und den Guß gleichmäßig darüber verteilen. Den Kuchen noch 25–30 Minuten bei 175° weiterbacken. In der Form auskühlen lassen.

Dieser Apfelkuchen schmeckt frisch gebacken am besten.

Apfelkuchen, versenkt

125 g Butter
150 g Honig
2 Eier
100 g Magerquark
Schale von 1 Zitrone, ungespritzt
12 geriebene bittere Mandeln
4 El Milch
250 g Weizenvollkornmehl
2 Tl Backpulver

Belag:
1000 g große Äpfel, weiche Sorte
Saft von 1 Zitrone, ungespritzt

Butter, Honig und Eier schaumig rühren, Magerquark, abgeriebene Zitronenschale, die geriebenen bitteren Mandeln und die Milch dazugeben. Das frisch gemahlene Weizenvollkornmehl mit Backpulver vermischt darunterheben.

In einer gefetteten, gebröselten Springform den Teig glattstreichen.

Die Äpfel schälen, halbieren und das Kernhaus ausschneiden. Die Außenseite der Äpfel mit einer Gabel einritzen, mit Zitronensaft beträufeln und auf den Teig legen, die eingeritzte Seite nach oben.

Bei 180°, unterste Schiene, im vorgeheizten Backofen ca. 45 Minuten backen.

Barbarakuchen

200 g Butter
Schale von 1 Zitrone, ungespritzt
200 g Honig, hell
4 Eier, mittelgroß
250 g sehr fein gemahlenes Weizenvollkornmehl
½ Tl Backpulver

Guß:
Saft von 1 Zitrone, ungespritzt
50 g Honig

Butter schaumig rühren, abgeriebene Zitronenschale dazugeben. Nach und nach Honig, Eier und das frisch gemahlene Weizenvollkornmehl mit Backpulver gemischt darunterrühren.

Teig in eine mit gefettetem Pergamentpapier ausgelegte Kastenform (25 cm) füllen und auf der 2. Schiene von unten bei 160° bis 165° 50 Minuten im vorgewärmten Backofen bakken. Mit Holzstäbchen prüfen!

Kuchen in der Form lassen, mit einem Messer Papier vom Rand lösen, Guß über den heißen Kuchen streichen und einziehen lassen. Nach dem Erkalten Kuchen aus der Form nehmen, Papier vorsichtig abziehen und den Kuchen vor dem Anschneiden einen Tag ruhen lassen.

Bienenstich

Teig:
375 g Weizenvollkornmehl
$^1/_8$ l Milch
30 g Hefe

30 g Butter
60 g Honig
Schale von 1 Zitrone, ungespritzt
1 Ei
1 Prise Vollmeersalz

Belag:
125 g abgezogene Mandeln
60 g Butter
100 g Honig
3 El Milch
1 MS Vanille

Füllung:
$^1/_8$ l Wasser
3 gestrichene El Weizenvollkornmehl

1 Eidotter
70 g Honig
1 MS Vanille

60 g Butter

In das frisch gemahlene Weizenvollkornmehl eine Vertiefung drücken und darin die in lauwarmer Milch aufgelöste Hefe mit etwas Weizenvollkornmehl verrühren und 10 Minuten gehen lassen.

Die zerlassene Butter, Honig, Zitronenschale, Ei und Vollmeersalz dazugeben und alles gut kneten, bis der Teig glatt und glänzend ist; gut 30 Minuten gehen lassen.

Die abgezogenen, gehackten Mandeln mit Butter, Honig, Vanille und Milch ca. 5 Minuten kochen, dann abkühlen lassen.

Den Teig nochmals kurz durchkneten, auswalken und in eine gefettete Springform legen. Mit der Mandelmasse bestreichen, 10 Minuten gehen lassen und bei 190°, mittlere Schiene, ca. 30–35 Minuten im vorgeheizten Ofen backen. Auskühlen lassen, einmal zerschneiden und mit der Creme füllen, 1–2 Stunden durchziehen lassen.

Der Bienenstich schmeckt frisch gebacken am besten.

Füllung: Das Weizenvollkornmehl mit Wasser verrühren, aufkochen lassen, etwas abkühlen und Eidotter, Honig und Vanille unterrühren. Erkaltet unter die glattgerührte Butter mischen.

Butterbiskuit aus Vollkorn

4 große Eier
200 g Honig
4 El heißes Wasser
200 g Weizenvollkornmehl
½ Tl Backpulver
30 g Butter

Die Eier mit dem Honig und heißem Wasser ca. 15 Minuten lang mit dem Elektroquirl schlagen, bis eine cremige Masse entstanden ist. Mit einem Schneebesen das frisch gemahlene, mit Backpulver vermischte Weizenvollkornmehl unterheben und die heiße, zerlassene Butter unterziehen.

In eine gut gefettete, gebröselte Springform füllen und bei 175°, unterste Schiene, im vorgeheizten Backofen ca. 25 Minuten backen.

Dieser Biskuit eignet sich zum Belegen mit frischem Obst.

Faschingskrapfen aus Vollkornmehl

1000 g Weizenvollkornmehl
¼ l Milch
80 g Hefe

¼ l Milch
1 Ei
25 g Butter
150 g Honig
½ gestrichener Tl Vollmeersalz
Schale und Saft von 1 Zitrone, ungespritzt
3 El Rum, 40%ig
ca. 100 g Weizenvollkornmehl zum Streuen

2½ Pfund Butterschmalz oder Butterfett
1 Glas Hiffenmark

Das frisch gemahlene Weizenvollkornmehl in eine große Schüssel geben, in die Mitte eine Vertiefung drücken und darin die in lauwarmer Milch aufgelöste Hefe mit etwas Mehl zu einem dicklichen Brei rühren. Mit etwas Mehl bestäuben und ca. 15 Minuten gehen lassen.

In der lauwarmen Milch das Ei, die Butter, Honig und Salz verrühren. Dieses sowie die abgeriebene Zitronenschale, den Zitronensaft und den Rum zum gegangenen Vorteig rühren. Dann alles gut durchkneten, bis der Teig geschmeidig ist. In einer bemehlten Schüssel zugedeckt an einem warmen Ort ca.
1 Stunde gehen lassen.

Den Teig auf einer bemehlten Arbeitsfläche nochmals durchkneten und knapp 1 cm dick auswalken. Mit einem in Mehl getauchten Trinkglas werden runde Krapfen ausgestochen. Diese läßt man zugedeckt ca. 15 Minuten gehen. Die Teigreste können nochmals gut geknetet, ausgewalkt und zu Krapfen ausgestochen werden.

In einem schmalen Topf das Fett erhitzen. Zuerst ein Teigrestchen einlegen, um die Backtemperatur zu prüfen. Das Fett darf nur so heiß sein, daß die eingelegten Krapfen ca. 5 Minuten darin backen, bis sie gar sind. Ist das Fett zu heiß, werden die Krapfen zu schnell braun und sind innen noch teigig. Man gibt die Krapfen in das heiße Fett und deckt den Topf zu. Nach ca. 2–3 Minuten sind die Krapfen herrlich gegangen. Nun wendet man sie und läßt sie noch ca. 1–2 Minuten auf der Rückseite backen. Mit einem Schaumlöffel hebt man sie heraus und legt sie auf ein Gitter, unter das man ein Blech stellt, um das noch abtropfende Fett aufzufangen.

Mit der Garnierspritze, die mit der Krapfentülle versehen wurde, spritzt man in die heißen Krapfen vorsichtig etwas Hiffenmark.

Die Menge ergibt ca. 40 Krapfen. Man kann sie, leicht warm, einfrieren. Im warmen Ofen aufgetaut, schmecken sie wie frisch gebacken.

Gewürzkuchen

50 g Butter
250 g Honig
2 Eier
3 Tl dunkler Kakao oder Karobe
2 Tl Zimt
½ gestrichener Tl Nelken, gemahlen
375 g Weizenvollkornmehl
1 Backpulver
⅛ l Milch

100 g Sultaninen
100 g Feigen
50 g Zitronat
50 g Haselnüsse
200 g Karotten

Die Butter mit Honig und Eiern schaumig rühren, die Gewürze und das frisch gemahlene Weizenvollkornmehl mit Backpulver sowie die Milch dazugeben. Die Sultaninen, die kleingeschnittenen Feigen und das Zitronat, grobgehackte Haselnüsse und die feingeriebenen Karotten darunterheben.

Eine Kastenform (30 cm) gut fetten und bröseln und mit dem Teig füllen.

Bei 175° im vorgeheizten Ofen, unterste Schiene, 1 Stunde backen.

Nach dem Backen einige Tage durchziehen lassen.

Gugelhupf

500 g Weizenvollkornmehl
⅛ l Milch
40 g Hefe

⅛ l Milch
125 g Butter
125 g Honig
Schale von 1 Zitrone, ungespritzt
1 Prise Vollmeersalz
3 Eier

125 g Rosinen, ungeschwefelt
50 g Mandeln
8 bittere Mandeln

Das frisch gemahlene Weizenvollkornmehl in eine Schüssel geben, eine Vertiefung eindrücken und darin die mit lauwarmer Milch angerührte Hefe mit etwas Weizenvollkornmehl zu einem dicklichen Brei rühren. Mit etwas Weizenvollkornmehl bedecken und 15 Minuten gehen lassen.

In der Zwischenzeit die Butter, den Honig und die Eier in der lauwarmen Milch verrühren, Vollmeersalz und abgeriebene Zitronenschale dazugeben und nun alles an den gegangenen Hefeteig geben. Verrühren und gut schlagen, bis er Blasen wirft. Den Teig ca. 45 Minuten gehen lassen, dann die Rosinen und geriebenen Mandeln dazugeben.

In eine gut gefettete, gebröselte Gugelhupfform füllen, ca. 45 Minuten gehen lassen, bis sich die Teigmenge knapp verdoppelt hat und im vorgewärmten Backofen bei 175°, unterste

Schiene, ca. 1 Stunde backen. Nach 45 Minuten eventuell mit Folie abdecken.

Herausnehmen und auf ein Gitter stürzen, erst am nächsten Tag anschneiden.

Johannisbeerkuchen mit Streuseln

Teig:
250 g Weizenvollkornmehl
1 Ei
100 g Honig
2 MS Backpulver
1 MS Vanille
Schale von ½ Zitrone, ungespritzt
1 Prise Vollmeersalz
80 g Butter

Streusel:
240 g Weizenvollkornmehl
100 g Butter
120 g Honig
1 Tl Zimt
2 MS Vanille

650 g Johannisbeeren, frisch oder tiefgekühlt

Das frisch gemahlene Weizenvollkornmehl in eine Schüssel geben, in einer Vertiefung Ei, Honig, Backpulver und Gewürze verrühren, die kalte Butter darüberschneiden und alles rasch zusammenkneten.

Den Teig 30 Minuten ruhen lassen. Eine Springform damit auslegen, Rand 2 cm hochziehen und abrädeln. Bei 200° 10 Minuten vorbacken.

Für die *Streuselbereitung* das frisch gemahlene Weizenvollkornmehl sieben (die Kleie wird auf den vorgebackenen Teig gestreut), mit zerlassener, abgekühlter Butter, Honig und Gewürzen verrühren und etwas ruhen lassen.

Auf den vorgebackenen Teig die Kleie streuen, die Johannisbeeren darauf verteilen und die Streusel darüberkrümeln.

Bei 200° auf der 2. Schiene von unten noch ca. 30 Minuten backen. Auf einem Gitter auskühlen lassen.

Mit honiggesüßter Sahne reichen.

Käsekuchen

Teig:
250 g Weizenvollkornmehl
1 Prise Vollmeersalz
1 Tl Backpulver
1 Ei
75 g Honig
80 g Butter

zum Bestreichen:
1 Eigelb und 1 Tl Milch

Füllung:
50 g Butter
125 g Honig
2 Eigelb
2 MS Vanille
Schale von 1 Zitrone, ungespritzt
750 g Magerquark
50 g Weizenvollkornmehl (sieben)
$1/16$ l Milch
100 g Sultaninen, ungeschwefelt
3 Eischnee

Das frisch gemahlene Weizenvollkornmehl in einer Schüssel mit Vollmeersalz und Backpulver mischen. In einer Vertiefung das Ei und den Honig mit Weizenvollkornmehl verrühren, die kalte Butter darüberschneiden und alles rasch zusammenkneten. 30 Minuten ruhen lassen. Mit dem Teig eine Springform auslegen, einen etwa 3 cm hohen Rand bilden und diesen gleichmäßig abrädeln. Den Teigboden mit einer Gabel einige Male einstechen.

Butter, Honig und Eigelb schaumig rühren, mit Vanille und abgeriebener Zitronenschale würzen und den Magerquark unterrühren. Das Weizenvollkornmehl mit einem feinen Teesieb sieben, die Kleie auf den Teigboden streuen, das Weizenvollkornmehl unter die Quarkfüllung heben. Die Milch dazurühren, die Sultaninen und den Eischnee unterheben.

Die Quarkfüllung auf dem Teigboden glatt verteilen. Ein Eigelb mit 1 Tl Milch verrühren und mit dem Pinsel vorsichtig die Oberfläche der Quarkfüllung bestreichen. Im vorgeheizten Backofen bei 175° 50–55 Minuten auf der untersten Schiene backen.

Den fertigen Kuchen herausnehmen, nach 5 Minuten den Springformrand lösen und den Kuchen mit der Oberseite auf eine Porzellanplatte stürzen. Dadurch fällt er nicht so stark und ungleichmäßig zusammen, sondern bekommt eine ganz glatte Oberfläche.

Nach 10 Minuten den Kuchen wieder umdrehen, die Tortenplatte vorsichtig entfernen und auf einem Gitter auskühlen lassen.

Den Kuchen erst nach dem Auskühlen mit Hilfe eines Pappbodens vom Springformboden auf eine Tortenplatte heben.

Kirschkuchen mit Mandelstreuseln

Teig:
250 g Weizenvollkornmehl
1 Ei
100 g Honig
1 MS Vanille
Schale von ½ Zitrone, ungespritzt
1 Prise Vollmeersalz
2 MS Backpulver
80 g Butter

Belag:
650 g Kirschen oder Sauerkirschen

Streusel:
120 g Weizenvollkornmehl
50 g geriebene Mandeln
6 bittere Mandeln
1 MS Zimt
100 g Honig
100 g Butter

In dem frisch gemahlenen Weizenvollkornmehl Ei, Honig, Backpulver und Gewürze verrühren, die kalte Butter darüberschneiden, rasch zusammenkneten und 30 Minuten ruhen lassen.

Eine Springform damit auslegen, 2 cm Rand hochziehen und abrädeln. Bei 200° 10 Minuten vorbacken.

Streusel: Das frisch gemahlene Weizenvollkornmehl, die geriebenen Mandeln, Bittermandeln und Zimt mischen, den Honig und die flüssige Butter mit einer Gabel untermengen, daß Streusel entstehen.

Den vorgebackenen Teig mit den entsteinten Kirschen belegen, die Streusel darüber verteilen und bei 200°, mittlere Schiene, noch ca. 30 Minuten backen.

Auf einem Gitter auskühlen lassen, dann vom Blech nehmen.

Statt Kirschen kann auch Rhabarber, in Stücke geschnitten, verwendet werden.

Kirschkuchen, versenkt

100 g Butter
125 g Honig
2 Eier
Schale von 1 Zitrone, ungespritzt
200 g Weizenvollkornmehl
1 gehäufter Tl Backpulver
2 El Milch
ca. 500 g Kirschen oder Sauerkirschen

zum Tränken:
2 El Rum, 40%ig
2 El Wasser
1 El Honig

Butter, Honig und Eier schaumig rühren, die abgeriebene Zitronenschale, das mit Backpulver gemischte, frisch gemahlene Weizenvollkornmehl und die Milch unterziehen.

Mit entsteinten Kirschen belegen und im vorgeheizten Ofen, bei 180°, unterste Schiene, ca. 35 Minuten backen.

Rum, Wasser und Honig verrühren und den warmen Kuchen damit tränken.

Königskuchen

250 g Butter
200 g Honig
5 Eier
2 MS Vanillegewürz
1 Prise Vollmeersalz
400 g Weizenvollkornmehl
1 Backpulver
$1/8$ l Milch
4 El Rum
100 g dunkle Rosinen, ungeschwefelt
100 g Korinthen
60 g Zitronat
40 g Orangeat

Butter, Honig und Eier schaumig rühren und nach und nach Vanillegewürz und Vollmeersalz dazugeben, das frisch gemahlene Weizenvollkornmehl mit dem Backpulver, Milch, Rum, Rosinen und Korinthen, das feingeschnittene Zitronat und Orangeat dazurühren. Der Teig darf nicht fließen, sondern muß reißen.

In eine gefettete, gebröselte Kastenform (30 cm) einfüllen und bei 170° 1¼ Stunde auf der untersten Schiene backen. Probe mit dem Holzstäbchen. Eventuell nach 1 Stunde Folie darüberlegen, damit er nicht zu dunkel wird.

In der Form auskühlen lassen, dann herausnehmen; Königskuchen hält sich lange frisch und wird am besten einige Tage vor Verzehr gebacken.

Marmorkuchen

250 g Butter
5 Eier
250 g Honig
2 MS Vanillegewürz
Saft und Schale von 1 Zitrone, ungespritzt
1 Prise Vollmeersalz
400 g Weizenvollkornmehl
1 Backpulver
1/8 l Milch

40 g dunkler Kakao oder Karobe
3 El Milch
1 El Honig

Butter, Eier und Honig schaumig rühren, Vollmeersalz, Vanille, abgeriebene Zitronenschale und Zitronensaft dazugeben. Nach und nach das frisch gemahlene Weizenvollkornmehl, das Backpulver und die Milch mit dem Schneebesen darunterrühren. Der Teig soll nicht fließen, sondern reißen.

Von diesem Teig 1/3 wegnehmen und mit Kakao (oder Karobe), Honig und Milch verrühren. In eine gut gefettete, gebröselte Gugelhupfform zuerst die Hälfte des hellen Teigs, dann den dunklen und zum Schluß den restlichen hellen Teig einfüllen. Eine Gabel spiralenförmig durchziehen, damit eine hell-dunkle Marmormusterung entsteht.

Bei 165°, unterste Schiene, 1 Stunde backen. Probe mit dem Holzstäbchen. Nach dem Herausnehmen auf ein Kuchengitter stürzen und auskühlen lassen.

Einen Tag ruhen lassen.

Mohrenkuchen

200 g Butter
250 g Honig
4 mittelgroße Eier
250 g sehr fein gemahlenes Weizenvollkornmehl
3 gestrichene El Kakao oder Karobe
2 gestrichene Tl Backpulver
3 El Rum

zum Bestreuen:
1 Päckchen gehobelte Mandeln

Butter schaumig rühren, Honig und Eier dazurühren. Das frisch gemahlene Weizenvollkornmehl mit Kakao (oder Karobe) und Backpulver mischen und darunterheben, zuletzt den Rum dazugeben.

Den Teig in eine mit gefettetem Pergamentpapier ausgelegte Kastenform (25 cm Länge) füllen und mit gehobelten Mandeln bestreuen.

Auf der 2. Schiene von unten bei 160° 1–1 1/4 Stunde backen. Probe mit Holzstäbchen.

Den Kuchen in der Form auskühlen lassen, danach herausnehmen und das Papier ablösen.

Einen Tag ruhen lassen.

Mohntaschen

Quarkblätterteig:
250 g Weizenvollkornmehl
200 g Magerquark
200 g Butter
2 MS Vollmeersalz

Streumehl
½ Ei zum Bestreichen

Mohnfüllung:
150 g Mohn
⅛ l Milch

100 g Honig
50 g Mandeln
50 g Zitronat
50 g Rosinen, ungeschwefelt
1 El Rum
Schale von 1 Zitrone, ungespritzt

Das frisch gemahlene Weizenvollkornmehl, den Magerquark und die kalte, feingeschnittene Butter rasch zusammenkneten und 15 Minuten in den Kühlschrank stellen.

Auf einer leicht bemehlten Arbeitsfläche zu einem Längsstreifen auswalken, 4fach zusammenlegen und wieder kühlen. Das nächste Mal in der entgegengesetzten Richtung auswalken, wieder zusammenlegen und kühlen. Dies noch 2mal wiederholen, dann den Teig rechteckig auswalken, mit dem Teigrädchen in Vierecke von 10 × 10 cm teilen.

In die Mitte der Vierecke 1 gehäuften Tl der Füllung geben und etwas verstreichen. Die 4 Teigecken in die Mitte schlagen und ein kleines, ausgestochenes Teigstückchen mit Ei draufkleben. Die Taschen mit verquirltem Ei bestreichen (die Ränder nicht) und auf ein mit Wasser bestrichenes Backblech legen.

Die Teigmenge ergibt ca. 18 Taschen.

1 Tasse mit heißem Wasser auf den Boden des Backrohrs stellen und die Taschen bei 220°, mittlere Schiene, ca. 20 Minuten backen.

Mohnfüllung: Den gemahlenen Mohn mit der heißen Milch übergießen und 10 Minuten quellen lassen. Den Honig, die geriebenen Mandeln, das feingeschnittene Zitronat, die Rosinen, den Rum und die abgeriebene Zitronenschale dazurühren.

Nußbeugerl

Blätterteig:
250 g Weizenvollkornmehl
⅛ l und 2 El Wasser
2 MS Vollmeersalz

250 g Butter

Streumehl
1 Eidotter und 1 Tl Milch

Nußfüllung:
150 g Haselnüsse
1 Eischnee
100 g Honig
1 El Kakao oder Karobe
1 El Rum
2 MS Vanillegewürz
Schale von 1 Zitrone, ungespritzt

Das frisch gemahlene Weizenvollkornmehl mit kaltem Wasser und etwas Vollmeersalz zu einem festen Teig kneten und 10 Minuten in den Kühlschrank stellen. Den Teig auswalken und mit der kalten, in Scheiben geschnittenen Butter belegen, den Teig zusammenlegen, daß 4 Schichten übereinanderliegen und zu einem Streifen auswalken, wieder 4fach zusammenlegen und 15 Minuten in den Kühlschrank stellen.

Den Teig nun in der entgegengesetzten Richtung zu einem Streifen auswalken, wieder 4fach zusammenlegen, 15 Minuten kühlen und nochmals auswalken. Nach 4- bis 5maligem Auswalken ist die Butter in den Teig eingearbeitet. Auf einer leicht bemehlten Arbeitsfläche den Teig rechteckig auswalken und mit dem Teigrädchen Vierecke ausschneiden, ca. 12 × 12 cm, diese übereck in Dreiecke teilen.

Auf jedes Teigdreieck 1 Tl der Füllung geben, etwas verstreichen, dann die Dreieckspitze über die Längskante schlagen, mit Ei aufkleben und die beiden Seitenteile halbmondförmig einschlagen. Mit verdünntem Eidotter bestreichen (die Ränder nicht!) und auf ein mit kaltem Wasser befeuchtetes Blech legen.

Die Teigmenge ergibt 18 Gebäckstücke.

Bei 220°, mittlere Schiene, 20 Minuten backen. 1 Tasse heißes Wasser auf den Boden des Backrohrs unter das Backblech stellen.

Nußfüllung: In den steifgeschlagenen Eischnee den Honig und die geriebenen Haselnüsse einrühren, mit Kakao (oder Karobe), Rum, Vanille und der abgeriebenen Zitronenschale würzen.

Nußzopf

Teig:
700 g Weizenvollkornmehl
$1/8$ l Milch
40 g Hefe

$1/8$ l Milch
70 g Butter
2 Eidotter
Saft und Schale von 1 Zitrone, ungespritzt
1 Prise Vollmeersalz
120 g Honig

1 Eigelb und 1 Tl Milch

Füllung:
3 Eischnee
300 g Honig
300 g Haselnüsse
3 leicht gehäufte El dunkler Kakao oder Karobe
3 El Rum, 40 %ig
$1/16$ l Milch

Das frisch gemahlene Weizenvollkornmehl in eine Schüssel geben, eine Vertiefung eindrücken und darin die in lauwarmer Milch verrührte Hefe mit etwas Mehl zu einem dicklichen Brei rühren. Mit Mehl bestreut 10 Minuten gehen lassen.

In der warmen Milch die Butter und den Honig verrühren und mit Eidotter, Vollmeersalz, Saft und Schale von einer Zitrone zu dem Vorteig geben. Alles gut zusammenkneten und 30–45 Minuten gehen lassen.

Wenn sich der Teig verdoppelt hat, knetet man ihn auf einer bemehlten Arbeitsfläche nochmals kurz durch und teilt ihn.

Die eine Teighälfte walkt man zu einem Rechteck in Backblechgröße aus, bestreicht sie mit der Hälfte der Füllung, rollt sie von der längeren Seite her auf und legt die Rolle auf ein gefettetes Blech.

Mit der 2. Teighälfte verfährt man ebenso.

Die 2 Teigrollen schlingt man locker umeinander, die Teigenden steckt man ineinander und klebt sie mit Wasser fest. Zugedeckt 15 Minuten gehen lassen, dann mit verdünntem Eigelb bestreichen und in den auf 250° vorgeheizten Ofen, untere Schiene, schieben. Die Hitze zurückdrehen und bei 190° ca. 1 Stunde backen. Rechtzeitig mit Folie abdecken, damit der Zopf nicht zu dunkel wird.

Füllung: In den Eischnee rührt man den Honig, die geriebenen Haselnüsse und würzt mit Kakao (oder Karobe) und Rum. Mit etwas Milch streichfähig rühren.

Ottilienkuchen

250 g Butter
200 g Honig
4 Eier
2 MS Vanillegewürz
1 Prise Vollmeersalz
4 El Rum
250 g Weizenvollkornmehl
1 gehäufter Tl Backpulver
50 g Zitronat
75 g bittere Schokolade
100 g abgeschälte Mandeln

Butter, Honig und Eier schaumig rühren und nach und nach Vanille, Vollmeersalz, Rum und das frisch gemahlene Weizenvollkornmehl mit dem Backpulver dazurühren.

Das feingeschnittene Zitronat, die kleingewürfelte Schokolade und die grobgehackten Mandeln unterheben.

In eine gefettete, gebröselte Kastenform (25 cm lang) füllen und bei 170°, unterste Schiene, 1–1 $\frac{1}{4}$ Stunde backen. Probe mit Holzstäbchen. Nach 45 Minuten eventuell mit Folie abdecken, wenn er zu dunkel wird.

In der Form auskühlen lassen, vor dem Anschneiden 2 Tage durchziehen lassen.

Quark-Rührkuchen

125 g Butter
200 g Honig
3 Eier
125 g Magerquark
Schale von 1 Zitrone, ungespritzt
100 g Rosinen, ungeschwefelt
12 bittere Mandeln
400 g Weizenvollkornmehl
1 Backpulver
$\frac{1}{8}$ l Milch

Butter, Honig und Eier schaumig rühren, den Magerquark, die abgeriebene Zitronenschale, die Rosinen und die geriebenen bitteren Mandeln dazugeben.

Das frisch gemahlene Weizenvollkornmehl mit dem Backpulver mischen und abwechselnd mit der Milch darunterrühren.

In eine gut gefettete, gebröselte Kastenform (30 cm) füllen und in dem auf 175° vorgeheizten Ofen, unterste Schiene, 50–60 Minuten backen.

Auf ein Gitter stürzen und 1 Tag auskühlen lassen.

Rhabarberkuchen

Teig:
250 g Weizenvollkornmehl
1 gestrichener Tl Backpulver
1 Prise Vollmeersalz
1 Ei
60 g Honig
80 g Butter

2 El Vollkornsemmelbrösel

Belag:
800 g Rhabarber

100 g Magerquark
2 Eidotter
2 MS Brechts Delifrut
130 g Honig
100 g geriebene Mandeln
8 bittere Mandeln
2 Eischnee

Das frisch gemahlene Weizenvollkornmehl mit Backpulver und Vollmeersalz mischen, in einer Vertiefung das Ei und den Honig verrühren und die kalte Butter darüberschneiden. Rasch zusammenkneten und 30 Minuten ruhen lassen.

Die Springform damit auslegen, 2 cm Rand hochziehen und abrädeln. Mit Vollkornsemmelbrösel bestreuen und mit 1 cm langen Rhabarberstückchen belegen.

Bei 200° im vorgeheizten Ofen 10 Minuten lang vorbacken.

In den Magerquark die Eidotter, Delifrut, Honig und die geriebenen Mandeln einrühren und den Eischnee unterheben. Auf den Kuchen streichen und nochmals ca. 30 Minuten bei 175°, mittlere Schiene, backen.

Schweizer Apfelwähe

450 g Weizenvollkornmehl
1/8 l Milch
20 g Hefe

40 g Butter
50 g Magerquark
1 Ei
100 g Honig
1 Prise Vollmeersalz
Schale von 1 Zitrone, ungespritzt

Belag:
1500 g süße Äpfel
50 g Butter
75 g Rosinen, ungeschwefelt
75 g Haselnüsse

Das frisch gemahlene Weizenvollkornmehl gibt man in eine Schüssel, drückt eine Vertiefung und darin rührt man die in 1/8 l lauwarmer Milch aufgelöste Hefe zu einem dicklichen Brei, bedeckt ihn mit etwas Mehl und läßt ihn ca. 15 Minuten gehen.

Dazu gibt man die zerlassene Butter, Quark, Ei, Honig, Vollmeersalz und die abgeriebene Zitronenschale und knetet alles zu einem glatten Teig. An einem warmen Ort ca. 45 Minuten gehen lassen, auswalken und auf ein gefettetes Backblech legen.

Den Teig dicht mit Apfelschnitzen belegen, mit zerlassener Butter bestreichen, mit Rosinen und grobgehackten Haselnüssen bestreuen.

Mit einem gefetteten Pergamentpapier bedeckt, im vorgeheizten Ofen bei 200°, mittlere Schiene, ca. 35 Minuten backen.

Schmeckt frisch gegessen am besten.

Der Teig ist auch für *Zwetschgenkuchen* geeignet. Als Belag braucht man gut 5 Pfund Spätzwetschgen. Nach dem Backen mit Zimt bestreuen.

Bei Frühzwetschgen bildet sich sehr viel Saft, daher einen Rand hochziehen. Außerdem sind diese meist sauer, man reicht deshalb mit Honig gesüßte Sahne dazu.

Tiefgekühlte Zwetschgen eignen sich nicht zum Belegen eines *Hefe*teiges.

Spanischer Nußkranz

250 g Butter
250 g Honig
4 Eier
1 MS Vollmeersalz
Schale von 1 Zitrone, ungespritzt
250 g Haselnüsse
$^1/_4$ l Milch
400 g Weizenvollkornmehl
2 Tl Backpulver

zum Tränken:
$^1/_{16}$ l Rum, 40%ig
$^1/_{16}$ l Wasser
50 g Honig

Butter, Honig und Eier schaumig rühren; Vollmeersalz, abgeriebene Zitronenschale, geriebene Haselnüsse und die Milch dazurühren.

Das frisch gemahlene Weizenvollkornmehl mit Backpulver mischen und unterziehen.

Den Teig in eine gefettete, gebröselte Kranzform füllen und bei 175°, unterste Schiene, ca. 1 Stunde backen (Probe mit Holzstäbchen).

Den fertigen Kuchen auf eine Porzellanplatte stürzen. Rum, Wasser und Honig gut verrühren und die Flüssigkeit langsam und gleichmäßig über den warmen Kuchen gießen.

Einen Tag auskühlen lassen, auf einem weißen Spitzendeckchen anrichten.

Vollkorn-Rosen

800 g Weizenvollkornmehl
⅛ l Milch
30 g Hefe

¼ l Milch
75 g Honig
1 MS Vollmeersalz
60 g Butter
1 Ei
Schale von 1 Zitrone, ungespritzt

Füllung:
40 g Butter

200 g Rosinen, ungeschwefelt
100 g Zitronat
125 g abgezogene Mandeln
4 El Rum, 40%ig

Das frisch gemahlene Weizenvollkornmehl in eine Schüssel geben, eine Vertiefung drücken und darin die in lauwarmer Milch aufgelöste Hefe zu einem dicklichen Brei rühren. Mit etwas Mehl bestäubt ca. 15 Minuten gehen lassen.

In der lauwarmen Milch Honig, Vollmeersalz, Butter und Ei verrühren und mit der abgeriebenen Zitronenschale zum gegangenen Vorteig geben. Von der Mitte aus mit dem Mehl verrühren und gut durchschlagen. In der mit Mehl bestreuten Schüssel ca. 45 Minuten gehen lassen.

Die Rosinen, das feingeschnittene Zitronat und die abgezogenen, gehackten Mandeln mit dem Rum vermischen und ziehen lassen.

Den gegangenen Teig auf einer bemehlten Arbeitsfläche zu einem großen Rechteck auswalken, mit flüssiger Butter bestreichen, mit den getränkten Trockenfrüchten belegen und von der Längsseite aufrollen. Die Rolle in ca. 12 gleichgroße Stücke schneiden, die Stücke von unten etwas rausdrücken und in eine gefettete Springform (Ø 26 cm) stellen. 10 Minuten bei 100°, 45 Minuten bei 200°, mittlere Schiene, backen.

Walnußkuchen

250 g Butter
5 Eier
250 g Honig
2 El dunkler Kakao oder Karobe
300 g Weizenvollkornmehl
2 leicht gehäufte Tl Backpulver
100 g grobgeschnittene Walnüsse
3 El Rum

Butter, Eier und Honig schaumig rühren. Das frisch gemahlene Weizenvollkornmehl, mit Backpulver und Kakao (oder Karobe) vermischt, darunterrühren, Walnüsse und Rum dazugeben.

In eine gut gefettete und gebröselte Kastenform (30 cm lang) füllen und bei 170° 60–70 Minuten auf der untersten Schiene backen.

Rechtzeitig mit Alu-Folie abdecken, damit der Kuchen nicht zu dunkel wird (Probe mit Holzstäbchen).

Nach dem Backen in der Form auskühlen lassen, dann herausnehmen. 1–2 Tage vor dem Verzehr backen.

Wiener Aprikosenkuchen

200 g Butter
200 g Honig
4 Eier
Schale von 1 Zitrone, ungespritzt
250 g Weizenvollkornmehl
$1/2$ Tl Backpulver

500–700 g Aprikosen, je nach Größe

Butter, Honig und Eier schaumig rühren, die abgeriebene Zitronenschale sowie das frisch gemahlene Weizenvollkornmehl, mit Backpulver gemischt, dazugeben.

$2/3$ des Teigs in eine gefettete, gebröselte Springform einfüllen, mit den halbierten Aprikosen belegen und den Rest des Teigs darüberstreichen.

Bei 180°, unterste Schiene, ca. 40 Minuten backen.

Statt Aprikosen können für den Kuchen auch entsteinte Kirschen oder in Stücke geschnittener Rhabarber verwendet werden.

Zitronenkuchen

325 g Weizenvollkornmehl
2 gestrichene Tl Backpulver
1 Prise Vollmeersalz
2 Eier
100 g Honig
100 g Butter

Füllung:
250 g Mandeln
8 bittere Mandeln
140 g Honig
50 g Zitronat
30 g Orangeat
Saft und Schale von 1 Zitrone, ungespritzt
1/8 l Weißwein

Saft von 1 Zitrone, ungespritzt
4 El Weißwein

Das frisch gemahlene Weizenvollkornmehl mit dem Backpulver und Vollmeersalz in einer Schüssel mischen, in der Mitte die Eier (1/2 Dotter zurückbehalten zum Bestreichen) und den Honig vermengen, die kalte Butter klein darüberschneiden und alles rasch zusammenkneten. Mit 2/3 des Teigs eine Springform auslegen, 2 cm Rand hochziehen, abrädeln und 1/2 Stunde ruhen lassen.

Die Mandeln fein reiben, mit Honig, dem feingeschnittenen Zitronat und Orangeat, Zitronenschale und -saft und dem Weißwein gut vermengen. Die Füllung auf den Boden streichen, mit dem restlichen Teig ein Gitter darüberlegen. (Je 6–7 Gitterstreifen rädeln, 1 cm breit, in zwei Richtungen legen, so daß ein Rautenmuster entsteht.) Das Gitter mit dem Eigelb, vermischt mit 1 Tl Wasser, bestreichen.

Bei 180° ca. 30–40 Minuten, mittlere Schiene, backen.

Nach dem Backen mit dem Saft einer Zitrone, der mit 4 El Weißwein vermischt ist, vorsichtig den Kuchen tränken (zwischen die Gitter gießen), auskühlen und 2 Tage durchziehen lassen.

Zwetschgenkuchen mit Streusel

Zutaten für Teig und Streusel wie bei Johannisbeerkuchen, statt Johannisbeeren:

1250 g Zwetschgen, frisch oder tiefgekühlt

Teig- und Streuselzubereitung wie bei Johannisbeerkuchen. Der Teig braucht nicht vorgebacken zu werden.

Die Zwetschgen entkernen, einschneiden und auf den vorher mit Kleie bestreuten Teigboden legen.

Die Streusel darüber verkrümeln und bei 200°, 2. Schiene von unten, 35–40 Minuten backen.

Auf einem Gitter auskühlen lassen.

Kirschkuchen vom Blech

500 g Weizenvollkornmehl
⅛ l Milch
40 g Hefe

⅛ l Milch
125 g Butter
125 g Honig
1 MS Vollmeersalz
2 Eier
Schale von 1 Zitrone, ungespritzt

800 g Kirschen

Das frischgemahlene Weizenvollkornmehl in eine Schüssel geben, eine Vertiefung eindrücken und darin die in lauwarmer Milch aufgelöste Hefe mit etwas Mehl zu einem dicklichen Brei rühren. Mit Mehl bestreut 15 Minuten gehen lassen.

In der lauwarmen Milch Butter, Honig, Salz und Eier verrühren und mit der abgeriebenen Zitronenschale zum gegangenen Teig geben. Den weichen Teig mit einem Kochlöffel gut schlagen, mit Mehl bestäuben und ½ Stunde gehen lassen.

Den gegangenen Teig auf ein gefettetes, bemehltes Blech streichen, die entsteinten Kirschen darauf verteilen, etwas in den Teig eindrücken und 10 Minuten gehen lassen. Im vorgeheizten Ofen bei 200°, 2. Schiene von unten, 30 Minuten backen.

Dieser Kirschkuchen schmeckt frisch gegessen am besten.

Torten

Allgäuer Ananastorte

Teig:
1 Butterbiskuit (siehe Rezept Seite 86)

Füllung:
125 g Butter
⅛ l Sahne
100 g Blütenhonig, hell
2–3 Eigelb, je nach Eiergröße
125 g abgeschälte Mandeln
ca. 10 bittere, abgeschälte Mandeln

zum Verzieren:
³⁄₈ l Sahne
1 kleine Dose Ananas (4 Scheiben, ohne Zucker, Neuform)
oder ¼ frische Ananas

zum Tränken:
¹⁄₁₆ l Rum, 40 %ig

Den Biskuit einmal durchschneiden, obere Schicht mit einem runden Pappteller wegheben. Untere Schicht auf eine Tortenplatte legen, mit Rum beträufeln und mit der Füllung bestreichen.

Füllung: Butter cremig rühren, Eigelb, Honig und ungeschlagene Sahne dazurühren. Süße und bittere Mandeln fein reiben und dazugeben.

Den oberen Boden auf der der Füllung zugewendeten Seite mit Rum tränken und darauflegen.

Torte bedeckt gut 24 Stunden im Kühlschrank stehenlassen.

In 12 Stücke schneiden, mit geschlagener, ungesüßter Sahne bestreichen und mit der Garnierspritze verzieren.

Ananas in kleinen Stücken darauflegen. In den Rand ringsherum fein fächerförmig geschnittene Ananasstückchen stecken.

Erdbeersahneroulade

Blitzbiskuit:
4 Eiweiß, von großen Eiern
4 El kaltes Wasser
125 g Honig
4 Eidotter
125 g Weizenvollkornmehl
1 MS Vanille
1 MS Backpulver
2 El Vollkornsemmelbrösel

Füllung:
500 g Erdbeeren
80 g Honig
1 MS Delifrut
1/4 l Sahne

zum Verzieren:
knapp 1/4 l Sahne
100 g Erdbeeren

Eiweiß und kaltes Wasser sehr steif schlagen, Honig und Eigelb darunterziehen. Das frisch gemahlene Weizenvollkornmehl mit Vanille und Backpulver mischen und locker unter die Schaummasse heben.

Backblech fetten, mit Pergamentpapier belegen und dies ebenfalls sehr gut fetten und bröseln. Den Teig gleichmäßig daraufstreichen und in den auf 225° vorgeheizten Ofen schieben, mittlere Schiene, und 10–15 Minuten backen.

Sofort auf ein Geschirrtuch stürzen, das Pergamentpapier mit kaltem Wasser bestreichen und abziehen. Die Biskuitplatte *mit* dem Tuch aufrollen und auskühlen lassen.

Die Erdbeeren in Scheiben schneiden, Honig und Delifrut daruntermischen und die steifgeschlagene Sahne unterheben.

Die ausgekühlte Biskuitplatte auseinanderrollen und mit der Erdbeercreme bestreichen, mit Hilfe des Tuches zusammenrollen und auf eine längliche Platte gleiten lassen. Kühl stellen.

Die beiden Ecken der Roulade schräg abschneiden. Die Roulade mit steifgeschlagener Sahne mit der Spritztülle verzieren und mit halben Erdbeeren garnieren. Kühl servieren.

Erst bei Tisch aufschneiden, da die Stücke leicht kippen.

Statt Erdbeeren kann man für die Füllung auch Himbeeren oder eine frische, kleingeschnittene Ananas verwenden.

Frankfurter Kranz

Teig:
200 g Butter
200 g Honig
4 Eier
1 Prise Vollmeersalz
Saft und Schale von 1 Zitrone, ungespritzt
450 g Weizenvollkornmehl
1 Backpulver
4 El Milch

200 g Johannisbeermarmelade (Seite 244)
80 g gehobelte Mandeln
20 g Butter

Buttercreme:
3/8 l Milch
75 g Weizenvollkornmehl
2 Eidotter
150 g hellen Honig
3 MS Vanille

200 g Butter

zum Tränken:
1/8 l Rum, 40%ig

Die Butter mit Honig und Eiern schaumig rühren, Vollmeersalz, abgeriebene Zitronenschale und -saft dazugeben und das frisch gemahlene Weizenvollkornmehl, mit Backpulver gemischt, sowie die Milch darunterrühren.

In eine gut gefettete, gebröselte Kranzform geben und ca. 40 Minuten bei 175°, unterste Schiene, backen.

Den Kuchen stürzen und 1 Tag auskühlen lassen.

Buttercreme: 1/4 l Milch zum Kochen bringen und das frisch gemahlene Weizenvollkornmehl, mit 1/8 l Milch angerührt, in die Milch geben und 1 Minute kochen lassen. Im Wasserbad unter Rühren abkühlen lassen, Eidotter, Honig und Vanillegewürz dazugeben und das Ganze in die glattgerührte Butter einrühren. Die Creme 10–20 Minuten kühl stellen, sie muß jedoch noch streichfähig sein.

Den Kranz 4mal quer durchschneiden. Vor dem Füllen jede Scheibe mit Rum beträufeln.

1. und 3. Schicht mit Buttercreme,
2. und 4. Schicht mit Johannisbeermarmelade füllen.

Die restliche Buttercreme außen um den ganzen Kranz streichen.

Die Mandeln in Butter ganz leicht bräunen und abgekühlt auf und um den Kranz streuen, eventuell leicht andrücken.

Den Kranz kühl stellen und mindestens 1 Tag durchziehen lassen. Kühl servieren.

Gespickter Rehrücken

Teig:
200 g Butter
200 g Honig
4 Eier
100 g Mandeln
1 El Rum
150 g Weizenvollkornmehl
1 MS Vanille
1 gestrichener Tl Backpulver
2 El dunkler Kakao

Buttercreme:
3 Eier
100 g Honig
7 g Pulverkaffee
(ca. 3 Tl)
200 g Butter

zum Verzieren:
ca. 100 g gestiftelte Mandeln

Butter, Honig und Eier schaumig rühren, die geriebenen Mandeln und Rum dazugeben.

Das frisch gemahlene Weizenvollkornmehl mit Vanille, Backpulver und Kakao mischen und unter den Teig rühren. In eine gut gefettete, gebröselte Rehrückenform geben und bei 175°, unterste Schiene, 50–60 Minuten backen.

Nach dem Backen vorsichtig stürzen und 1 Tag auskühlen lassen.

Die Eier mit dem Honig und Pulverkaffee cremig schlagen (15 Minuten mit dem Elektroquirl) und langsam mit dem Schneebesen in die glattgerührte Butter einrühren. Die fertige Buttercreme kurz kühl stellen, sie muß noch streichfähig sein. (Wenn die Buttercreme gerinnt, auf einem Topf mit kochendem Wasser wieder glattrühren, dann kühlen.)

Den gebackenen Rehrücken in ca. 7 Schichten aufschneiden, jede Schicht mit Buttercreme bestreichen und wieder aufeinandersetzen.

Außen mit Buttercreme verstreichen und mit Mandeln spicken. Kühl servieren.

Haselnußtorte

8 Eier
250 g Honig
350 g Haselnüsse
3 El Rum
1 gestrichener Tl Backpulver
Schale von 1 Zitrone, ungespritzt
2 MS Vanillegewürz

Weincreme:
½ l Weißwein
3 Päckchen Vanillesaucenpulver (Natura, ungefärbt)
1 gehäufter Tl Agar-Agar

180 g hellen Honig
3 Eidotter
3 Eischnee

150 g Johannisbeermarmelade (Seite 244)
¼ l Sahne
12 Haselnüsse

Eier und Honig mit dem elektrischen Rührgerät ca. 20 Minuten schaumig rühren. Die Creme muß so dick sein, daß man darauf schreiben kann.

Die geriebenen Haselnüsse mit Rum tränken, mit Backpulver, Zitronenschale und Vanille mischen und unter die Eiercreme heben. In eine gefettete, gebröselte Springform füllen, im vorgeheizten Backofen bei 165°, 2. Schiene von unten, 30–40 Minuten backen (Probe mit Holzstäbchen). Rechtzeitig mit Folie abdecken; nach dem Backen Springformrand abnehmen und auskühlen lassen.

Am nächsten Tag mit einem scharfen Messer in 4 Platten schneiden, mit Pappboden abheben und mit Weincreme füllen:
1. Schicht Weincreme
2. Schicht Johannisbeermarmelade
3. Schicht Weincreme

Den letzten Boden darauflegen und auch mit Weincreme bestreichen. Im Kühlschrank 24 Stunden ruhen lassen. Am nächsten Tag in 12 Stücke schneiden und mit Schlagsahne verzieren. Den Tortenrand mit Sahnetupfen bedecken. Jedes Stück mit einer kleinen Haselnuß verzieren.

Zubereitung der Weincreme: ⅜ l Weißwein zum Kochen bringen, mit ⅛ l das Vanillesaucenpulver und das Agar-Agar verrühren, in den kochenden Wein geben und aufkochen lassen.

Unter ständigem Rühren im Wasserbad etwas abkühlen lassen, Eidotter, Honig und schließlich den steifgeschlagenen Eischnee unterheben.

Die Menge ist ausreichend zum Füllen von 3 Schichten.

Linzer Torte

300 g Weizenvollkornmehl
1 gehäufter Tl Backpulver
1 Prise Vollmeersalz
1 MS Vanillegewürz
2 MS Nelken
2 Tl Zimt
2 Eier
125 g Honig
75 g Butter
125 g Haselnüsse und Mandeln gemischt
8 bittere Mandeln
200 g Johannisbeermarmelade (Seite 244)

Das frisch gemahlene Weizenvollkornmehl mit dem Backpulver und den Gewürzen in einer Schüssel mischen. In der Mitte die Eier ($^1/_2$ Dotter zum Bestreichen zurücklassen!) und den Honig mit Mehl vermengen, die kalte, feingeschnittene Butter und die gemahlenen Nüsse darübergeben und alles rasch zusammenkneten. $^2/_3$ des Teigs in eine Springform legen, 1 cm Rand heraufdrücken, abrädeln und 30 Minuten ruhen lassen.

Den Boden mit Johannisbeermarmelade bestreichen und von dem restlichen Drittel des Teigs Gitter darüberlegen. 12 Gitterstreifen ausrädeln, 1 cm breit, in zwei Richtungen legen, so daß ein Rautenmuster entsteht.

Das zurückgelassene Eigelb mit 1 Tl Wasser verrühren und das Gitter damit bestreichen.

Bei 200° ca. 20 Minuten auf mittlerer Schiene backen.

Den Kuchen erst 2 Tage durchziehen lassen, bevor er gegessen wird.

Nußtorte Mozart

10 Eier
400 g Honig
250 g Haselnüsse, gerieben
150 g Semmelbrösel
6 El Rum
1 MS Nelken
½ Zitronenschale

In einer großen Rührschüssel werden die Eier und der Honig mit dem elektrischen Rührgerät (Stufe 2 und 3 abwechselnd) schaumig geschlagen. Die Menge verdreifacht sich ungefähr und muß so schaumig sein, daß man darauf schreiben kann und die Schrift langsam zerläuft. Rührdauer ca. 30 Minuten.

Nun hebt man mit dem Schneebesen die geriebenen Haselnüsse und die mit Rum getränkten Semmelbrösel darunter, reibt die Zitrone ab und gibt die Nelken dazu.

In die gebutterte, gebröselte Springform (Ø 26–28 cm) füllen und in den vorgeheizten Ofen auf die 2. Schiene von unten einschieben. Bei 165° ca. 45 Minuten backen (eventuell 10 Minuten Nachhitze). Rechtzeitig mit Alu-Folie abdecken, damit die Torte nicht zu dunkel wird.

Gleich nach dem Herausnehmen den Rand vorsichtig mit dem Messer lösen und die Springform aufmachen. Auskühlen lassen und dann den Springformboden wegnehmen. Die Torte sollte 2 Tage durchziehen.

Auf einem weißen Spitzendeckchen anrichten und geschlagene Sahne dazu reichen.

Prager Apfeltorte

100 g Butter
150 g Honig
2 Eier
150 g Weizenvollkornmehl
1 MS Vanille
1 Tl Backpulver

Belag:
500 g Äpfel
Saft von ½ Zitrone, ungespritzt

30 g Butter
50 g Honig
75 g Walnußkerne
1 El Milch
2 MS Zimt

Aus Butter, Honig und Eiern eine Schaummasse rühren und das frisch gemahlene Weizenvollkornmehl, mit Vanille und Backpulver gemischt, unterheben.

Den Teig in eine gefettete Springform (Ø 26 cm) streichen. Die Äpfel schälen, achteln, mit Zitronensaft beträufeln und in zwei Kreisen auf den Teig legen.

Butter, Honig, grobgehackte Walnußkerne und Milch kurz aufkochen, mit Zimt würzen und etwas abgekühlt auf den Äpfeln verteilen.

Bei 175° auf der untersten Schiene ca. 45 Minuten backen. Springformrand entfernen, auf einem Gitter auskühlen lassen.

Ausgekühlt die Torte mit Hilfe eines Pappbodens vom Springformboden nehmen.

Mit geschlagener Sahne reichen.

Sachertorte

Teig:
125 g Butter
300 g Honig
3 Eier
1 MS gemahlene Nelken
1 gestrichener El Zimt
2 gehäufte El Kakao
325 g Weizenvollkornmehl
1 Backpulver
⅛ l Milch

Füllung:
350 g Johannisbeermarmelade
 (Seite 244)
¼ l Sahne

Butter schaumig rühren, Honig, Eier und Gewürze dazurühren.

Das frisch gemahlene Weizenvollkornmehl mit dem Backpulver mischen und darunterheben. Langsam die Milch dazugeben. In eine gut gefettete und gebröselte Springform füllen und bei 175°, unterste Schiene, ca. 40–45 Minuten im vorgeheizten Ofen backen.

Den ausgekühlten Kuchen 2mal durchschneiden und mit Johannisbeermarmelade füllen. 1 Tag durchziehen lassen.

In 12 Stücke aufschneiden und mit steifgeschlagener Sahne garnieren.

Schweizer Rüblitorte

4 Eigelb
2 El heißes Wasser

200 g Honig
2 El Rum
100 g Weizenvollkornmehl
1 gehäufter Tl Backpulver
200 g Mandeln
10 bittere Mandeln
200 g Karotten
4 Eischnee

Füllung:
¼ l Sahne
3 El Sanddornsaft mit Honig
 (Eden oder Donath)

Belag:
¼ l Sahne

40 g gehobelte Mandeln
10 g Butter

Mit einem Schneebesen das Eigelb mit heißem Wasser 3–5 Minuten schaumig schlagen und langsam den Honig und den Rum dazugeben, noch 5 Minuten gut schlagen.

Über die Eigelbcreme nun das frisch gemahlene, mit Backpulver vermengte Weizenvollkornmehl geben, darüber die geriebenen Mandeln und die feingeriebenen rohen Karotten, den Eischnee und alles andere vorsichtig unterziehen, nicht mehr rühren.

In eine gut gefettete, gebröselte Springform (Ø 26 cm) einfüllen und im vorgeheizten Ofen bei 175° auf der untersten Schiene ca. 35–40 Minuten backen.

Nach dem Backen auskühlen lassen, 2mal durchschneiden und mit geschlagener Sanddornsahne (unter die steife Sahne den Sanddornsaft rühren) füllen.

Die Torte in Stücke schneiden und mit einem Teil der geschlagenen Sahne bestreichen, den Rest auf die bestrichene Torte spritzen. Mit leicht gebräunten, gehobelten Mandeln verzieren.

Osterbackwaren

Backen von Osterlämmern

Das Backen der Osterlämmer ist sehr einfach, wenn man einige wichtige Punkte beachtet:

Die Lämmer-Formen werden zum Einpinseln mit Butter auseinandergenommen, daß man gut in jede Ritze kommt. Sie werden dann zusammengesteckt und gut ausgebröselt, auch der Kopf. Dann wird der Teig eingefüllt, nicht ganz voll, sonst läuft er heraus. Zuerst füllt man mit einem Löffel den Kopf aus, dann den übrigen Körper.

Nun werden sie auf die unterste Schiene auf ein Backblech gestellt (da immer Fett aus den Ritzen tropft) und bei 175° $1\frac{1}{4}$ Stunde gebacken. Nach ca. 30–45 Minuten oben mit Alu-Folie abdecken.

Die Lämmchen in der Form etwa 1 Stunde abkühlen lassen, dann vorsichtig die eine Hälfte der Form abnehmen und das Lämmchen liegend ganz erkalten lassen. Dann die andere Hälfte vorsichtig abnehmen.

Wenn das Lämmchen nicht gut steht, unten etwas abschneiden. Einige Tage vor Ostern backen, daß sie gut durchziehen können. Ausgekühlt in einer Folie aufbewahren.

Um den Hals eine Schleife mit einer kleinen Glocke binden.

Als Rezept eignen sich alle Rührkuchen, z. B.:

$^1/_2$ Königskuchenrezept oder
$^1/_2$ Marmorkuchenrezept oder
$^3/_4$ Mohrenkuchenrezept

ergeben 1 großes Lämmchen.

Nußlämmchen

125 g Butter
150 g Honig
2 Eier
1 MS Vanillegewürz
125 g Haselnüsse
200 g Weizenvollkornmehl
$^1/_2$ Backpulver
$^1/_8$ l Milch
1 El Rum, 40%ig

Die Butter, den Honig und die Eier schaumig rühren, dann das Vanillegewürz und die geriebenen Haselnüsse, das frisch gemahlene Weizenvollkornmehl mit Backpulver, die Milch und den Rum dazurühren. In die Form füllen und wie angegeben backen, siehe Seite 113.

Die Menge ergibt 1 großes Lämmchen.

Streusellämmchen*

Teig- und Streuselzubereitung wie beim Streuselosterhasen, siehe Seite 116.

Man fertigt eine Pappschablone an, schneidet oder rädelt den ausgewalkten Teig (ca. $^1/_2$ cm dick) aus und legt die Figuren auf das gefettete, bemehlte Blech. Dann belegt man sie dick mit Streuseln, setzt als Auge eine Korinthe und als Ohr eine Mandel auf.

Die Menge ergibt ca. 12 Lämmchen. Backen bei 200°, mittlere Schiene, ca. 15 Minuten.

* Muster zum Anfertigen von Schablonen befinden sich im Anhang

Kleine Osterhasen

600 g Weizenvollkornmehl
1 gestrichener Tl Backpulver
180 g Haselnüsse
220 g Honig
2 MS Vanille
2 Eier
1 Prise Vollmeersalz
250 g Butter

1 Osterhasen-Ausstechform

Das frisch gemahlene Weizenvollkornmehl mit dem Backpulver und den geriebenen Haselnüssen in einer Schüssel mischen, eine Vertiefung drücken und darin den Honig, die Eier, Vanille und Vollmeersalz verrühren.

Die kalte Butter darüberschneiden und alles rasch zusammenkneten. Den Teig 1 Stunde ruhen lassen.

In kleinen Partien auf einer leicht bemehlten Arbeitsfläche auswalken, mit der Hasenform ausstechen und auf das Blech legen.

Bei 190° ca. 10–15 Minuten, mittlere Schiene, backen.

Die Menge ergibt ca. 50 Häschen, 3 Bleche.

Streuselosterhasen

Teig:
800 g Weizenvollkornmehl
⅛ l Milch
40 g Hefe

¼ l Milch
125 g Honig
100 g Butter
1 Ei
¼ Tl Vollmeersalz
Schale von 1 Zitrone, ungespritzt

Streusel:
400 g Weizenvollkornmehl
2 Tl Zimt
2 MS Vanillegewürz
200 g Butter
240 g Honig

1 Pappschablone eines sitzenden Hasen mit Huckelkorb, ca. 25 cm hoch

In eine Backschüssel gibt man das frisch gemahlene Weizenvollkornmehl und verrührt in einer Vertiefung die in lauwarmer Milch aufgelöste Hefe mit dem Mehl zu einem dicklichen Brei, bestreut ihn mit Mehl und läßt ihn 15 Minuten gehen.

In die lauwarme Milch gibt man die kleingeschnittene Butter, den Honig, das Vollmeersalz, das Ei und die abgeriebene Zitronenschale und gibt dies unter Rühren an den gegangenen Vorteig. Den Teig glattkneten und in einer bemehlten Schüssel ca. 30–45 Minuten gehen lassen.

Zur Streuselbereitung läßt man die Butter zerlaufen, mischt das Weizenvollkornmehl mit Zimt und Vanille und rührt den Honig und die abgekühlte Butter dazu, 30 Minuten kühl stellen.

Wenn sich das Teigvolumen verdoppelt hat, knetet man zuerst die eine Hälfte nochmals durch und walkt sie auf einer bemehlten Arbeitsfläche etwa ½ cm dick aus, legt die bemehlte, zugeschnittene Backschablone auf und schneidet mit dem Teigrädchen die Hasen aus. Man legt sie auf ein gefettetes Backblech, belegt sie dicht mit Streusel und bäckt sie bei 200°, mittlere Schiene, ca. 20 Minuten. Mit der 2. Teighälfte verfährt man ebenso.

Die Hasen gehen stark auf. Auf ein normal großes Backblech passen 3 Hasen.

Die Teig- und Streuselmenge ist ausreichend für 6 Hasen. Die Hasen vorsichtig vom Blech nehmen und auf einem Gitter auskühlen lassen. Abgekühlt in Alu-Folie oder in Frischhaltebeutel bis Ostern verpacken. Nicht länger als eine Woche vorher backen.

Die Hasen bekommen um den Hals eine bunte Schleife.

Ostergebäck Hase und Hahn

Aus dem Teig für Streuselosterhasen (siehe Seite 116) kann man den Hasen und Hahn backen (Foto siehe Bildteil).

Den Teig knapp 1 cm dick auswalken, Backschablone auflegen und mit dem Messer umfahren. Die Figuren auf ein gefettetes, bemehltes Blech legen. Den Hasen an den Ohren und Beinen einschneiden und nach der Schablone und dem Foto (siehe Bildteil) legen. Beim Hahn den Schwanz einschneiden und aufrollen (siehe Zeichnung und Foto).

Das Rezept ergibt ca. 25 Figuren. Vor dem Backen mit 1 Eigelb und 1 Tl Milch verrührt bestreichen. Als Auge eine Korinthe einsetzen. Backen bei 175°, ca. 20 Minuten, mittlere Schiene.

Weihnachtsgebäck

Buttersterne

400 g Weizenvollkornmehl
1 Tl Zimt
175 g Honig
1 Eidotter
1 El Arrak
250 g Butter

zum Bestreichen:
2 El Milch

Das frisch gemahlene Weizenvollkornmehl in einer Schüssel mit Zimt vermischen, Honig, Eidotter und Arrak von der Mitte aus mit Vollkornmehl verrühren. Die kalte Butter darüberschneiden, rasch zusammenkneten und über Nacht ruhen lassen.

Auf einer bemehlten Arbeitsfläche in kleinen Portionen ½ cm dick auswalken, Sterne ausstechen, auf ein bemehltes Blech legen und mit Milch bestreichen.

Bei 175° 12–15 Minuten, mittlere Schiene, hell backen. Auf dem Blech erkalten lassen, dann erst auf ein Gitter legen.

Die angegebene Menge ergibt ca. 55 Stück oder 2 Bleche.

Haselnußplätzchen

2 Eier, getrennt
200 g Honig
1 MS Brechts Vanille
250 g Haselnüsse

35 Oblaten, 40 mm ⌀

zum Verzieren:
ganze Haselnüsse

Unter den steifen Eischnee den Honig, das Eigelb und die Vanille rühren, die feingemahlenen Haselnüsse unterheben. Den Teig 1 Stunde ruhen lassen.

Mit feuchten Händen Kugeln formen, auf Oblaten setzen, in die Mitte eine ganze Haselnuß legen.

Bei 175° ca. 25 Minuten auf der 2. Schiene von unten backen.

Die Menge ergibt ca. 35 Plätzchen, 1 Blech.

Haselnußringe

275 g Weizenvollkornmehl
100 g Haselnüsse
1 MS Vanillegewürz
1 Ei
140 g Honig
140 g Butter

zum Bestreichen:
1 Eigelb und 1 Tl Milch

In einer Schüssel das frisch gemahlene Weizenvollkornmehl mit den gemahlenen Haselnüssen und der Vanille mischen. Eine Vertiefung drücken und darin das Ei und den Honig verrühren. Die kalte Butter fein darüberschneiden und alles rasch zusammenkneten. Den Teig über Nacht ruhen lassen.

Auf einer gut bemehlten Arbeitsfläche den Teig in kleinen Partien auswalken, Ringe ausstechen, Eigelb und Milch verrühren und die Ringe dünn bestreichen. Auf einem ungefetteten Blech bei 175°, mittlere Schiene, ca. 10–15 Minuten hell backen.

Die Menge ergibt ca. 35 Ringe, 2 Bleche.

Husarenkrapfen

250 g Weizenvollkornmehl
1 MS Brechts Vanille
2 Eigelb
100 g Honig
150 g Butter

zum Verzieren:
50 g gehackte Mandeln
2 El Johannisbeermarmelade
  (Seite 244)

zum Bestreichen:
1 Eigelb und 1 Tl Wasser

In einer Schüssel das frisch gemahlene Weizenvollkornmehl mit Vanille mischen, Eigelb und Honig darunterrühren, die kalte Butter fein darüberschneiden und alles rasch zusammenkneten. Den Teig ca. 2 Stunden ruhen lassen.

Aus dem Teig eine lange Rolle formen und in ca. 40 Teigstücke schneiden. Aus jedem Teigstück eine Kugel drehen und mit einem kleinen Kochlöffelstiel ein Loch hineindrücken. Eigelb mit Wasser verrühren, die Plätzchen damit bestreichen und mit der bestrichenen

Seite in die gehackten Mandeln drücken. Die Löcher nochmals nachdrücken und mit der Garnierspritze etwas Marmelade hineinspritzen.

Auf ein ungefettetes Blech legen und bei 190° ca. 15–20 Minuten, mittlere Schiene, backen.

Die Menge ergibt ca. 40 Krapfen, 1 Blech.

Ingwerherzen

125 g Butter
200 g Honig
1 Ei
350 g Weizenvollkornmehl
1 Tl Backpulver
3 Tl Ingwer, gemahlen
1 MS Cardamon, gemahlen
1 MS Cayennepfeffer

zum Verzieren:
4 Ingwerpflaumen in Sirup, in Scheiben geschnitten

zum Bestreichen:
2 El Milch

Butter, Honig und Ei schaumig rühren. Das frisch gemahlene Weizenvollkornmehl mit Backpulver und den angegebenen Gewürzen mischen, unter die Rührmasse geben und alles rasch zusammenkneten. Den ziemlich weichen Teig einige Stunden oder über Nacht kühl ruhen lassen.

Den Teig in kleinen Portionen $1/2$ cm dick auswalken und Herzen ausstechen. Mit dem Apfelausstecher aus den in Scheiben geschnittenen Ingwerpflaumen kleine Scheibchen ausstechen und auf jedes Herz eine legen. Das Herz mit Milch bestreichen.

Auf einem bemehlten Blech bei 175°, mittlere Schiene, 10–12 Minuten backen.

Die Menge ergibt ca. 55 Stück (2 Backbleche).

Kokosberge

2 Eier
150 g Honig
200 g Kokosraspeln

40 Oblaten, $\varnothing$ 40 mm

Eine Schaummasse aus Eiern und Honig rühren (ca. 5 Minuten mit dem Elektroquirl), die Kokosraspeln unterziehen und den Teig 30 Minuten quellen lassen.

Mit einem Teelöffel kleine Häufchen auf Oblaten setzen. Im vorgeheizten Ofen bei 175°, mittlere Schiene, ca. 15 Minuten backen.

Ergibt ca. 40 Plätzchen, 1 Blech.

Kokosmakronen

2 Eiweiß
125 g Honig
Saft und Schale von ½ Zitrone, ungespritzt
175 g Kokosflocken
35 Oblaten, 40 mm ⌀

In den steifen Eischnee unter Rühren Honig, Zitronensaft und -schale dazugeben. Die Kokosflocken unterheben und 2 Stunden kühl stellen.

Auf Oblaten mit einem Teelöffel kleine Häufchen setzen und bei 175° ca. 10–15 Minuten, mittlere Schiene, backen.

Die Menge ergibt ca. 35 Stück, 1 Blech.

Linzer Teigkranzerl

Teig:
250 g Weizenvollkornmehl
75 g Haselnüsse und Mandeln gemischt
6 bittere Mandeln
2 Tl Zimt
2 MS Nelken
1 MS Vanille
100 g Honig
1 Ei
120 g Butter

zum Verzieren:
1 Eidotter und 1 Tl Wasser
90 g geschälte, gehackte Mandeln

zur Füllung:
Johannisbeermarmelade (Seite 244)

Das frisch gemahlene Weizenvollkornmehl in einer Schüssel mit den geriebenen Nüssen und den Gewürzen mischen, Honig und Ei darin verrühren, die kalte Butter fein darüberschneiden und alles rasch zusammenkneten. Den Teig 1 Stunde ruhen lassen.

Den Teig in kleinen Portionen dünn auswalken, mit einem Glas runde Plätzchen ausstechen. Aus der Hälfte der Plätzchen die Mitte ausstechen, damit »Kranzerl« entstehen.

Auf ein ungefettetes Blech dieselbe Menge Plätzchen und Kranzerl legen. Die Kranzerl mit Eidotter bestreichen und mit den feingehackten Mandeln dicht bestreuen.

In den vorgeheizten Ofen schieben, mittlere Schiene, und bei 175° ca. 10–15 Minuten backen. Herausnehmen, die Plätzchen gleich mit Johannisbeermarmelade bestreichen und die Kranzerl daraufsetzen.

Die Menge ergibt ca. 30 Plätzchen, 2 Bleche.

Mandelkränzchen

Teig:
250 g Weizenvollkornmehl
1 MS Vollmeersalz
80 g Honig
2 Eidotter
125 g Butter

Belag:
3 Eiweiß
200 g Honig
250 g Mandeln
2 MS Muskatblüte

2 El Johannisbeer-
 marmelade (S. 244)

Das frisch gemahlene Weizenvollkornmehl mit Vollmeersalz, Honig und Eidottern verrühren, die kalte Butter fein darüberschneiden und alles rasch zusammenkneten, 1 Stunde ruhen lassen.

Den Teig dünn auswalken, kleine runde Plätzchen ausstechen und auf ein ungefettetes Blech legen.

Zum Belag das Eiweiß steif schlagen, den Honig dazurühren und die geriebenen Mandeln und Muskatblüte unterziehen. In einen Spritzbeutel mit großer Tülle einfüllen und auf jedes Plätzchen ein Kränzchen spritzen. In die Mitte einen Tupfer Johannisbeermarmelade geben.

Im vorgeheizten Ofen bei 175°, mittlere Schiene, ca. 20 Minuten backen.

Die Menge ergibt ca. 70 Plätzchen, 1 Blech.

Mandelmohrchen

4 Eischnee
200 g Honig
2 MS Vanille
1 MS Muskatblüte
2 El Kakao oder Karobe
250 g Mandeln mit Schale

40 Oblaten, 40 mm ⌀

Den Eischnee sehr steif schlagen und den Honig dazurühren. Die geriebenen Mandeln mit Vanille, Muskatblüte und Kakao (oder Karobe) mischen und unter die Schaummasse ziehen. 2 Stunden ruhen lassen.

Mit einem Spritzbeutel, große Sterntülle, auf Oblaten Häufchen spritzen. Bei 175°, mittlere Schiene, ca. 25 Minuten backen.

Die Menge ergibt ca. 40 Stück, 1 Blech.

Mandelplätzchen

30 g Butter
2 Eier
200 g Honig
1 MS Brechts Vanille
Saft und Schale von ½ Zitrone, ungespritzt
250 g ungeschälte Mandeln, fein gerieben
10 bittere Mandeln
40 Oblaten, 40 mm ⌀

Butter, Eier, Honig und Vanille schaumig rühren, abgeriebene Zitronenschale und -saft sowie die feingeriebenen Mandeln und Bittermandeln unterheben. Den Teig ca. 2 Stunden ruhen lassen.

Den Teig in einen Spritzbeutel füllen und mit der großen Sterntülle auf die Oblaten spritzen.

Bei 175°, mittlere Schiene, ca. 25 Minuten backen, bis die Spitzchen braun werden.

Die Menge ergibt ca. 40 Plätzchen, 1 Blech.

Nußprinten

175 g Honig
50 g Butter
2 El Milch

250 g Weizenvollkornmehl
2 Tl Backpulver
1 Tl Anis, ganz
1 Tl Zimt
1 MS Nelken

zum Verzieren:
ca. 250 g halbierte Haselnüsse
1 Eiweiß

Honig, Butter und Milch zusammen erwärmen, glattrühren und erkalten lassen.

Das frisch gemahlene Weizenvollkornmehl mit Backpulver, Anis, Zimt und Nelken mischen und unter die abgekühlte Honigmasse rühren. Den weichen Teig über Nacht ruhen lassen, dann ½ cm dick ausrollen, in Streifen von 3 × 5 cm Länge schneiden und auf ein gefettetes, bemehltes Blech legen. Mit Eiweiß bestreichen und dicht mit halbierten Haselnüssen belegen.

Im vorgeheizten Ofen bei 200°, mittlere Schiene, ca. 15 Minuten backen.

Die Menge ergibt ca. 30 Printen, 1 Blech.

Pfeffernüsse

2 Eier
200 g Honig
Schale von 1 Zitrone, ungespritzt
30 g Zitronat
30 g Orangeat
30 g Mandeln
1 Tl Zimt
1 MS Cardamon
2 MS Cayennepfeffer
½ Tl Natron
2 El dunkler Kakao oder
  Karobe
250 g Weizenvollkornmehl

zum Bestreichen:
2 El Milch

Eier und Honig schaumig rühren (mit dem Elektroquirl 10 Minuten), die Zitronenschale fein hineinreiben und das feingeschnittene Zitronat und Orangeat sowie die geriebenen Mandeln unterziehen.

Das frisch gemahlene Weizenvollkornmehl mit Zimt, Cardamon, Cayennepfeffer, Natron und Kakao (oder Karobe) mischen und unter die Schaummasse heben. Den weichen Teig über Nacht ziehen lassen.

Auf einer bemehlten Arbeitsfläche ¾ cm dick auswalken, kleine runde Plätzchen ausstechen, auf ein gefettetes Blech legen, mit Milch bestreichen und im vorgeheizten Ofen bei 175° ca. 20 Minuten backen, 2. Schiene von unten.

Die Menge ergibt ca. 50 Pfeffernüsse, auf 1 Blech passend.

Spitzbuben

300 g Weizenvollkornmehl
1 MS Vanille
1 Ei
125 g hellen Honig
150 g Butter

zum Bestreichen:
4 El Johannisbeermarmelade
  (Seite 244)

Das frisch gemahlene Weizenvollkornmehl in einer Schüssel mit Vanille mischen, in einer Vertiefung das Ei und den Honig verrühren, die kalte Butter darüberschneiden und alles schnell zu einem geschmeidigen Teig verarbeiten, 1 Stunde ruhen lassen.

Auf einer gut bemehlten Arbeitsfläche in kleinen Portionen auswalken, eine gleiche Anzahl großer und kleinerer Sterne ausstechen und auf ein ungefettetes Blech legen.

Bei 175° ca. 12 Minuten, mittlere Schiene, hell backen.

Gleich nach dem Backen werden die großen Sterne mit Johannisbeermarmelade bestrichen und die kleinen Sterne daraufgeklebt. Auf einem Gitter abkühlen lassen.

Die Menge ergibt ca. 35 Plätzchen, 2 Bleche.

Wiener Nußplätzchen

Teig:
150 g Weizenvollkornmehl
50 g Honig
1 Eigelb
75 g geriebene Haselnüsse
80 g Butter
1 MS Zimt

Belag:
2 Eiweiß
70 g Honig
100 g geriebene Haselnüsse

zum Verzieren:
ganze Haselnüsse

Das frisch gemahlene Weizenvollkornmehl in eine Schüssel geben, Honig und Eigelb darin verrühren, die geriebenen Haselnüsse, Zimt und die kalte, feingeschnittene Butter darübergeben und alles rasch zusammenkneten, 1 Stunde ruhen lassen.

Den Teig in kleinen Portionen dünn auswalken, mit einem Glas runde Plätzchen von etwa 4 cm Durchmesser ausstechen und auf das ungefüllte Blech legen.

Eiweiß steif schlagen, Honig dazugeben, noch etwas schlagen und die geriebenen Haselnüsse unterziehen. Die Masse in einen Spritzbeutel füllen und mit einer großen Sterntülle auf jedes Plätzchen einen großen Tupfer spritzen. Darauf eine ganze Haselnuß setzen und im vorgeheizten Ofen, mittlere Schiene, bei 175° ca. 10 Minuten backen.

Die Menge ergibt ca. 50 Plätzchen, die auf 1 Backblech passen.

Zimtmakronen

2 Eiweiß
100 g Honig
100 g Kokosflocken
30 g Demetergrieß mit Schalenteilen
1 Tl feingeschnittenes Zitronat
1 Tl feingeschnittenes Orangeat
1 gestrichener Tl Zimt
1 El Zitronensaft

25 Oblaten, 40 mm ⌀

Das Eiweiß steif schlagen, den Honig dazugeben und noch etwas schlagen. Die Kokosflocken, Grieß, Zitronat, Orangeat, Zimt und Zitronensaft unterziehen.

Mit 2 Teelöffeln kleine Häufchen auf Oblaten setzen und bei 175° im vorgeheizten Ofen, mittlere Schiene, 15–20 Minuten backen.

Ergibt ca. 25 Stück, 1 Blech.

Zitronenlaibchen

2 Eiweiß
375 g Honig
Saft und Schale von 2 Zitronen, ungespritzt
375 g ungeschälte Mandeln
60 g Zitronat

60 Oblaten, 40 mm ⌀

zum Verzieren:
abgeschälte, halbierte Mandeln

Unter den steifen Eischnee Honig, abgeriebene Zitronenschale und -saft rühren, die feingeriebenen Mandeln und das feingeschnittene Zitronat unterheben, 1 Stunde ruhen lassen.

Mit feuchten Händen Kugeln formen, eine halbierte, abgeschälte Mandel darauflegen, auf Oblaten setzen und bei 175°, mittlere Schiene, ca. 25 Minuten backen.

Die Laibchen müssen leicht hellbraun sein.

Die Menge ergibt ca. 60 Plätzchen, 1 Blech.

Basler Leckerli

125 g Mandeln
125 g Haselnüsse
75 g Zitronat
75 g Orangeat
4 El Kirschwasser

750 g Weizenvollkornmehl
1 Päckchen Lebkuchengewürz
Saft und Schale von 1 Zitrone, ungespritzt
3 Eidotter
750 g Honig
50 g Butter
2 $^1\!/_2$ g Hirschhornsalz und 1 El Wasser

zum Bestreichen:
1 Eigelb und 1 Tl Milch

zum Verzieren:
100 g Walnußkerne

Mandeln und Haselnüsse grob hacken, Zitronat und Orangeat fein würfeln, mit Kirschwasser tränken, gut mischen und später zum Teig geben.

Das frisch gemahlene Weizenvollkornmehl in einer Schüssel mit Lebkuchengewürz mischen, eine Vertiefung drücken und die Zitronenschale und den -saft, die Eidotter, den Honig, die zerlassene Butter und das in Wasser aufgelöste Hirschhornsalz hineingeben und von der Mitte aus mit dem Vollkornmehl vermengen. Den Teig über Nacht ruhen lassen.

Auf einem gefetteten, gemehlten Backblech auswalken oder mit dem in warmes Wasser getauchten Teigschaber verstreichen. Mit Eigelb bestreichen und die geviertelten Walnüsse reihenweise auflegen.

Bei 175° ca. 25 Minuten backen, unterste Schiene. Noch warm mit nassem Messer in ca. 100 Stücke schneiden, auskühlen lassen und vom Blech nehmen. Einige Tage durchziehen lassen.

Honigpfefferkuchen

1000 g Weizenvollkornmehl
1 Tl Cardamon
1 Tl Zimt
1 MS Nelken
3 MS Cayennepfeffer (rot)
1 Backpulver

2 Eier
1000 g Honig
2½ g Hirschhornsalz und
　2 El Wasser
330 g Wasser

zum Verzieren:
30 Zitronatscheibchen
30 × 5 abgezogene, halbierte
　Mandeln

Das frisch gemahlene Weizenvollkornmehl in einer Schüssel mit den Gewürzen und dem Backpulver mischen.

Eier und Honig im Rührgerät schaumig rühren, Hirschhornsalz, in Wasser aufgelöst, und das abgewogene Wasser dazugeben.

Dieses Gemisch unter das Vollkornmehl rühren und auf ein gut gefettetes Blech gießen. Mit Zitronatscheibchen und abgezogenen, halbierten Mandeln ca. 30 Blumen auflegen, genau in Reihen 5 × 6 Stück, damit nachher, wenn der Honigkuchen aufgeschnitten wird, auf jedem Stück eine Blume ist.

Bei 175° auf der untersten Schiene 30–40 Minuten backen.

Noch warm in Stücke schneiden. Ausgekühlt in einer Dose aufbewahren. Erst nach einigen Tagen erreicht dieses Gebäck den vollen Wohlgeschmack.

Früchtebrot

125 g Honig
4 Eier
2 El Rum

175 g Weizenvollkornmehl
1 gehäufter Tl Backpulver
2 Tl Zimt

175 g Haselnüsse
175 g Feigen
125 g Datteln
125 g Zitronat
325 g Sultaninen, ungeschwefelt

zum Verzieren:
einige halbierte, abgezogene
　Mandeln

Honig, Eier und Rum schaumig rühren. Das frisch gemahlene Weizenvollkornmehl mit Backpulver und Zimt vermischen und die Schaummasse darunterrühren.

Die halbierten Haselnüsse, Feigen und Datteln, grob geschnitten, Zitronat, fein geschnitten, und die Sultaninen unter den Teig heben.

In eine mit Papier ausgelegte, gefettete Kastenform (30 cm) geben. Mit halbierten, abgeschälten Mandeln verzieren.

Bei 160°, unterste Schiene, ca. 1 Stunde backen.

Einige Tage durchziehen lassen, in dünne Scheiben aufschneiden.

Hutzelbrot

Teig:
500 g Weizenvollkornmehl
2 Tl Zimt
je 1 MS gemahlene Nelken, Anis, Fenchel und Vollmeersalz
¼ l Einweichwasser
30 g Hefe

2 El Honig
2 El Rum

125 g getrocknete Birnen (Hutzeln)
125 g getrocknete Zwetschgen
125 g getrocknete Aprikosen, ungeschwefelt
125 g getrocknete Feigen
125 g Haselnüsse
125 g Sultaninen, ungeschwefelt
1 El feingeschnittenes Zitronat
1 El feingeschnittenes Orangeat

etwas Streumehl

zum Verzieren:
einige abgezogene, halbierte Mandeln

zum Bestreichen:
Honigwasser (1 El Honig und 5 El Wasser)

Birnen, Zwetschgen, Aprikosen und Feigen kurz waschen und in gut ½ l Wasser 8–10 Stunden einweichen, dann grob schneiden.

Das frisch gemahlene Weizenvollkornmehl in eine Schüssel geben, mit den Gewürzen mischen, eine Vertiefung drücken und dann die in dem lauwarmen Einweichwasser aufgelöste Hefe mit dem Mehl zu einem dicklichen Brei rühren. Mit etwas Vollkornmehl bedecken und ca. 15 Minuten gehen lassen.

Honig und Rum dazugeben und alles zu einem glatten Teig kneten. Nun alle eingeweichten, grobgeschnittenen Trockenfrüchte sowie die ganzen Haselnüsse, Sultaninen und das feingeschnittene Zitronat und Orangeat dazugeben. Alles gut durchkneten und in einer bemehlten Schüssel ca. 3 Stunden gehen lassen. Den Teig teilen und 2–4 kleine Laibe formen, aufs gefettete Blech legen, mit Honigwasser bestreichen und mit halbierten, abgezogenen Mandeln verzieren. 1 Stunde gehen lassen.

Bei 175° in den vorgeheizten Ofen, unterste Schiene, geben und ca. 1 Stunde backen.

Während des Backens mehrmals mit Honigwasser bestreichen.

Elisen-Lebkuchen

3 Eier
300 g Honig
375 g Mandeln
20 bittere Mandeln
60 g Zitronat
60 g Orangeat
2 Tl Zimt
1 MS Nelken
Schale von 1 ungespritzten Zitrone
½ Tl Backpulver

35 Oblaten, ⌀ 7 cm

zum Verzieren:
halbierte, abgezogene Mandeln

Eier mit dem Rührgerät schaumig schlagen, Honig hineinlaufen lassen und weiter schaumig schlagen, ca. 15 Minuten.

Die Mandeln und die bitteren Mandeln mit der Schale fein reiben, Zitronat und Orangeat fein schneiden. Die Gewürze, das Backpulver sowie das Zitronat und Orangeat mit den Mandeln vermischen und unter die Schaummasse rühren.

Den Teig auf die Oblaten streichen, Messer ab und zu in Wasser tauchen; ergibt ca. 35 Stück, ⌀ 7 cm.

In die Mitte eine abgezogene, halbierte Mandel. Über Nacht trocknen lassen.

Auf einem ungefetteten Blech, mittlere Schiene, bei 170° 25 Minuten backen.

Gefüllte Lebkuchen

Teig:
375 g Honig
2 Eier
80 g Butter
1 Päckchen Lebkuchengewürz
5 g Hirschhornsalz und
  1 El Wasser
500 g Weizenvollkornmehl

Füllung:
125 g Haselnüsse
60 g Zitronat
30 g Orangeat
30 g Mandeln
120 g Honig
2 Eier

zum Verzieren:
Zitronatscheibchen
250 g geschälte, halbierte Mandeln
1 Eidotter und 1 Tl Milch

Den Honig, die Eier, die zerlassene Butter, das Lebkuchengewürz, das mit Wasser aufgelöste Hirschhornsalz verrühren und das frisch gemahlene Weizenvollkornmehl unter Rühren dazugeben. Den weichen Teig über Nacht ziehen lassen.

Füllung: Die geriebenen Haselnüsse und Mandeln, das feingeschnittene Zitronat und Orangeat mit Honig und Eiern verrühren.

Auf einer bemehlten Arbeitsfläche den Teig ca. 4 mm dick auswalken, mit einem Glas (⌀ 6 cm) runde Plätzchen ausstechen, mit Füllung bestreichen und ein 2. Plätzchen daraufsetzen. Mit verrührtem Eidotter bestreichen, in die Mitte ein Scheibchen Zitronat (mit dem Apfelausstecher ausstechen) drücken und 5 geschälte, halbierte Mandeln sternförmig herumlegen.

Bei 175° im vorgeheizten Ofen, mittlere Schiene, ca. 20 Minuten backen.

Die Menge ergibt ca. 35 Stück.

Lebkuchenschnitten

125 g Butter
250 g Honig
3 Eier

150 g Mandeln
150 g Haselnüsse
150 g Rosinen
150 g Zitronat
150 g Orangeat
4 El Rum

400 g Weizenvollkornmehl
1 Backpulver
2 Tl Zimt
2 El dunkler Kakao oder Karobe

zum Bestreichen:
1 Ei

zum Verzieren:
Orangeatscheibchen oder Nüsse

Butter schaumig rühren, Honig und Eier dazurühren.

Die geriebenen Nüsse, die Rosinen und das feingeschnittene Zitronat und Orangeat mit Rum tränken und mischen.

Das frisch gemahlene Weizenvollkornmehl mit Backpulver, Zimt und Kakao (oder Karobe) mischen und mit den getränkten Früchten zur Schaummasse geben.

Den Teig mit einem zuvor in warmes Wasser getauchten Teigschaber auf ein gefettetes, gemehltes Blech streichen, mit verquirltem Ei bestreichen und mit Orangeatscheibchen (mit dem Apfelausstecher ausstechen) oder Nüssen reihenweise verzieren.

Bei 175° ca. 25 Minuten backen, unterste Schiene. Noch warm in ca. 100 Stücke schneiden, auf dem Blech auskühlen lassen.

Einige Tage durchziehen lassen.

Nürnberger Haselnuß-Lebkuchen

3 Eier
300 g Honig
375 g Haselnüsse
90 g Zitronat
90 g Orangeat
1 Tl Zimt
1 MS Muskatblüte
1 MS Cardamon
1 Prise Muskatnuß, gerieben
$^1/_2$ Tl Backpulver

30 Oblaten, ⌀ 7 cm

zum Verzieren:
Haselnüsse

Die Eier mit dem Rührgerät schaumig schlagen, langsam den Honig dazugeben und weiter schaumig schlagen, ca. 15 Minuten.

Die geriebenen Haselnüsse mit dem feingeschnittenen Zitronat, Orangeat und den Gewürzen vermengen und unter die Schaummasse rühren.

Den Teig auf Oblaten streichen, Messer öfter in Wasser tauchen. Mit Haselnüssen in der Mitte verzieren und über Nacht trocknen lassen. Die Menge ergibt 30 Lebkuchen, ⌀ 7 cm.

Auf einem ungefetteten Blech bei 170° 25 Minuten, mittlere Schiene, backen.

Christstollen

250 g Sultaninen, ungeschwefelt
125 g Korinthen
125 g Orangeat
125 g Zitronat
200 g abgezogene Mandeln
$^1/_{16}$ l Rum

1000 g Weizenvollkornmehl
$^1/_4$ l Milch
100 g Hefe

100 g Butter
100 g Butterschmalz
1 Ei
175 g hellen Honig
Saft und Schale von 1 Zitrone, ungespritzt
1 Tl Vollmeersalz

zum Bestreichen:
50 g Butterschmalz

Die Sultaninen, Korinthen, das feingeschnittene Zitronat und Orangeat sowie die gehackten Mandeln mit Rum tränken, gut mischen und zugedeckt über Nacht ziehen lassen.

Das frisch gemahlene Weizenvollkornmehl in eine Schüssel geben, eine Vertiefung drücken und darin die in lauwarmer Milch aufgelöste Hefe mit etwas Mehl zu einem dicklichen Brei rühren. Mit Mehl bestäubt ca. 20 Minuten gehen lassen.

In der Zwischenzeit die Butter, das Butterschmalz, Ei und Honig schaumig rühren, die abgeriebene Zitronenschale, den Zitronensaft und das Vollmeersalz dazugeben.

Das Ganze nun zu dem gegangenen Vorteig geben, von der Mitte aus mit Mehl verrühren und dann zu einem glatten, geschmeidigen Teig kneten. Die getränkten Trockenfrüchte einkneten und den Teig in einer bemehlten Schüssel zugedeckt 1 Stunde an einem warmen Ort gehen lassen.

Den gegangenen Teig nochmals durchkneten, zu einem ovalen Teigstück auswalken, der Länge nach zusammenschlagen und einen Stollen formen.

Auf ein gefettetes, bemehltes Blech legen und zugedeckt 1 Stunde gehen lassen. In den auf 250° vorgeheizten Ofen, unterste Schiene, schieben, auf 180° zurückdrehen und ca. 70 Minuten backen. Eventuell nach 45 Minuten Alu-Folie darüberlegen, daß er nicht zu dunkel wird.

Gleich nach dem Backen mit zerlassenem Butterschmalz bestreichen. Auf einem Gitter 1 Tag auskühlen lassen, dann in Folie oder Alu-Folie verpacken.

Der Stollen gewinnt an Geschmack, wenn er eine Woche alt ist.

Quarkstollen

125 g Butter
2 Eier
175 g Honig
Schale von 1 Zitrone, ungespritzt
100 g abgezogene Mandeln
10 bittere Mandeln
200 g Magerquark
150 g Sultaninen, ungeschwefelt
30 g Zitronat
30 g Orangeat

500 g Weizenvollkornmehl
1 Backpulver
1 MS Vollmeersalz
1 MS Vanille
1 MS Cardamon
1 MS Muskatblüte

zum Bestreichen:
30 g Butter

Aus Butter, Eiern und Honig eine Schaummasse rühren. Die abgeriebene Zitronenschale, die geriebenen Mandeln, den Magerquark, die Sultaninen und das feingeschnittene Zitronat und Orangeat dazugeben.

Das frisch gemahlene Weizenvollkornmehl mit den angegebenen Gewürzen mischen und unterrühren.

Den Teig kurz kneten, auf einer bemehlten Arbeitsfläche zu einem ovalen Teigstück ausrollen. Der Länge nach zusammenschlagen, Stollen formen und auf ein gefettetes, bemehltes Backblech legen.

Bei 180° ca. 55 Minuten, unterste Schiene, backen. Gleich nach dem Backen mit zerlassener Butter bestreichen.

Den Stollen einige Tage durchziehen lassen.

Nikolaus

700 g Honig
2 Eier
1 000 g Weizenvollkornmehl
1 Backpulver
2 Tl Zimt
1 gestrichener Tl Nelken

zum Verzieren:
halbierte Mandeln
Zitronat und Orangeat, im ganzen
Pinienkerne
halbierte Haselnüsse

Milch zum Bestreichen

Honig und Eier verrühren und in das frisch gemahlene, mit Backpulver und Gewürzen vermischte Weizenvollkornmehl geben, zusammenkneten und den Teig 1 Stunde ruhen lassen.

Mit dem Nudelholz ca. 1 cm dick auswellen, mit einem angefeuchteten Messer Nikolausschablone nachziehen, aufs gefettete und gemehlte Blech legen, mit Milch bestreichen und verzieren.

Backen bei 175° ca. 20 Minuten, mittlere Schiene.

Ergibt ca. 16 Nikolausfiguren.

Mütze:	halbierte Haselnüsse
Augen:	kleines Stück Orangeat
Sack:	halbierte, abgezogene Mandeln
Arm:	1 Scheibe Zitronat
Hand:	½ abgezogene Mandel
Rute:	Orangeat mit Pinien
Schuhe:	abgezogene Mandeln

Schaukelpferdchen

Aus demselben Teig wie für den Nikolaus kann man auch ein Schaukelpferdchen backen.

Man fertigt eine Schablone, legt diese auf den ausgewalkten Teig, schneidet das Pferdchen mit einem Messer aus und verziert es wie folgt:

Mähne:	halbierte Haselnüsse
Zügel:	Orangeatstreifen
Auge:	Zitronatstückchen
Sattel:	Pinien und 1 Scheibe Zitronat
Schwanz:	abgezogene halbierte Mandeln
Kufen:	abgezogene halbierte Mandeln und Zitronatscheibchen

Plätzchen

Anisplätzchen

2 Eier
200 g Honig
1 MS Vanille
200 g Weizenvollkornmehl
3 Tl Anis, ganz

Die Eier mit Honig und Vanille schaumig rühren, ca. 10 Minuten mit dem Elektroquirl, bis eine dicke, cremige Masse entsteht. Das frisch gemahlene Weizenvollkornmehl und den Anis unterziehen. Auf ein gefettetes, gemehltes Blech mit dem Eß- oder Teelöffel Häufchen setzen, die etwas auseinanderlaufen.

Über Nacht trocknen lassen und bei 175°, mittlere Schiene, ca. 15 Minuten im vorgeheizten Ofen backen.

Ergibt ca. 12 große Plätzchen oder 36 kleine, auf 1 Blech passend.

Vollkorn-Cookies

75 g Butter
100 g Honig
1 Ei
1 MS Vanille
100 g Weizenvollkornmehl
1 MS Vollmeersalz
$^1/_2$ Tl Natron
40 g Haselnußkerne
75 g Bitterschokolade

Butter und Honig schaumig rühren, Ei, Vanille, das frisch gemahlene Weizenvollkornmehl, Vollmeersalz und Natron unter Rühren zugeben, die gehackten Haselnüsse und die geraspelte Schokolade daruntermischen.

Auf ein gefettetes Blech mit einem Teelöffel kleine Häufchen in großem Abstand setzen. Im vorgeheizten Ofen bei 175° ca. 10 Minuten auf der 2. Schiene von unten backen. Sofort vom Blech lösen und auf einem Gitter auskühlen lassen.

Ergibt ca. 30 Plätzchen (2 Bleche).

Vollkornspritzgebäck

175 g Butter
1 Ei
125 g Honig
1 MS Vanille
75 g Mandeln
250 g Weizenvollkornmehl

Butter, Ei und Honig cremig rühren. Vanille, fein geriebene Mandeln und das frischgemahlene Weizenvollkornmehl dazurühren.

Einen Spritzbeutel oder eine Garnierspritze mit einer großen Sterntülle versehen, den Teig einfüllen und auf ein gefettetes Blech S-Formen oder Kränzchen spritzen. Man kann auch jeden anderen Buchstaben spritzen und diese dann zu Namen zusammensetzen. Dies ist besonders bei Kindereinladungen sehr beliebt.

Bei 175°, mittlere Schiene, 15 Minuten backen

Die angegebene Menge ergibt 2 Bleche Buchstaben.

Vollkornwaffeln

50 g Butter
100 g Honig
2 Eidotter
300 g Weizenvollkornmehl
2 Tl Zimt
1 MS Nelken
Schale von 1 Zitrone, ungespritzt
1 Tl Backpulver
$\frac{1}{2}$ l Milch
2 Eischnee

Butter, Honig und Eidotter sahnig rühren. Das frischgemahlene Weizenvollkornmehl mit Zimt, Nelken, abgeriebener Zitronenschale und Backpulver vermengen. Dieses nach und nach mit der Milch darunterrühren. Zum Schluß den Eischnee unterziehen.

Das heiße Waffeleisen mit einem Pinsel leicht einbuttern, 1 Schöpfer des Teiges in die Mitte geben und das Gerät schließen. Den Temperaturregler ziemlich niedrig einstellen, damit die Waffeln nicht zu dunkel werden. Eine Kontrollampe zeigt an, wann die Waffel fertig ist, nach ca. 2–3 Minuten.

Die angegebene Menge ergibt 10–12 Waffeln.

Spezialitäten für Sommerfeste, Kirchweih, Kindergeburtstag

Kirchweihherzen

Der Teig ist der gleiche, aus dem in der Weihnachtszeit der Nikolaus gebacken wird (siehe Seite 134).

Man walkt ihn knapp 1 cm dick aus, legt ein vorgefertigtes, bemehltes Pappherz darauf und schneidet dieses aus. Auf ein gefettetes, bemehltes Blech legen und verzieren.

Um den Rand werden halbe Haselnüsse gelegt. In die rechte und linke Ecke und in die Herzspitze wird eine Blume aus halbierten Mandeln, mit Zitronat als Mittelpunkt, gelegt. Den Namen legt man mit Pinienkernen quer über die Mitte. Mit dem Apfelausstecher noch ein Loch ausstechen zum Durchziehen eines roten Bandes. Backzeit siehe Nikolausrezept.

Rand: halbierte Haselnüsse
Blumen: Zitronatscheibchen und abgezogene, halbierte Mandeln
Name: Pinienkerne

Kirchweihkränzchen

Teig s. Rezept für Kirchweihküchle (S. 140).

Den gegangenen Teig zu einer Rolle formen und in 20 Stücke schneiden. Die Teigstücke zu 30 cm langen Rollen auslängen und 2 Rollen spiralenförmig umeinanderdrehen. Zu einem Kränzchen zusammenfügen. Das Rezept ergibt 10 Kränzchen.

Auf ein gefettetes, bemehltes Backblech legen, 1 Eidotter mit 1 Tl Milch verrühren und die Kränzchen damit bestreichen.

Bei 175°, mittlere Schiene, ca. 25–30 Minuten backen.

Die Kränzchen werden mit einem roten Band um einen mit Kreppapier umwickelten Stecken, zusammen mit bunten Kreppapierbändern, an der Spitze des Stabes aufgehängt.

Geburtstagsblumen

Aus dem Teig, aus dem in der Weihnachtszeit der Nikolaus gebacken wird (siehe Seite 134), kann man für den Kindergeburtstag Blumen backen.

Man walkt den Teig knapp 1 cm dick aus, legt eine Blumenschablone auf den Teig und schneidet mit einem Messer entlang der Schablone. Die Blume legt man auf ein gefettetes, bemehltes Blech und verziert sie mit abgezogenen Mandeln, Zitronat und Haselnüssen (siehe Schablone und Foto im Bildteil). Backzeit siehe Nikolausrezept (S. 134).

In die fertige, noch warme Blume kann vorsichtig ein Holzstiel eingeschoben werden.

Kirchweihküchle

750 g Weizenvollkornmehl
⅛ l Milch
40 g Hefe

⅛ l Milch
25 g Butter
1 MS Vollmeersalz
125 g hellen Honig
1 Ei
Saft und Schale von 1 Zitrone, ungespritzt
3 El Rum, 40%ig

zum Ausbacken:
ca. 1000 g Butterschmalz oder Butterfett

Das frisch gemahlene Weizenvollkornmehl in eine Schüssel geben, eine Vertiefung drücken und darin die in lauwarmer Milch aufgelöste Hefe mit etwas Mehl zu einem dicklichen Brei rühren, mit Mehl bestäuben und ca. 15 Minuten gehen lassen.

In der lauwarmen Milch die Butter zerfließen lassen, Vollmeersalz, Honig und Ei dazurühren und dieses sowie die abgeriebene Zitronenschale, den -saft und den Rum zum gegangenen Vorteig gießen. Von der Mitte aus mit dem Mehl vermengen, dann alles gut durchkneten, bis der Teig geschmeidig ist. In einer bemehlten Schüssel an einem warmen Ort ca. 1 Stunde gehen lassen.

Den Teig nun nochmals durchkneten, auf einer leicht bemehlten Arbeitsfläche 3–4 mm dick auswalken und mit dem Teigrädchen Vierecke ausrädeln. Diese, mit einem warmen Tuch bedeckt, ca. 10 Minuten gehen lassen.

In einem schmalen Topf das Fett erhitzen, die Teigstücke einlegen und auf beiden Seiten hell ausbacken. Während des Backens mit einem Löffel öfter das heiße Fett über die Küchle gießen. Wenn die Küchle zu dick ausgewalkt sind, gehen sie nicht auf.

Die fertigen Küchle herausnehmen und auf einem Gitter, das auf einem Backblech steht, abtropfen lassen.

Die Küchle können, leicht warm, eingefroren werden.

Die Menge ergibt ca. 15–20 Küchle, je nach Größe.

Schweinchen

Teig siehe Rezept für Kirchweihküchle (S. 140).

Den Teig 7–8 mm dick auswalken, die aus Pappe vorgefertigten Schweinchen auflegen und ausschneiden. Auf ein gefettetes, bemehltes Blech legen, 1 Eidotter mit 1 Tl Milch verrühren und die Schweinchen bestreichen, als Auge eine Korinthe eindrücken. Bei 175°, mittlere Schiene, ca. 20 Minuten hell backen, herausnehmen und im noch warmen Zustand verzieren:

Schnauze: 2 Nelken
Ohren: 1 Mandel
Schwänzchen: 1 Stück rote Plastikschnur mit Knoten

Die Teigmenge ergibt ca. 18 Schweinchen.

Vollkorn-Laugenbrezen

600 g Weizenvollkornmehl
40 g Hefe
$1/8$ l Wasser

1 gestrichener El Vollmeersalz
$1/4$ l Wasser

5 g Natron
1 l Wasser

zum Bestreuen:
Vollmeersalz

In das frisch gemahlene Weizenvollkornmehl eine Vertiefung drücken und die in $1/8$ l lauwarmem Wasser aufgelöste Hefe darin verrühren. 5 Minuten gehen lassen. Nach und nach das Wasser und das Vollmeersalz zugeben. Den Teig auf dem Tisch 10 Minuten gut durchkneten, eine Rolle formen und in 16 Teigstücke schneiden.

Die Teigstücke zu ca. 50 cm langen Rollen auslängen, möglichst in der Mitte dicker, an den Enden dünner und zu Brezen formen. Bis die letzten gedreht sind, sind die ersten gegangen.

Wasser mit Natron in einem flachen Topf zugedeckt zum Kochen bringen, 1–2 Brezen hineinlegen, nach $1/2$ Minute mit dem Schaumlöffel herausnehmen und aufs gefettete Blech legen. 8 Stück passen auf ein normales Blech. Mit grobem oder feinem Vollmeersalz bestreut in den vorgeheizten Backofen einschieben, 20–25 Minuten bei 225°, mittlere Schiene, backen.

Dieses Rezept ergibt 2 Bleche Brezen à 8 Stück.

Suppen, Saucen, Hauptgerichte

Suppen

Butterklößchensuppe

1 ½ l Wasser
1 Tl Vollmeersalz
2 Tl Vitam-Gemüsebrühe oder
  1 Suppengrün (frisch, tiefgekühlt oder getrocknet)
Frugola
90 g Butter
2 Eier
½ Tl Brechts Kräutersalz
125 g Semmelbrösel von Grahambrötchen
1 El gehackte Petersilie oder Schnittlauch

Wasser mit Vollmeersalz, Frugola und Suppengrün zum Kochen bringen. Butter glattrühren, Eier, Salz und Semmelbrösel dazu. Mit feuchten Händen kleine Klößchen formen (ergibt ca. 18–20 Stück).

In die kochende Suppe legen und 10 Minuten leicht kochen lassen.

Mit gehackter Petersilie anrichten.

Butternockerlsuppe

90 g Butter
2 kleine Eier
100 g Weizenvollkornmehl
½ Tl Vollmeersalz

Petersilie oder Schnittlauch

Brühe:
1½ l Wasser
1 Tl Vollmeersalz
1–2 Tl Frugola
1 Bund Suppengrün, klein gehackt, oder
2 Tl Vitam-Gemüsebrühe

Die weiche Butter glattrühren, Eier und Vollmeersalz dazugeben und das frisch gemahlene Weizenvollkornmehl darunterrühren.

In die kochende, gut abgeschmeckte Brühe die Klöße, mit einem Teelöffel abgestochen, hineingeben und 10 Minuten leicht kochen lassen.

Die Suppe in Tassen oder Tellern servieren und mit gehackter Petersilie oder Schnittlauch garnieren.

Champignoncremesuppe

250 g Champignons
1 l Wasser

3 El Weizenvollkornmehl (40 g)
⅛ l Wasser

½ Tl Vollmeersalz
1 gehäufter Tl Frugola
1 Tl Vitam-Gemüsebrühe
2 Eigelb
⅛ l Sauerrahm

1 Bund Schnittlauch

Die frischen Champignons gut waschen, fein scheibeln und in 1 l Wasser ca. 20 Minuten leicht kochen lassen.

Das frisch gemahlene Weizenvollkornmehl mit Wasser verrühren und in der Suppe 1 Minute mitkochen lassen. Von der Feuerstelle nehmen, mit dem Elektroquirl cremig rühren (einige Pilzstücke sollen jedoch in der Suppe ganz bleiben). Mit Vollmeersalz, Frugola und Vitam würzen.

Sauerrahm mit Eigelb verquirlen und unter die Suppe rühren.

Mit feingeschnittenem Schnittlauch anrichten.

Frischkornmüslis
mit Obst der Jahreszeit

Vorschlag für ein Frühstück
Frischkornmüsli · Frischkornmüsli mit gekeimtem Weizen · Tiroler Ostergebäck mit Butterröllchen

Verschiedene Vollkornbrote
Käsesnacks · Vollkorn-Toastbrot · Buttermilchbrot · Vollkornallerlei für den Brotkorb · Zwiebelbrot · Leinsamenbrot · Aniszopf · Sonnenblumenbrot · Laugenbrezen · Weizenvollkornbrot · Bauern-Vollkornbrot · Schusterbuben

Vorschlag für eine Kaffeetafel
Allgäuer Ananastorte · Frankfurter Kranz · Mohrenkuchen · Mohntaschen · Nußbeugerl

Ostergebäck (Foto oben)
Streuselosterhasen · Osterlämmchen · Kleine Osterhasen · Hefe-Ostergebäck

Weihnachtsgebäck (Foto unten, von links nach rechts)
Christstollen · Nikolaus · Schaukelpferdchen · Früchtebrot · Hutzelbrot · Honigpfefferkuchen

Weihnachtsplätzchen (Foto unten, von links nach rechts)
Mandelkränzchen · Lebkuchenschnitten · Wiener Nußplätzchen · Buttersterne · Husarenkrapfen · Ingwerherzen · Haselnußplätzchen · Haselnußringe · Pfeffernüsse · Spitzbuben · Mandelplätzchen · Nußprinten · Kokosberge · Basler Leckerli · Zitronenlaibchen · Linzer Teigkranzerl · Mandelmohrchen · Gefüllte Lebkuchen

Backwaren zum Kirchweihfest
Kirchweihherzen und -blumen · Kirchweihkränzchen und -küchle · Schweinchen

Vorschlag für ein Mittagessen
Prinzeß-Tomate · Spargel · Schwemmklöße · Französische Mayonnaise · Melone mit Kirschsahne

Vorschlag für ein Abendessen
Tomaten gefüllt mit Rettich · Pikante Torte · Krautsalat Max und Moritz · Vollkornallerlei für den Brotkorb

Chinesische Eierblumensuppe

300 g Champignons
1 El Sojasauce
1 El Weißwein
Diäsan
1 Stange Lauch
1 l Wasser
1 Tl Vollmeersalz
2 Tl Frugola
1 Salatgurke, roh (ca. 500 g)
1 El Weizenvollkornmehl

Eierblumen:
3 Eier
3 El Milch
1 MS Selleriesalz
1 Bund Schnittlauch
Diäsan

Die Pilze waschen und je nach Größe halbieren oder vierteln. Sojasauce und Weißwein mischen und die Pilze unter mehrmaligem Wenden ca. 15 Minuten darin ziehen lassen.

Nun die Pilze und den feingeschnittenen Lauch in Diäsan dünsten, ca. 10 Minuten, 1 l warmes Wasser aufgießen und mit Vollmeersalz und Frugola würzen.

In die kochende Suppe die in $1/2$ cm dicke Scheiben geschnittene, ungeschälte Gurke geben und alles ca. 15 Minuten kochen lassen.

Das Weizenvollkornmehl, mit etwas Wasser angerührt, dazugeben. Die Eier mit Milch, Selleriesalz und feingeschnittenem Schnittlauch in einer Pfanne in Diäsan stocken lassen, mit einem Ausstechförmchen Blumen ausstechen und beim Anrichten auf die Suppe geben.

Einlaufsuppe

$3/4$ l Wasser
Vollmeersalz
Frugola
1 gehäufter Tl Vitam-Gemüsebrühe

3 El Weizenvollkornmehl und
$1/8$ l Wasser
1 Ei
Petersilie
10 g Butter

Wasser mit Salz, Frugola und Vitam-Gemüsebrühe zum Kochen bringen.

Das frisch gemahlene Weizenvollkornmehl mit etwas kaltem Wasser glattrühren, Ei dazu und mit dem Schneebesen verschlagen. Dieses ins kochende Wasser rühren und Topf von der Herdplatte nehmen.

Ergibt 4 Tassen Suppe.

In jede Tasse ein kleines Stück Butter geben, Suppe daraufgießen und mit gehackter Petersilie bestreuen.

Französische Zwiebelsuppe

500 g Zwiebeln
65 g Butter
1 l Wasser
Vollmeersalz
Vitam-R
Frugola
Pfeffer
3 Grahambrötchen
Diäsan
125 g Emmentaler

Zwiebeln in Scheiben schneiden, in Butter glasig dünsten, mit Wasser aufgießen und mit Salz, Vitam-R, Frugola und Pfeffer abschmecken. $\frac{1}{2}$ Stunde leicht kochen lassen.

Die Grahambrötchen würfeln und in Diäsan leicht rösten, Emmentaler reiben.

Die Suppe in Suppentassen verteilen oder in eine feuerfeste Form geben, die Brotwürfel daraufgeben, den Käse darüberstreuen und ca. 3 Minuten unter dem Grill oder 10 Minuten bei 230°, mittlere Schiene, überbacken.

Jägersuppe

1 l Wasser
125 g Grünkern
$\frac{1}{4}$ l Wasser

1 Eigelb
4 El Sahne
25 g Butter
1 Tl Vollmeersalz
1 gehäufter Tl Frugola
2 El Sojasauce
1 El gehackte Petersilie

Wasser zusetzen, Grünkern mehlfein schroten, mit $\frac{1}{4}$ l Wasser anrühren und in das kochende Wasser einrühren. 1 Minute kochen lassen und vom Feuer nehmen.

Eigelb, Sahne und Butter darunterrühren, mit den angegebenen Gewürzen abschmecken und mit Petersilie bestreuen.

Kerbelsuppe

1 Bund Kerbel
1 kleine Zwiebel
$\frac{3}{4}$ l Wasser
1 Tl Vitam-Gemüsebrühe
1 Tl Frugola

50 g Weizenvollkornmehl
$\frac{1}{8}$ l Wasser

1 kleines Ei
$\frac{1}{8}$ l Sauerrahm
1 Bund Kerbel

Einen Bund Kerbel fein hacken, die Zwiebel fein schneiden und mit Wasser, Gemüsebrühe und Frugola zusetzen. 5 Minuten kochen lassen.

Das frischgemahlene Weizenvollkornmehl mit Wasser glattrühren, zur Suppe geben und nochmals aufkochen lassen.

Das Ei glatt schlagen, mit Sauerrahm und dem zweiten Bund Kerbel, feingehackt, vor dem Servieren unter die Suppe ziehen.

Holländische Lauchsuppe

300 g Lauch, netto
1 l Wasser
½ Tl Vollmeersalz
1 Tl Frugola
1 Tl Vitam-Gemüsebrühe

1 MS Cayennepfeffer
½ gestrichener Tl Curry
50 g geriebener Gouda

3 Eier
Diäsan
1 Bund Schnittlauch

Den Lauch putzen, der Länge nach halbieren, sorgfältig waschen und in feine Streifen schneiden.

Mit Wasser zusetzen, mit Vollmeersalz, Frugola und Vitam-Gemüsebrühe würzen und ca. 20 Minuten leicht kochen. Von der Feuerstelle nehmen und mit Cayennepfeffer, Curry und geriebenem Gouda den Geschmack abrunden.

Die Eier verquirlen und in einer Pfanne in Diäsan ganz kurz als leichte Rühreier ausbacken. In die Suppentassen verteilen und die heiße Suppe darübergeben, mit feingeschnittenem Schnittlauch garnieren.

Kohlrabicremesuppe

600 g Kohlrabi, netto
200 g Karotten, netto
300 g Kartoffeln, netto
1 Bund Petersilie mit Wurzeln

1 l Wasser
2 gehäufte Tl Frugola
1 gehäufter Tl Brechts Kräutersalz

2 gehäufte El Weizenvollkornmehl und ⅛ l Wasser
2 El gehackte Petersilie
25 g Butter

Das geschälte, geschnittene Gemüse sowie 1–2 kleingeschnittene Petersilienwurzeln in 1 l Wasser mit Frugola und Kräutersalz ca. 30 Minuten kochen lassen.

Das frisch gemahlene Weizenvollkornmehl, in Wasser angerührt, dazugeben, aufkochen lassen und von der Kochstelle nehmen. Die Suppe mit dem Mixer fein pürieren oder durch ein Sieb rühren.

Die feingehackte Petersilie unterziehen und ein Stück Butter darin zerfließen lassen.

Mit Käsesnacks oder Zwiebelbrot gereicht, ergibt diese Suppe eine vollständige Mahlzeit.

Reissuppe Calcutta

20 g Diäsan
1 große Zwiebel
100 g Naturreis

1 Tl Curry
1 l Wasser
¼ l Milch
2 Tl Frugola
1 Tl Vollmeersalz

1 Banane
1 Eigelb
1 Tl Honig
100 g Tilsiter

50 g Butter
40 g gehobelte Mandeln

Die feingeschnittene Zwiebel und den Reis unter ständigem Rühren in Diäsan glasig dünsten, ca. 7–10 Minuten. Curry kurz mitdünsten und mit Wasser und Milch aufgießen. Frugola und Vollmeersalz dazugeben und ca. 45 Minuten kochen lassen.

Die Banane mit einer Gabel fein zerdrücken, Eigelb und Honig dazurühren, den Käse fein reiben und die gehobelten Mandeln goldgelb rösten.

Die Suppe von der Kochstelle nehmen, den Bananenbrei und den geriebenen Käse unterziehen und mit gerösteten Mandeln bestreut servieren.

Sagosuppe (Perltapioka)

1 l Wasser
etwas Suppengrün (getrocknet, frisch oder gefroren)
½ Tl Vollmeersalz
1 Tl Frugola
1 Tl Vitam-Gemüsebrühe
70 g Sago
1 Ei
Petersilie oder Schnittlauch

Wasser mit Suppengrün, Vollmeersalz, Vitam-Gemüsebrühe und Frugola zusetzen.

In die kochende Brühe den Sago einlaufen lassen und 20 Minuten leicht kochen lassen. Dann ein gut abgeschlagenes Ei unterziehen und mit Schnittlauch oder Petersilie anrichten.

Nach Belieben noch ein Stückchen Butter dazugeben.

Selleriecremesuppe

300 g Sellerie, netto
1 l Wasser

30 g Weizenvollkornmehl
¹/₈ l Wasser

1–2 Tl Frugola
1 Tl Vitam-R
1 gestrichener Tl Vollmeersalz
1 Eidotter
4 El Sahne
15 g Butter
2 El gehackte Petersilie

Den geputzten Sellerie kleinschneiden und mit Wasser ca. 20–30 Minuten kochen.

Das frisch gemahlene Weizenvollkornmehl, mit Wasser angerührt, in die kochende Suppe rühren, 1 Minute kochen lassen, dann von der Feuerstelle nehmen.

Mit dem Mixer die Suppe pürieren, mit Frugola, Vitam und Vollmeersalz würzen. Eidotter, Sahne und Butter unterrühren, mit gehackter Petersilie anrichten.

Spanische Tomatensuppe

¹/₂ l Wasser
¹/₂ Tl Brechts Kräutersalz
2 gehäufte Tl Frugola

60 g Weizenvollkornmehl
¹/₈ l Wasser

500 g Tomaten
2 El Zitronensaft
1 Tl Honig
1 Zwiebel
1 Prise Pfeffer

Einlage:
150 g Paprika
250 g Tomaten
50 g Zucchini
2 Grahambrötchen, 1 Tag alt
Diäsan

In das kochende, mit Kräutersalz und Frugola gewürzte Wasser rührt man das frisch gemahlene Weizenvollkornmehl, angerührt mit ¹/₈ l Wasser. 1 Minute kochen lassen.

Die Tomaten kurz ins kochende Wasser tauchen, die Haut abziehen und mit Zitronensaft, Honig, Zwiebel und Pfeffer mixen. Diesen Tomatensaft unter die Suppe rühren, nicht mehr kochen lassen.

Für die Einlage die Paprika und Zucchini fein hobeln, dann fein würfeln, die abgezogenen Tomaten ebenfalls fein würfeln. Die Grahambrötchen gewürfelt in einer Pfanne in Diäsan leicht rösten.

Die Einlage in den Tellern oder Suppentassen verteilen und mit der Suppe übergießen.

Spargelsuppe

250 g Suppenspargel, netto
1 Tl Vollmeersalz
1–2 Tl Frugola
⁷/₈ l Wasser

40 g Weizenvollkornmehl
¹/₈ l Wasser

1 großes oder 2 kleine Eier
15 g Butter
1 El gehackte Petersilie

Den Spargel waschen, sauber schälen und in 1 cm große Stückchen schneiden. Mit dem Wasser, Vollmeersalz und Frugola zusetzen und 20 Minuten leicht kochen lassen.

Das frisch gemahlene Weizenvollkornmehl mit etwas Wasser verrühren, unter die Suppe rühren und 1 Minute kochen lassen. Von der Kochstelle nehmen.

Das Ei gut abschlagen und unter die Suppe rühren. Butter und gehackte Petersilie vor dem Servieren beigeben.

Spargelsuppe, legiert

200 g Spargel, netto
1 l Wasser
1 Tl Vollmeersalz
1 Tl Frugola

50 g Demeter-Grieß mit Schalenteilen
1 Ei
5 g Butter
Schnittlauch

Den Spargel sorgfältig von oben nach unten schälen, in kleine Stückchen schneiden und mit Wasser, Vollmeersalz und Frugola zusetzen, 20–30 Minuten leicht kochen lassen.

Unter ständigem Rühren den Grieß einlaufen lassen und 2 Minuten kochen.

Von der Kochstelle nehmen, das verquirlte Ei unterziehen, ein Stückchen Butter darin zerlaufen lassen und mit Schnittlauch bestreut reichen.

Suppe mit selbstgemachten Nudeln

Nudeln:
200–225 g Weizenvollkornmehl, je nach Eiergröße
2 Eier
1 gestrichener Tl Vollmeersalz

Brühe:
2 l Wasser
1 gehäufter Tl Vollmeersalz
2 Tl Frugola
2 Tl Vitam-Gemüsebrühe
1 Bund Suppengrün, kleingeschnitten
1 Bund Schnittlauch
10 g Butter

Von dem frisch gemahlenen Weizenvollkornmehl nimmt man 4 gehäufte El und verrührt sie in einer Schüssel mit den Eiern und Vollmeersalz.

Nun gibt man nach und nach etwas Weizenvollkornmehl dazu, daß ein geschmeidiger, nicht mehr klebender Teig entsteht.

Auf einer bemehlten Arbeitsfläche walkt man die Hälfte des Teiges ganz dünn aus. Wenn er klebt, vorsichtig mit einem langen Messer lösen und etwas Weizenvollkornmehl darunterstreuen. Der Teig soll so dünn werden wie ein Strudelteig.

Nun legt man den ausgewalkten Teig auf ein sauberes Geschirrtuch und läßt ihn trocknen (ca. 2 Stunden). Zwischendurch muß der Teig gewendet werden. Mit der anderen Teighälfte verfährt man ebenso.

Dann wird der trockene Teig zusammengerollt, einmal der Länge nach durchgeschnitten und dann in feine Streifen geschnitten.

In die kochende, gut abgeschmeckte Brühe geben und 10 Minuten leicht kochen, 10 Minuten quellen lassen.

Mit Schnittlauch bestreuen und mit einem Stückchen Butter servieren.

Man kann auch die geschnittenen Nudeln noch etwas nachtrocknen und ein paar Tage aufheben.

Tomatensuppe mit Goldwürfeln

1000 g Suppentomaten, netto
gut ½ l Wasser
2 gestrichene Tl Vollmeersalz

Schale von ½ Zitrone, ungespritzt

Goldwürfel:
2 Grahambrötchen, 1 Tag alt
2 Eier
2 El Milch
Vollmeersalz
Diäsan

Die grob zerschnittenen Tomaten mit Wasser und Vollmeersalz ca. 10 Minuten kochen. Anschließend durch ein Sieb passieren, daß nur noch Haut und Kerne im Sieb verbleiben.

Die Schale einer halben Zitrone 10 Minuten in der Suppe ziehen lassen.

Brötchen in Würfel schneiden, Eier, Milch und Salz verquirlen und die Würfel darin wenden. In der Pfanne in Diäsan ausbacken.

In Suppentassen oder -tellern verteilen und mit heißer Suppe übergießen.

Mit gehackter Petersilie bestreuen und sofort servieren.

Im Winter kann man die Tomatensuppe aus Tomatenmark zubereiten:

Tomatensuppe mit Goldwürfeln

1 Dose Eden Tomatenmark
  (165 g)
1¼ l Wasser
1 Tl Vitam-Gemüsebrühe
½ Tl Vollmeersalz
½ Tl Frugola
1 Tl gehackte Petersilie

Goldwürfel:
2 Grahambrötchen, 1 Tag alt
2 Eier
2 El Milch
Vollmeersalz
Diäsan

Tomatenmark mit Wasser und Gewürzen zusetzen und aufkochen lassen. Brötchen in Würfel schneiden, Eier, Milch und Salz verquirlen und die Würfel darin wenden. In der Pfanne in Diäsan ausbacken.

In Suppentassen oder -tellern verteilen und mit heißer Suppe übergießen.

Mit gehackter Petersilie bestreuen und sofort servieren.

Eintopfgerichte

Bergsteigeressen

500 g geschälte halbe Erbsen
1 ½ l Wasser
2 Bund oder 4 El getrocknetes Suppengrün

30 g Weizenvollkornmehl
¼ l Wasser
1 gehäufter Tl Kräutersalz
2 gehäufte Tl Frugola
1 El Sojasauce

1 Dose Sojawürstchen von Granovita

Erbsen über Nacht in 1 ½ l Wasser einweichen. Am nächsten Tag mit feingeschnittenem Suppengrün zusetzen. Kochzeit ca. 45–50 Minuten auf kleinster Flamme.

Hülsenfrüchte immer in einem großen Topf kochen, um das Überlaufen zu vermeiden.

Wenn die Erbsen zerfallen, das frisch gemahlene Weizenvollkornmehl mit Wasser glattrühren und in die Suppe geben, 1 Minute kochen lassen. Nun mit Kräutersalz, Frugola und Sojasauce würzen.

Nach Belieben die Suppe etwas mit dem elektrischen Mixer pürieren. Sojawürstchen hineinlegen und 15 Minuten ziehen lassen.

Fränkischer Bohnentopf

500 g grüne Bohnen, netto
400 g Kartoffeln, netto
250 g Karotten, netto
75 g Zwiebeln
2 Knoblauchzehen
1½ l Wasser
1 Tl Vollmeersalz
2 Tl Frugola

40 g Weizenvollkornmehl
3 El Sojasauce
2 El frisches Bohnenkraut

20 g Butter oder Diäsan

Die Bohnen fein schneiden, die Kartoffeln, Knoblauch und Zwiebeln würfeln, die Karotten scheibeln und mit Wasser, Vollmeersalz und Frugola ca. 30 Minuten kochen.

Das frisch gemahlene Weizenvollkornmehl, mit etwas Wasser verrührt, dazugeben und kurz aufkochen lassen. Mit Sojasauce und feingeschnittenem Bohnenkraut würzen, ein Stückchen Butter darin zerlassen.

Man kann dazu Sojawürstchen oder Käsesnacks reichen.

Gersteneintopf

250 g Gerste
1 l Wasser

800 g Gemüse, netto
z. B.: Lauch, Sellerie, Karotten, Kraut, grüne Bohnen, Erbsen (keine Kartoffeln)
1 Lorbeerblatt
3 Wacholderbeeren
2 Nelken, in eine Knoblauchzehe gesteckt
1 l Wasser
1 Tl Kräutersalz
2 Tl Frugola
1 gehäufter Tl Vitam-Gemüsebrühe

2 El Sojasauce
20 g Butter
2 Bund Schnittlauch

Die Gerste in einem Sieb waschen, über Nacht einweichen und anderntags 30 Minuten im Einweichwasser kochen.

Das Gemüse, das die Jahreszeit bietet, kleinschneiden und mit den angegebenen Gewürzzutaten und der Gerste 30 Minuten leicht kochen.

Mit Sojasauce abschmecken, Butter unterrühren und mit Schnittlauch bestreut reichen.

Hotch-Potch

200 g Weizenkörner
1 ¼ l Wasser
800 g Gemüse, netto, der Jahreszeit, z. B. Karotten, Blumenkohl, Kohlrabi, Weißkohl, Erbsen etc. (keine Kartoffeln)
2 Knoblauchzehen
Petersilienwurzel
1 Dose Eden Tomatenmark, 165 g
1 Dose Kräutertartex, 125 g

1 Tl Selleriesalz
2 Tl Frugola
2 El Sojasauce
1 Tl Majoran
1 Tl Estragon
1 MS Rosmarin, gemahlen
1 MS Basilikum, gemahlen
1 Zwiebel

300 g Tomaten
1 Bund Petersilie

Der Weizen wird in einem Sieb gewaschen und über Nacht eingeweicht. Anderntags wird er im Einweichwasser 30 Minuten gekocht. Dazu gibt man das kleingeschnittene Gemüse, die Knoblauchzehen und Petersilienwurzeln, fein geschnitten, das Tomatenmark und die Tartex. Dies kocht man nochmals ca. 30 Minuten.

Danach würzt man mit allen angegebenen Gewürzzutaten, reibt die Zwiebel hinein, unterzieht die würflig geschnittenen Tomaten und die feingehackte Petersilie.

Bei Tisch reicht man noch kaltgeschlagenes Öl und Parmesankäse dazu.

Irish Stew

100 g Hensels Sojafleischwürfel
½ l Wasser
2 Tl Frugola

500 g Kartoffeln, netto
700 g Weißkraut, netto
125 g Zwiebeln
Diäsan
Vollmeersalz
Pfeffer
Kümmel

½ l Wasser
1 Tl Frugola
2 Tl Vitam-Gemüsebrühe

Das Sojafleisch in ½ l heißem Wasser, gewürzt mit Frugola, 15 Minuten einweichen.

Die Zwiebeln in Diäsan glasig dünsten, das Weißkraut fein hobeln, die Kartoffeln klein würfeln.

Einen gut schließenden Topf mit Diäsan fetten und lagenweise das Weißkraut, die Kartoffeln, das Sojafleisch und die Zwiebeln einschichten und auf jede Schicht etwas Vollmeersalz, Pfeffer und Kümmel streuen.

½ l Wasser mit Frugola und Vitam-Gemüsebrühe verrühren und darübergießen. Bei geschlossenem Topf und kleiner Hitze etwa 30–40 Minuten dämpfen lassen, nicht umrühren.

Lauchsuppe

500 g Lauch
600 g Kartoffeln
1½ l Wasser
1 Tl Brechts Kräutersalz
1 Tl Vitam-Gemüsebrühe
2 Tl Frugola
½ Dangawurst, vegetarisch

40 g Weizenvollkornmehl und
⅛ l Wasser
20 g Butter

Lauch gut waschen, fein schneiden, Kartoffeln klein würfeln und mit Wasser, der feingeschnittenen Dangawurst und den Gewürzen zusetzen. 30–40 Minuten leicht kochen lassen.

Das frisch gemahlene Weizenvollkornmehl, mit etwas Wasser verrührt, dazugeben, 1 Minute kochen lassen.

Die Suppe mit einem Stückchen Butter servieren.

Linsentopf

500 g Linsen
gut 1½ l Wasser
1–2 Bund Suppengrün
½ Dangawurst, vegetarisch

40 g Weizenvollkornmehl und
⅛ l Wasser
Vollmeersalz
2 Tl Frugola
1 El Natura-Senf
ca. ⅛ l Obstessig (Apfel)

Nach Belieben Sojawürstchen
 dazu

Die Linsen werden über Nacht eingeweicht und am nächsten Tag mit dem feingeschnittenen Suppengrün und der Dangawurst weichgekocht. Garzeit: ca. 45 Minuten.

1 gehäufter El Weizenvollkornmehl, mit etwas Wasser vermengt, dazurühren und 1 Minute aufkochen lassen. Nun mit Vollmeersalz, Frugola, Senf und Obstessig pikant würzen. Sojawürstchen mit der Sauce dazugeben und 10 Minuten durchziehen lassen.

Dazu reicht man Kartoffelcroquetten und rohes, unpasteurisiertes Sauerkraut.

Minestrone

100 g Hensels Sojafleischwürfel
½ l Wasser
2 gehäufte Tl Frugola

100 g frische Erbsen
200 g Karotten
300 g grüne Paprikaschoten
200 g grüne Bohnen
100 g Lauch
100 g Sellerie
1 große Zwiebel
1 Knoblauchzehe

1 gehäufter Tl Vitam-
  Gemüsebrühe

knapp ¾ l Wasser
2 Tl Frugola

200 g Vollkornspaghetti

½ Tl Brechts Picata
2 El gehackte Petersilie
300 g Tomaten
Parmesankäse

Das Sojafleisch 15 Minuten in ½ l warmem mit Frugola gewürztem Wasser einweichen.

Das geputzte, geschnittene Gemüse mit dem Sojafleisch in das mit Frugola und Vitam-Gemüsebrühe gewürzte Wasser geben und ca. 20 Minuten leicht kochen lassen.

Die Vollkornspaghetti extra kochen, zum Gemüse geben und vorsichtig unterheben. Mit Picata abschmecken. Die gehackte Petersilie und die würflig geschnittenen Tomaten zuletzt unterheben.

Bei Tisch Parmesankäse darüberstreuen.

Zubereitung von Vollkorn-Spaghetti siehe Seite 210.

Nockerl-Gemüsetopf

800 g gemischtes Gemüse, netto
  z. B.: Karotten, Lauch, Sellerie, Blumenkohl, Spargel, Bohnen o. ä.
2 l Wasser
2 gestrichene Tl Vollmeersalz
2 Tl Frugola
1 Tl Vitam-Gemüsebrühe

60 g Butter
2 Eier
150 g Demeter-Grieß mit Schalenteilen
½ Tl Brechts Kräutersalz
1 El gehackte Petersilie

1 Bund Schnittlauch

Das geputzte, zerkleinerte Gemüse mit Wasser, Vollmeersalz, Frugola und Vitam-Gemüsebrühe zusetzen und ca. 10 Minuten kochen lassen.

Die Butter glattrühren, die Eier, das Kräutersalz und die Petersilie dazugeben und den Grieß einrühren. Einige Minuten ziehen lassen. Mit 2 Teelöffeln Nockerln formen und in die kochende Suppe legen. 15–20 Minuten leise kochen lassen.

Mit feingeschnittenem Schnittlauch anrichten.

Pichelsteiner

500 g Kartoffeln, netto
350 g Karotten, netto
150 g Lauch, netto
200 g Erbsen, netto
250 g Sellerie, netto
125 g Zwiebeln
2 Knoblauchzehen

1 El kaltgeschlagenes Öl
Kräutersalz
Pfeffer

100 g Hensels Sojafleischwürfel
2 Tl Frugola
½ l Wasser

¾ l Wasser
2 Tl Frugola
2 Tl Vitam-Gemüsebrühe

1 Bund Schnittlauch oder Petersilie

Das Sojafleisch in warmes, mit Frugola gewürztes Wasser 10 Minuten einweichen.

Die Kartoffeln würfeln, Karotten, Lauch und Sellerie fein scheibeln, Zwiebeln und Knoblauch fein schneiden.

Einen gut schließenden Topf mit Öl auspinseln und lagenweise das Gemüse und das Sojafleisch einschichten und auf jede Schicht etwas Kräutersalz, Pfeffer, Zwiebeln und Knoblauch streuen.

Warmes Wasser, einschließlich Einweichwasser vom Sojafleisch, mit Frugola und Vitam-Gemüsebrühe verrühren und über das Gemüse gießen. Bei geschlossenem Topf etwa 45–60 Minuten dämpfen lassen. Nicht umrühren.

Bei Tisch mit Schnittlauch bestreuen.

Schwäbischer Gemüsetopf

300 g Karotten
125 g Sellerie
200 g Lauch
125 g Wirsing oder Weißkraut
150 g Markerbsen, frisch oder tiefgekühlt
1 l Spätzlekochwasser
2 Tl Frugola
1 gestrichener Tl Kräutersalz
je 3 Wacholderbeeren, Pfeffer- und Pimentkörner
1 Knoblauchzehe, in die man 2 Nelken steckt
1 Lorbeerblatt
1 kleines Döschen Eden Tomatenmark (165 g)
1 Tl Vitam-R
½ Menge der Vollkornspätzle (siehe extra Rezept)
1 Bund Petersilie
125 g Emmentaler

Das Gemüse wird nicht zu grob zerkleinert und im Spätzlekochwasser mit Frugola, Kräutersalz und sämtlichen Gewürzzutaten ca. 30 Minuten leicht gekocht, mit Tomatenmark und Vitam-R pikant abgeschmeckt.

Dann fügt man die fertigen Spätzle hinzu und läßt alles kurze Zeit durchziehen. Vor dem Anrichten mit gehackter Petersilie überstreuen.

Am Tisch mit geriebenem Emmentaler bestreuen.

Der Eintopf soll nicht so flüssig sein, daß er in Suppentellern gegessen werden muß.

Serbische Bohnensuppe

500 g weiße Bohnen
1 ½ l Wasser

250 g Zwiebeln
2 Peperoni
1 Knoblauchzehe
1 Bund Suppengrün
1 gehäufter Tl Diäsan

1 Döschen Eden Tomatenmark (165 g) und ⅛ l Wasser
1 Tl Vollmeersalz
1 Tl süßer Paprika
½ Tl Bohnenkraut
1 Tl Frugola
½ Tl Majoran
1 Dangawurst, vegetarisch
1 El Sojasauce

150 g Tomaten
4 El Sauerrahm

Bohnen über Nacht einweichen, dann ca. 1 Stunde leicht kochen lassen. Zwiebeln, Peperoni, Knoblauch und Suppengrün kleinschneiden, in Diäsan glasig dünsten und die weichen Bohnen dazugeben. Tomatenmark mit etwas Wasser darunterrühren und mit Vollmeersalz, Paprika, Bohnenkraut, Frugola, Majoran, der feingeschnittenen Dangawurst und Sojasauce würzen und nochmal kurz aufkochen lassen.

Vor dem Servieren die abgehäuteten, gewürfelten Tomaten und den Sauerrahm dazugeben und ganz kurz quirlen.

Saucen

Cumberlandsauce

2 El Natura Kräutersenf
3 El kaltgeschlagenes Olivenöl
3 El Marmelade aus frischen Johannisbeeren (Seite 244)
1 MS Vollmeersalz
Schale von ½ Zitrone, ungespritzt

Das kaltgeschlagene Olivenöl tropfenweise in den Kräutersenf rühren und ständig weiterrührend die Marmelade dazugeben. Mit Vollmeersalz und abgeriebener Zitronenschale abschmecken.

Cumberlandsauce paßt gut zu rohem Spargel, rohem Blumenkohl oder hartgekochten Eiern.

Französische Mayonnaise

3 Eier, getrennt
¼ l kaltgeschlagenes Sonnenblumenöl
1 kleine Knoblauchzehe
1 gestrichener Tl Vitam-R
1 Tl Sojasauce
Kräutersalz
2 El gehackte Petersilie

Die Eidotter in einer Rührschüssel mit dem Schneebesen cremig rühren. Unter ständigem Rühren langsam das Öl dazugießen (in ca. 5–7 Minuten!). Nun ist die Mayonnaise fertig und wird mit Vitam-R, Kräutersalz, Sojasauce und feingeschnittener Knoblauchzehe gewürzt. Das Eiweiß zu Schnee schlagen und darunterheben, gehackte Petersilie dazugeben.

Wenn die Mayonnaise gerinnt, nochmals 1 Eidotter cremig rühren und langsam das Geronnene dazurühren.

Diese Mayonnaise eignet sich besonders zu gedünsteten Artischocken, welche in diese gestippt werden.

Ebenso eignet sie sich vorzüglich zu gedünstetem Spargel mit Schwemmklößchen.

Kapernsauce

½ l Wasser
50 g Weizenvollkornmehl
⅛ l Wasser

2 El Sauerrahm
1 Eidotter
2 El Kapern
2 El Petersilie
1 Tl Frugola
1 Tl Vitam-R

Das frisch gemahlene Weizenvollkornmehl, mit Wasser angerührt, in das kochende Wasser geben, aufkochen lassen und von der Feuerstelle nehmen.

Sauerrahm mit Eidotter, feingewiegten Kapern und Petersilie verrühren und unter die Sauce geben. Mit Frugola und Vitam-R abschmecken.

Käsesauce

½ l Wasser
50 g Weizenvollkornmehl
⅛ l Wasser

100 g Emmentaler
1 Eidotter
4 El Sauerrahm
1 Tl Vitam-R
1 Tl Frugola
½ Tl Vollmeersalz
1 Bund Schnittlauch

Das frisch gemahlene Weizenvollkornmehl mit ⅛ l Wasser anrühren und in das kochende Wasser rühren. 1 Minute kochen lassen und von der Feuerstelle nehmen. Den geriebenen Käse, Eidotter und Sauerrahm unterziehen und mit Vitam-R, Frugola, Vollmeersalz und Schnittlauch abschmecken.

Kräuter-Salatcreme

⅛ l Sahne
⅛ l Sauerrahm
2 MS Kräutersalz
2 El Kräutersenf
1 kleine Zwiebel
3–4 Bund verschiedene frische Kräuter, z. B. Estragon, Kresse, Melisse, Comfrey, Dill, Petersilie, Schnittlauch, Kerbel

Die Sahne steif schlagen und Sauerrahm, Salz, Senf, die feingeschnittene Zwiebel und die feingewiegten Kräuter unterziehen.

Verschiedene Salate der Jahreszeit werden zerschnitten, gehobelt oder geraspelt, auf Salatteller gegeben und bei Tisch mit dieser Creme übergossen.

Diese Creme eignet sich auch sehr gut zu Kartoffeln, in der Schale gebacken.

Kräuterremoulade

1 Eidotter
⅛ l kaltgeschlagenes Sonnenblumenöl
1 Tl Senf
1 El Obstessig
1 Tl Vitam-R
Pfeffer

2 Tl Kapern
1 kleine milchsaure Gurke
1 hartes Ei
1 Büschel frische Kräuter
(²/₃ Schnittlauch, Dill, Petersilie, Kerbel, Borretsch, Estragon)

Das Eidotter cremig rühren und das kaltgeschlagene Sonnenblumenöl tropfenweise dazurühren. Dann fügt man, unter ständigem Rühren, Senf, Obstessig, Vitam-R und eine Spur Pfeffer hinzu. Zum Schluß kommen Kapern, Gewürzgurke, Ei und Kräuter, fein gewiegt, unter die Creme.

Diese Sauce paßt sehr gut zu Gemüse-Aspik, ergibt aber auch alleine (dann das doppelte Rezept) mit neuen Kartoffeln einen Gaumenschmaus.

Meerrettichsauce

½ l Wasser
50 g Weizenvollkornmehl
⅛ l Wasser

2 El frisch geriebener Meerrettich
Saft von ½ Zitrone, ungespritzt
½ Tl Honig
1 Tl Vitam-R
1 Tl Frugola
½ Tl Vollmeersalz
3 El Sauerrahm
1 El gehackte Petersilie

Das frisch gemahlene Weizenvollkornmehl mit ⅛ l Wasser anrühren und in das kochende Wasser rühren. 1 Minute kochen lassen, dann von der Feuerstelle nehmen und mit den angegebenen Zutaten pikant abschmecken.

Pilzsauce

10 g Diäsan
1 Zwiebel
½ Pfund Pilze (Pfifferlinge, Steinpilze, Champignons)
⅜ l Wasser
½ Tl Vollmeersalz
1 Tl Frugola
½ Zitronenschale, ungespritzt

⅛ l Wasser
40 g Weizenvollkornmehl

⅛ l Sauerrahm
1 Eidotter
2 El Zitronensaft
2 El gehackte Petersilie

Die feingehackte Zwiebel und die feingeschnittenen Pilze in Diäsan ca. 10 Minuten dünsten, mit Wasser aufgießen, Vollmeersalz, Frugola und Zitronenschale dazugeben und ca. 15 Minuten leise kochen lassen.

Die Zitronenschale herausnehmen und das mit ⅛ l Wasser angerührte, frisch gemahlene Weizenvollkornmehl dazurühren und 1 Minute kochen lassen.

Von der Kochstelle nehmen, Sauerrahm, Eidotter, Zitronensaft und die gehackte Petersilie unterziehen.

Senfsauce

½ l Wasser
50 g Weizenvollkornmehl
⅛ l Wasser

2 El Senf
1 El Obstessig
1 Tl Vitam-R
1 Tl Frugola
1 Tl Honig
1 MS Brechts Delikata
1 Eidotter
2 milchsaure Gurken
15 g Butter
1 El gehackte Petersilie

Das frisch gemahlene Weizenvollkornmehl, mit ⅛ l Wasser angerührt, in das kochende Wasser geben, 1 Minute aufkochen lassen und von der Feuerstelle nehmen.

Die angegebenen Zutaten dazurühren, die Gurken feingerieben unterziehen, die Butter darin zerlaufen lassen und die feingehackte Petersilie vor dem Anrichten dazugeben.

Nach Belieben hartgekochte Eier (7 Minuten) ca. 10 Minuten darin ziehen lassen und mit Kartoffelbrei reichen.

Tomaten-Salatcreme

200 g Sahne
400 g Tomaten
1 El Meerrettich
1 Bund Schnittlauch oder Petersilie
1 El Kräutersenf
2 MS Kräutersalz

Die Sahne steif schlagen, die Tomaten mixen, den Meerrettich reiben und den Schnittlauch fein schneiden. Alles mit Senf und Salz unter die Sahne heben.

Diese Creme eignet sich zum Übergießen bei Tisch für alle Salate der Jahreszeit.

Tomatensauce

1 kleine Dose Eden Tomatenmark
$1/4$ l Wasser
Vollmeersalz
Frugola
Brechts Picata

3 frische Tomaten
2 El Sauerrahm
Saft von $1/2$ Zitrone, ungespritzt

Tomatenmark mit Wasser kurz aufkochen. Mit Vollmeersalz, Frugola und Picata abschmecken.

Die frischen Tomaten enthäuten, mit Sauerrahm und Zitronensaft mixen und unter die Sauce geben, nicht mehr kochen.

Tomatensauce aus frischen Tomaten

750 g Tomaten
2 El Sojasauce
Saft von $1/2$ Zitrone, ungespritzt

Die Tomaten kurz ins kochende Wasser tauchen, enthäuten und im Mixer zerkleinern. Leicht erwärmen, mit Sojasauce und Zitronensaft würzen.

Vanillesauce

$3/8$ l Wasser
40 g Weizenvollkornmehl

$1/8$ l Sahne
1 Eidotter
90 g Honig
2 MS Vanillegewürz

$1/4$ l Wasser zum Kochen bringen. Das frisch gemahlene Weizenvollkornmehl mit $1/8$ l Wasser glattrühren, in das kochende Wasser rühren und aufkochen lassen.

Im Wasserbad unter Rühren leicht abkühlen lassen, Sahne, Eidotter, Honig und Vanille dazugeben.

Quark, pikant

Kräuterquark

500 g Magerquark
1 Becher Sauerrahm (200 ccm)
2 Tl Vitam-R
1 MS Brechts Kräutersalz
1–2 Knoblauchzehen
1 großer Bund frischer Kräuter (Petersilie, Schnittlauch, Borretsch, Kerbel, Dill)

zum Verzieren:
2 Tomaten

Den Quark mit Sauerrahm glattrühren, Vitam-R, Kräutersalz und die feingeschnittenen Knoblauchzehen dazugeben. Die frischen, feingehackten Kräuter unterziehen. Mit Tomatenachteln garnieren.

Beilage: Petersilienkartoffeln oder Silberstar-Kartoffeln.

Meerrettichquark

500 g Magerquark
1 Joghurt
3 El kaltgeschlagenes Öl
2 Tl Vitam-R
½ Tl Brechts Kräutersalz
1 El frisch geriebener Meerrettich
2 El gehackte Petersilie oder Schnittlauch
1 El Tomatenketchup

zum Verzieren:
Petersilie oder Schnittlauch

Quark und Joghurt mit dem Schneebesen glattrühren und sämtliche Zutaten untermengen. Etwas Petersilie oder Schnittlauch zum Garnieren zurücklassen.

Beilage: Petersilienkartoffeln oder Silberstar-Kartoffeln.

Tomatenquark

500 g Magerquark
3 El kaltgeschlagenes Öl
⅛ l Buttermilch
1 Tl Natura Kräutersenf
1 Tl Vitam-R
½ Tl Brechts Kräutersalz
2 MS Brechts Picata
300 g Tomaten
1 Zwiebel
1 Bund Schnittlauch

zum Verzieren:
200 g Tomaten

Den Quark mit Öl und Buttermilch glattrühren, Senf, Vitam-R, Kräutersalz und Picata dazurühren. Die Tomaten fein würfeln, die Zwiebel und den Schnittlauch fein schneiden und unter den Quark ziehen.

Mit Tomatenachteln verziert anrichten.

Beilage: Petersilienkartoffeln oder Silberstar-Kartoffeln.

Paprikaquark

500 g Magerquark
3 El kaltgeschlagenes Öl
⅛ l Buttermilch
1 El Tomatenketchup
1 Tl Vitam-R
½ Tl Vollmeersalz
½ Tl Paprika, scharf
1–2 grüne Paprikaschoten, je nach Größe
250 g Tomaten
1 kleine Zwiebel
1 Bund Schnittlauch

zum Verzieren:
Rosenpaprika

Magerquark, Öl und Buttermilch glattrühren, Ketchup, Vitam-R und Vollmeersalz dazurühren. Die Tomaten und die Paprikaschoten sehr fein würfeln, Zwiebeln und Schnittlauch fein schneiden und unter den Quark ziehen.

Dünn mit Rosenpaprika bestreut anrichten.

Beilage: Petersilienkartoffeln oder Silberstar-Kartoffeln.

Quark pikant

500 g Magerquark
⅛ l Buttermilch
2 El Natura Kräutersenf
2 El kaltgeschlagenes Sonnenblumenöl
1 gehäufter Tl Vitam-R
2 MS Brechts Selleriesalz
1 kleine Zwiebel
2 kleine milchsaure Gurken
1 El Kapern
1 hartgekochtes Ei
1 Bund Petersilie

zum Verzieren:
1 hartgekochtes Ei

Den Magerquark mit Buttermilch glattrühren, Senf, Öl, Vitam-R und Selleriesalz dazugeben. Die Zwiebel fein gerieben, die Gurken fein geraffelt, die Kapern und das hartgekochte Ei fein geschnitten und die Petersilie gehackt unterziehen.

Mit Eischeiben garnieren.

Beilage: Petersilienkartoffeln oder Silberstar-Kartoffeln.

Hauptgerichte

Bauernschmaus

750 g Kartoffeln, netto
70 g Diäsan
½ Tl Brechts Selleriesalz

1 El Diäsan
125 g Zwiebeln
250 g Pilze (Pfifferlinge, Steinpilze o. ä.)
1 El gehackte Petersilie
1 Tl Frugola

3 Eier
2 El Sauerrahm
½ Tl süßen Paprika
2 MS Brechts Selleriesalz

1 Bund Schnittlauch

Die Kartoffeln gut bürsten, Augen ausstechen und mit der Schale in 1 cm große Würfel schneiden. In einer flachen Pfanne zugedeckt, mit Selleriesalz gewürzt ca. 20–30 Minuten in Diäsan backen, ab und zu wenden.

Die kleingeschnittenen Zwiebeln glasig dünsten, die grobgeschnittenen Pilze dazugeben und ca. 10 Minuten mitdünsten. Mit Frugola und Petersilie würzen.

Die Eier schlagen, Sauerrahm, Paprika und Selleriesalz dazurühren. Über die fertigen Kartoffeln die gedünsteten Pilze verteilen und die geschlagenen Eier darübergießen. Bei geschlossenem Deckel und kleinster Hitze stocken lassen, ca. 10 Minuten.

Auf eine Platte gleiten lassen und mit Schnittlauch bestreut servieren.

Dazu reicht man grüne Salate oder Bohnensalat.

Blumenkohl Royale

150 g Naturreis
³/₈ l Wasser
1 Tl Frugola
½ Tl Vollmeersalz

100 g Hensels Sojafleisch nach Hackfleischart
¼ l Wasser
2 Tl Frugola

Diäsan
1 Bund Suppengrün
1 Zwiebel
1 Knoblauchzehe
2 MS Brechts Picata
1 Tl Origano

1 großer Blumenkohl
⅛ l Wasser
½ Tl Vollmeersalz

zum Übergießen:
1 Döschen Eden Tomatenmark (165 g)
¼ l Wasser

100 g geriebener Gouda
1 Bund Petersilie oder Schnittlauch

Den Reis waschen, mit Wasser, Vollmeersalz und Frugola zusetzen und bei kleinster Hitze ca. 40 Minuten kochen, 20 Minuten quellen lassen.

Das Sojafleisch in lauwarmem Wasser, mit Frugola gewürzt, ca. 15 Minuten quellen lassen.

Den Blumenkohl, im ganzen, mit wenig Wasser und Vollmeersalz ca. 15 Minuten halbgar dünsten.

Das Suppengrün, Zwiebel und Knoblauchzehe sehr fein geschnitten in Diäsan andünsten, den Reis und das Sojafleisch dazugeben und kurz mitdünsten. Mit Picata und Origano würzen.

Dies in eine gefettete, runde Auflaufform breiten und den Blumenkohl in die Mitte setzen.

Das Tomatenmark mit Wasser verrühren und das Ganze damit übergießen. Den geriebenen Käse darüberstreuen und bei 225°, mittlere Schiene, ca. 30 Minuten backen.

Mit frischer Petersilie oder Schnittlauch bestreuen.

Chinesische Frühlingsrolle (für 4–6 Personen)

Quarkblätterteig:
200 g Weizenvollkornmehl
200 g Magerquark
200 g Butter
2 MS Vollmeersalz

zum Bestreichen:
1 Eidotter und 1 Tl Milch

Füllung:
100 g Zwiebeln
250 g Pilze
250 g Weißkraut, netto
250 g Karotten, netto
100 g Erbsen, netto
Diäsan

½ Tl Vollmeersalz
1 Tl Frugola
1 kleine Delikateß-Tartex, 60 g
1 MS Pfeffer
1 MS Basilikum
200 g Gouda

Das frisch gemahlene Weizenvollkornmehl mit Vollmeersalz, dem kalten Quark und der feingeschnittenen Butter rasch zusammenkneten. Den Teig 30 Minuten kühl stellen. Auf einer bemehlten Arbeitsfläche den Teig dick auswalken, wieder zusammenlegen und kühl stellen; dies 3–4mal wiederholen.

Die Zwiebeln fein schneiden, die Pilze grob zerkleinern, das Weißkraut fein hobeln, die Karotten scheibeln und mit den frischen Erbsen in Diäsan ca. 15 Minuten im eigenen Saft dünsten.

Mit Vollmeersalz, Frugola, Pfeffer und Basilikum würzen und die Tartex darin verrühren. Abgekühlt den in kleine Würfel geschnittenen Käse dazugeben.

Den Teig in Backblechgröße auswalken, die Ränder gerade abschneiden und mit Hilfe des Nudelholzes auf das mit Wasser bestrichene Backblech legen. Die abgekühlte Gemüsefüllung daraufgeben und den Teig von beiden Seiten der Länge nach über dem Gemüse zusammenschlagen. Die Enden zusammendrücken.

Die abgeschnittenen Reste nochmals auswalken und in Streifen ausrädeln. Die Streifen im Rautenmuster über die Pastete legen und die Rolle mit verdünntem Eidotter bestreichen.

Eine Tasse heißes Wasser auf den Boden des Backrohrs stellen und die Rolle bei 220°, mittlere Schiene, ca. 25 Minuten bakken. Etwas abkühlen lassen und in Stücke geschnitten auf eine Platte heben.

Chinesisches Reisgericht

350 g Naturreis
³/₄ l Wasser
1 Bund Suppengrün
2 Tl Curry
1 Tl Vollmeersalz
1 gehäufter Tl Frugola
250 g Champignons oder Pfifferlinge

600 g Zwiebeln
Brechts Selleriesalz
½ Tasse Wasser

125 g Emmentaler oder Gouda

Den Naturreis in einem Sieb gut waschen und mit Wasser, dem kleingeschnittenen Suppengrün, Curry, Vollmeersalz und Frugola zusetzen.

Die Pilze waschen, grob schneiden und mit dem Reis kochen.

Die Kochdauer von Naturreis beträgt etwa 40 Minuten, 20 Minuten nachquellen lassen.

Die Zwiebeln schälen und im ganzen zusammen mit ½ Tasse Wasser, mit Selleriesalz gewürzt, 20–30 Minuten leicht kochen.

Den fertigen Reis gibt man in eine feuerfeste Form, legt obendrauf die Zwiebeln und streut den geriebenen Käse darüber.

Dies gibt man 3–5 Minuten unter den Grill oder ca. 15 Minuten in den auf 225° vorgeheizten Backofen. Der Käse soll auf den Zwiebeln schmelzen und ganz leicht gebräunt sein.

Exoten-Topf

500 g Zucchini
500 g Paprikaschoten, rot und grün
300 g Auberginen
250 g Zwiebeln
1–2 Knoblauchzehen
1–2 Peperoni

Diäsan
1 gestrichener Tl Vollmeersalz
2 Tl Frugola
1 Lorbeerblatt
knapp ¼ l Weißwein
150 g Gouda
350 g Tomaten

Zucchini, Paprikaschoten, Auberginen und Zwiebeln grob würfeln (Zucchini und Auberginen mit der Schale und den Kernen), Knoblauch und Peperoni fein schneiden.

Das Gemüse in Diäsan ca. 10 Minuten dünsten, mit Vollmeersalz und Frugola würzen, mit Weißwein aufgießen und ca. 20 Minuten leicht kochen lassen.

Von der Kochstelle nehmen, den grobgeriebenen Käse unterziehen und die kleingewürfelten Tomaten unterheben.

Mit Risotto, Polenta oder Curryreis reichen.

Enchiladas (gefüllte Maispfannkuchen)

250 g Maisgrieß (Polenta)
75 g Buchweizenmehl
½ l lauwarmes Wasser
½ Tl Vollmeersalz
1 gehäufter Tl Frugola

100 g Diäsan

Füllung:
Diäsan
200 g Zwiebeln
175 g Emmentaler oder Gouda
500 g Tomaten
Vollmeersalz

Belag:
4 Eier
Prise Vollmeersalz
Schnittlauch

Den Maisgrieß und das frisch gemahlene Buchweizenmehl in lauwarmes Wasser rühren, Vollmeersalz und Frugola dazugeben, 1 Stunde stehenlassen.

In einer Pfanne in Diäsan bei mäßiger Hitze Pfannkuchen ausbacken.

Man benötigt dazu mehr Fett als zu normalen Pfannkuchen. Backzeit eines Pfannkuchens ca. 4 Minuten, der Pfannkuchen braucht nicht gewendet zu werden.

Den fertigen Pfannkuchen auf einen Teller gleiten lassen. Mit 1 El glasig gedünsteter Zwiebeln belegen, mit geriebenem Käse bestreuen und eine Hälfte mit leicht gesalzenen Tomatenscheiben (quer aufschneiden) belegen. Zusammengeklappt auf ein Backblech legen und bei 150° ca. 20–30 Minuten backen, bis der Käse schmilzt.

Das Ganze wird mit einem Spiegelei bei kleiner Hitze gebacken und mit Schnittlauch garniert gereicht.

Dazu grüne Salate oder Bohnensalat.

Die angegebene Menge ergibt 4–6 Maispfannkuchen, je nach Pfannengröße.

Fenchelgratin

750 g Fenchel, netto
500 g Kartoffeln, netto
Wasser
Vollmeersalz
Kümmel

300 g Tomaten
1 Dose Paprika-Tartex 125 g

1/8 l Fenchelkochwasser
1/8 l Milch
100 g geriebener Appenzeller
1 gehäufter El Weizenvollkornmehl

Fenchelgrün

Den Fenchel waschen, die Strünke wegschneiden und den Fenchel senkrecht in dicke Scheiben aufschneiden, mit $1/4$ l Wasser und $1/2$ Tl Vollmeersalz ca. 20 Minuten leicht kochen.

Die Kartoffeln mit 1 Tasse Wasser und $1/2$ Tl Kümmel gar kochen, schälen und in Scheiben schneiden.

In eine gefettete, feuerfeste Form schichtweise den Fenchel, die Kartoffeln und die geschnittenen Tomaten legen, als letzte Schicht Kartoffeln, $2/3$ der Paprika-Tartexpastete in kleinen Stücken dazwischenlegen.

Nun das Fenchelkochwasser mit der Milch, der Hälfte des geriebenen Käses, dem Rest der Tartexpastete und 1 gehäuften El frisch gemahlenem Weizenvollkornmehl verrühren und aufkochen lassen. Über den Auflauf gießen und mit dem restlichen Käse bestreuen.

Bei 200° ca. 30–40 Minuten auf der 2. Schiene von unten backen. Mit gehacktem Fenchelgrün anrichten.

Dazu reicht man gemischte Blattsalate.

Gemüseallerlei in Aspik

700 g gemischtes Gemüse, netto
z. B.: Karotten, Erbsen, Bohnen, Spargel, Paprika, Zwiebeln
1 l Wasser
Vollmeersalz
Frugola
Vitam-Gemüsebrühe

3 hartgekochte Eier
3 große milchsaure Gurken oder Tomatenpaprika
2 El frischer Dill
4 Sojawürstchen

1 l Gemüsebrühe
knapp 1/8 l Obstessig
1/8 l Wasser
2 gehäufte Tl Agar-Agar

Das zerkleinerte Gemüse in Wasser mit Vollmeersalz, Frugola und Vitam-Gemüsebrühe ca. 30 Minuten kochen. Das Gemüse abseihen und mit gehackten Eiern (einige Scheiben zum Verzieren zurücklassen), gewürfelten Gurken, feingeschnittenem Dill und geschnittenen Sojawürstchen vermengen.

Die Gemüsebrühe auf 1 l auffüllen, mit Obstessig abschmecken und das mit 1/8 l Wasser angerührte Agar-Agar darin verrühren und erhitzen.

In kleine Portionsschälchen etwas Gemüsebrühe gießen, Eischeiben darauf und nun abwechselnd das Gemüse und die Brühe darübergeben. Mit Brühe abschließen.

Die Menge ergibt 8 Portionsschälchen.
2 Stunden im Kühlschrank erstarren lassen, dann stürzen und mit Petersilienkartoffeln oder Silberstar-Kartoffeln reichen.

In Tassen gefüllt und gestürzt, mit Kräuterremoulade, sehr gut zum kalten Büffet passend.

Gemüseaspik mit Sojafleisch

100 g Hensels Sojafleischwürfel
1/2 l Wasser
2 Tl Frugola

Die Sojafleischwürfel werden 15 Minuten in warmes Wasser mit Frugola eingeweicht und dann mit dem Gemüse mitgekocht.

Die Sojawürstchen bleiben weg, statt Dill nimmt man Schnittlauch und zum Verzieren 2 Eier und einige Oliven.

Alle anderen Zutaten und die Zubereitung wie Gemüseallerlei in Aspik.

Kartoffelpastetchen

800 g Kartoffeln
1 Tasse Wasser
½ Tl Kümmel

1 Ei
60 g Weizenvollkornmehl
1 gestrichener Tl Brechts Kräutersalz
1 gestrichener Tl Brechts Endoferm
1 Eigelb
1 Eiweiß
Tomatenketchup

Füllung:
50 g Hensels Sojafleisch nach Hackfleischart
⅛ l Wasser
1 Tl Frugola

1 kleine Zwiebel
½ Bund Suppengrün
30 g Diäsan

2 El Tomatenketchup
2 El Sauerrahm
Brechts Selleriesalz, Paprika, Pfeffer, Koriander, Muskat
1 El gehackte Petersilie

50 g geriebenen Gouda

Kartoffeln kochen, schälen, durchpressen und auskühlen lassen. Dann mit Ei, Weizenvollkornmehl, Kräutersalz und Endoferm verkneten. Auf einer leicht bemehlten Arbeitsfläche ausrollen, ½ cm dicke, runde Plätzchen mit einer Tasse ausstechen.

Die halbe Anzahl der Plätzchen mit der Füllmasse belegen, die Ränder mit Eiweiß bestreichen und je ein zweites Plätzchen gewölbt über die Füllmasse legen und die Ränder andrücken.

Die Plätzchen lassen sich mit einem langen Messer leicht von der Tischplatte nehmen. Die Pastetchen auf ein gefettetes Blech legen, mit Eigelb bestreichen und 30 Minuten bei 200°, mittlere Schiene, backen.

Die Menge ergibt 10 Pastetchen. Mit einem großen Tupfer Tomatenketchup anrichten. Dazu frische grüne Salate, Tomaten oder Gurken reichen.

Füllung: Sojafleisch 15 Minuten in warmem Wasser mit Frugola quellen lassen.

Zwiebel und Suppengrün fein schneiden und mit dem Sojafleisch in Diäsan andünsten. Von der Feuerstelle nehmen und mit den angegebenen Gewürzzutaten abschmecken.

Zum Schluß den geriebenen Käse untermengen.

Kartoffelpuffer (Reibekuchen)

1 kg Kartoffeln
1–2 Eier, je nach Größe
50 g Weizenvollkornmehl
1 Tl Vollmeersalz
1 kleine Zwiebel

100 g Diäsan

Die Kartoffeln gut bürsten, Augen ausstechen und mit der Schale auf einer feinen Bircherraffel reiben. Eier, das frisch gemahlene Weizenvollkornmehl, Vollmeersalz und die feingeschnittene Zwiebel daruntermischen.
Für jeden Puffer 1 gehäuften El Brei ins heiße Fett geben und so breit drücken, daß ein dünner Fladen entsteht. Vor dem Wenden ein kleines Stückchen Diäsan auflegen.

In der vorgeheizten Röhre (125°) die fertigen Puffer warm halten.

Mit Apfelmus und Preiselbeeren oder mit grünen Salaten reichen.

Die Menge ergibt ca. 20 Kartoffelpuffer.

Schweizer Kartoffelgratin

1 kg Kartoffeln
½ Tasse Wasser
1 Tl Kümmel

500 g Tomaten
300 g geriebener Schweizer Käse
Vollmeersalz
Pfeffer
Petersilie oder Schnittlauch

Kartoffeln mit der Schale in etwas Wasser und Kümmel zusetzen und gar kochen.

Abkühlen lassen, abschälen und in Scheiben schneiden.

Tomaten enthäuten und ebenfalls in Scheiben schneiden.

In eine gefettete Auflaufform schichtweise Kartoffeln, Tomaten und Käse legen. Als oberste Schicht Käse. Jede Schicht leicht salzen und wenig pfeffern.

In der Röhre auf mittlerer Schiene bei 200° 40 Minuten backen.

Mit gehackter Petersilie oder Schnittlauch servieren. Dazu grüne Salate reichen.

Krautwickel

100 g Hensels Sojafleisch nach Hackfleischart
¼ l Wasser
2 Tl Frugola

2 Zwiebeln
1 El Petersilie
1 Tl Diäsan

2 Eier

1 El Majoran
1 MS Pfeffer
1 Tl Frugola
Brechts Kräutersalz
1 El Kräutersenf Natura
ca. 80 g Vollkorn-Semmelbrösel
200 g Weißkraut

8 große Krautblätter
Brechts Selleriesalz
Diäsan

Sojafleisch in warmem Wasser mit Frugola 15 Minuten quellen lassen. Zwiebeln und Petersilie in Diäsan glasig dünsten.

Vom Krautkopf 8 große Blätter abtrennen und mit ca. 200 g Weißkraut in einem Topf ca. 10–15 Minuten kochen. Die Blätter dürfen nicht so weich sein, daß sie zerfallen.

Nun das Sojafleisch, das feingeschnittene Weißkraut und die Eier vermengen, mit den angedünsteten Zwiebeln, Petersilie und allen angegebenen Gewürzen pikant abschmecken. Semmelbrösel dazu.

Die Krautblätter mit etwas Selleriesalz würzen und die Füllung darauf verteilen. Zusammenrollen und mit Diäsan in der Pfanne auf beiden Seiten anbraten (zugedeckt). In eine flache, feuerfeste Form geben und in der Röhre noch 20–30 Minuten backen, bei 200°, 2. Schiene von unten.

Dazu Kartoffelsalat und Krautsalat.

Lauchgratin

600 g Lauch, netto
1 Tasse Wasser
1 Tl Frugola

3 Eidotter
1 Tl Vitam-R
1 Tl Paprika, süß
1 gehäufter El Weizenvollkornmehl
100 g Emmentaler
3 Eischnee

1 El gehackte Petersilie

Lauch putzen, der Länge nach halbieren und gut waschen. In 2 cm breite Stücke schneiden und in Wasser und Frugola 10–15 Minuten dünsten. In die Eidotter das Vitam-R, Paprika, den feingeriebenen Käse und das frisch gemahlene Weizenvollkornmehl einrühren, den Eischnee unterheben.

Den weichen Lauch unterziehen und alles in einer gefetteten, feuerfesten Form bei 200°, mittlere Schiene, ca. 25 Minuten backen.

Mit gehackter Petersilie garnieren.

Dazu reicht man Polenta oder Kartoffelbrei.

Lauchpastete

Teig:
400 g Weizenvollkornmehl
1 Tl Backpulver
1 Tl Vollmeersalz
1 Ei
250 g Magerquark
100 g Butter

zum Bestreichen:
1 Eigelb
1 Tl Wasser

Füllung:
600 g Lauch, netto
200 g Karotten, netto
$1/8$ l Wasser

100 g Hensels Sojafleisch nach Hackfleischart
$1/4$ l Wasser
2 Tl Frugola

Brechts Kräutersalz
1 Tl süßen Paprika
1 El Dill
20 g Parmesankäse

Das frisch gemahlene Weizenvollkornmehl in einer Schüssel mit Backpulver und Vollmeersalz vermischen, Ei und Magerquark darin verrühren, die kalte Butter fein darüberschneiden und alles zu einem glatten Teig verkneten, 30 Minuten ruhen lassen.

Das Sojafleisch im warmen Wasser, mit Frugola gewürzt, ca. 15 Minuten quellen lassen.

Den Lauch der Länge nach halbieren, gut waschen, in 1 cm breite Stücke schneiden, die Karotten würfeln und beides mit wenig Wasser ca. 15 Minuten halbgar dünsten.

Das gequollene Sojafleisch dazugeben und mit Kräutersalz, Paprika, gehacktem Dill und geriebenem Parmesankäse abschmecken.

Die Hälfte des Teigs auswalken, mit der Springform für die Decke einen Kreis abstechen. Mit dem Rest des Teigs den Boden der Springform auslegen, den Rand 3 cm hochziehen und gerade abrädeln.

Die leicht abgekühlte Füllung darauf verteilen und mit Hilfe eines Pappbodens die Teigdecke daraufgleiten lassen. Leicht an die Ränder drücken. Mit der Gabel einige Male einstechen, mit Eidotter bestreichen und im vorgeheizten Ofen bei 200°, 2. Schiene von unten, ca. 30 Minuten backen.

Dazu einen bunten Salatteller reichen.

Nudelauflauf

250 g Vollkornnudeln
¾ l Wasser
2 Tl Frugola

75 g Gouda
500 g Tomaten
1 Bund Schnittlauch

Eiersauce:
2 Eier
⅛ l Milch
1 El Weizenvollkornmehl
½ Tl Vollmeersalz
2 MS süßen Paprika

Füllung:
100 g Hensels Sojafleisch nach Hackfleischart
2 Tl Frugola
¼ l Wasser

Diäsan
1 Bund Suppengrün
1 kleine Zwiebel
2 El Tomatenketchup
½ Tl Brechts Picata

Die Nudeln in Wasser mit Frugola erst ca. 10 Minuten kochen, dann 10 Minuten quellen lassen. Das Sojafleisch mit Frugola in warmem Wasser 15 Minuten quellen lassen, dann in Diäsan mit feinstgeschnittenem Suppengrün und Zwiebel etwa 10 Minuten dünsten.

Mit Tomatenketchup und Picata abschmecken.

In eine gefettete Auflaufform gibt man schichtweise die Nudeln, das Sojafleisch, die quer in Scheiben geschnittenen Tomaten, darüber feingeriebenen Käse. Mit Nudeln und Käse abschließen.

Die Eier mit Milch, Weizenvollkornmehl, Vollmeersalz und Paprika verrühren und langsam über die Nudeln gießen. Im vorgeheizten Backofen bei 200° ca. 30–35 Minuten backen.

Mit Schnittlauch bestreut zu grünen Salaten reichen.

Paprikaschoten, gefüllt

200 g Naturreis
$^3/_8$ l Wasser
1 Bund Suppengrün
1 Tl Frugola
$^1/_2$ Tl Vollmeersalz

100 g Hensels Sojafleisch nach Hackfleischart
2 Tl Frugola
$^1/_4$ l warmes Wasser

Diäsan
1 große Zwiebel
1 Knoblauchzehe
2 MS Brechts Picata
2 El gehackte Petersilie

5–6 grüne, große Paprikaschoten
Vollmeersalz
gut $^1/_8$ l Wasser
1 Tl Frugola

Parmesankäse
Tomatensauce (siehe Rezept)

Den gewaschenen Reis mit dem feingeschnittenen Suppengrün, Frugola, Vollmeersalz und Wasser zusetzen und ca. 30 Minuten leicht kochen lassen.

Das Sojafleisch mit Frugola in warmem Wasser ca. 15 Minuten einweichen.

Die kleingeschnittene Zwiebel und Knoblauchzehe in Diäsan andünsten, Sojafleisch dazugeben und kurz mitdünsten. Nun den Reis dazugeben und mit Picata und Petersilie würzen.

Von den Paprikaschoten den Deckel abschneiden, die Kerne herausnehmen, leicht salzen und mit dem vermischten Reis füllen. Den Deckel wieder daraufsetzen. In einen Topf stellen und in wenig Frugolabrühe ca. 30–35 Minuten gar dünsten.

Mit Tomatensauce und geriebenem Parmesankäse reichen.

Pasta asciutta

100 g Sojafleisch für Hack-
   fleischgerichte (Hensel-Soja-
   kost)
¼ l Wasser
1 gehäufter Tl Frugola

Diäsan
2 Bund Suppengrün (Karotten,
   Petersilie u. -wurzel, Sellerie,
   Lauch)
2 mittelgroße Zwiebeln
1 Knoblauchzehe
1 Döschen Eden Tomatenmark
   (165 g)
¼ l Wasser
1 Peperoni (frisch oder tiefgekühlt) – nur wer die Schärfe
   liebt
Vollmeersalz, Frugola, Paprika,
   Curry, Sojasauce
3 frische Tomaten
Parmesankäse
kaltgeschlagenes Öl

Sojafleisch in Wasser mit Frugola 15 Minuten einweichen, das Wasser wird aufgesogen. Suppengrün, Zwiebeln und Knoblauch fein zerkleinern.

Sojafleisch, Suppengrün, Peperoni und Zwiebeln in Diäsan andünsten. Tomatenmark mit Wasser verdünnen und dazugeben, 15–20 Minuten leicht kochen lassen. Mit den angegebenen Gewürzen gut abschmecken.

Die abgehäuteten Tomaten fein gewürfelt daruntermengen.

Am Tisch mit Parmesankäse bestreuen und mit etwas kaltgeschlagenem Öl übergießen.

Dazu Vollkornspaghetti.

Pilzgratin

500 g Pilze (Steinpilze, Pfifferlinge, Reizker o. ä.)
125 g Zwiebeln
20 g Diäsan
Brechts Kräutersalz
1 MS Pfeffer

¼ l Sauerrahm
1 Tl Frugola

150 g Gouda
1 El gehackte Petersilie

Die gut geputzten, gewaschenen Pilze abtropfen lassen, grob schneiden und in Diäsan mit feingeschnittenen Zwiebeln ca. 10 Minuten dünsten, mit Kräutersalz und Pfeffer würzen.

In eine feuerfeste, gefettete Form geben, Sauerrahm mit Frugola verrühren und darüber verteilen, dann für 15 Minuten bei 200°, mittlere Schiene, in die Röhre geben. Herausnehmen, mit geriebenem Käse überstreuen und bei 225° ca. 10 Minuten garen oder unter dem Grill leicht bräunen lassen.

Mit gehackter Petersilie bestreut servieren.

Dazu Kartoffelbrei oder Curryreis reichen.

Pilzpfannkuchen

10 Pfannkuchen (siehe Rezept)

500 g Pilze, netto
1 Zwiebel
Diäsan

3 El Sauerrahm
2 El Weizenvollkornmehl
1 Tl Frugola
½ Tl Vollmeersalz
1 Spur Pfeffer

2 El Petersilie

Die Pilze putzen, waschen, gut abtropfen lassen und zerkleinern. Mit der feingeschnittenen Zwiebel in Diäsan dünsten und bei geschlossenem Topf ca. 8–10 Minuten im eigenen Saft leicht kochen lassen.

Sauerrahm, mit dem frisch gemahlenen Weizenvollkornmehl verrührt, unter die Pilze ziehen und mit Frugola, Vollmeersalz, Pfeffer und gehackter Petersilie würzen.

Auf die heißen Pfannkuchen geben und zusammengerollt, mit Petersilie bestreut, zu grünen Salaten servieren.

Spinatpfannkuchen Windsor

10 Pfannkuchen (siehe Rezept)

500 g Spinat
1 Zwiebel
knapp ½ Tasse Wasser

40 g Weizenvollkornmehl
knapp ¼ l Spinatbrühe

1 MS Thymian
2 MS Ingwer
2 MS Vollmeersalz
1 Tl Frugola

200 g Gouda in Scheiben
2 Tomaten
1 Bund Schnittlauch

Den Spinat gut waschen, abtropfen lassen und mit wenig Wasser und Zwiebel kurz dünsten. Wenn er zusammengefallen ist, in ein Sieb gießen. Den Spinat im Mixer zerkleinern, die Spinatsauce mit dem frisch gemahlenen Weizenvollkornmehl verrühren und mit dem gemixten Spinat aufkochen lassen.

Mit Thymian, Ingwer, Vollmeersalz und Frugola abschmecken.

Auf eine runde Platte, Porzellan oder Chromargan, einen Pfannkuchen legen,
2 El Spinat darauf verstreichen, mit einem Pfannkuchen belegen. Diesen wieder mit Spinat bestreichen und so fort.

Nun die Käsescheiben so daraufbreiten, daß ein Stück über den Pfannkuchenrand hängt. Im vorgeheizten Ofen bei 200° 15–20 Minuten auf mittlerer Schiene backen.

Wie einen Kuchen in 8 Stücke aufschneiden, mit Tomatenscheiben und Schnittlauch garnieren.

Pizza Milano

Teig:
250 g Weizenvollkornmehl
10 g Hefe
⅛ l Wasser
1 gestrichener Tl Vollmeersalz
30 g Butter

Belag:
2 El kaltgeschlagenes Öl
60 g Zwiebeln
200 g Pilze (Pfifferlinge, Champignons o. ä.)
1 gehäufter Tl Pizzagewürz
150 g Gouda oder Emmentaler
250 g grüne Paprikaschoten
250 g Tomaten
60 g Tartex Paprikapastete

Petersilie oder Schnittlauch

Das frisch gemahlene Weizenvollkornmehl in eine Schüssel geben, eine Vertiefung drücken und darin die in lauwarmem Wasser aufgelöste Hefe mit etwas Weizenvollkornmehl verrühren und mit Mehl bedeckt 10 Minuten gehen lassen.

Nun die weiche Butter und das Vollmeersalz dazugeben und alles gut zusammenkneten. Eine Kugel formen und auf einer bemehlten Arbeitsfläche in Springformgröße auswalken. Die gefettete Springform damit belegen und einen 2 cm hohen Rand hochziehen und abrädeln. Der Pizzateig ist fester als normaler Hefeteig und kann, ohne zu gehen, sofort belegt werden.

Den Teig mit Öl bestreichen, dann die kleingehackte Zwiebel und die zerkleinerten Pilze darauf verteilen, mit Pizzagewürz bestreuen und mit dem grobgeriebenen Käse abdecken.

Die Paprikaschoten in ca. 8 mm hohe Ringe schneiden und auf den Käse legen, in die Mitte der Ringe Tomatenscheiben (quer aufschneiden) geben und die Zwischenräume mit Tartexstückchen ausfüllen. Bei 220°, mittlere Schiene, ca. 30–35 Minuten backen. Die Mitte der Tomaten mit Petersilie oder Schnittlauch garnieren und warm servieren.

Die doppelte Menge ergibt ein großes Backblech.

Man legt 4 Reihen mit je 5 Paprikaringen und verfährt genau wie bei der Springform.

Pizza Napoli

Teig:
250 g Weizenvollkornmehl
½ Tl Vollmeersalz
5 El Wasser
1 gehäufter El Magerquark
80 g Butter

2 El Vollkorn-Semmelbrösel

1 Bund Schnittlauch

Belag:
150 g Emmentaler
350 g Tomaten
1 Döschen à 200 g Danga Brisoletten oder 3–4 Phag-Schnitten

100 g Magerquark
6 El Milch
2 El Sauce von Brisoletten oder Sojasauce
2 Tl Pizzagewürz
1 Tl Vitam-R
1 große Knoblauchzehe

Das frisch gemahlene Weizenvollkornmehl in einer Schüssel mit Vollmeersalz, Wasser, Magerquark und der kalten Butter zu einem glatten Teig kneten, 30 Minuten ruhen lassen.

Die Springform damit auslegen, 2 cm Rand hochziehen und abrädeln. Mit Vollkorn-Semmelbrösel bestreuen, mit grobgeriebenem Käse und quer aufgeschnittenen Tomatenscheiben belegen und die klein gewürfelten Schnitten darüber verteilen.

Den Magerquark mit Milch, Brühe, Pizzagewürz, Vitam-R und der feingeschnittenen Knoblauchzehe verrühren und über den Belag verteilen.

Bei 225° im vorgeheizten Ofen, mittlere Schiene, 30–35 Minuten backen. Mit feingeschnittenem Schnittlauch bestreuen und warm servieren.

Das doppelte Rezept ergibt ein Backblech Pizza.

Pizza Vesuv

Teig:
250 g Weizenvollkornmehl
½ Tl Vollmeersalz
5 El Wasser
1 El Magerquark
80 g Butter

2 El Vollkorn-Semmelbrösel

1 Bund Schnittlauch

Belag:
250 g Pilze (Champignons oder Pfifferlinge)
350 g Tomaten
60 g Oliven
1–2 Peperoni, je nach Schärfe
2 Tl Pizzagewürz
125 g Gruyères oder Appenzeller

Das frisch gemahlene Weizenvollkornmehl in einer Schüssel mit Vollmeersalz, Wasser, Magerquark und der kalten Butter zu einem glatten Teig kneten, 30 Minuten ruhen lassen. Die Springform damit auslegen, 2 cm Rand hochziehen und abrädeln.

Mit Vollkorn-Semmelbrösel bestreuen, mit feingeschnittenen Pilzen und Tomatenscheiben (quergeschnitten) belegen, darauf fein geschnittene Oliven und Peperoni verteilen. Mit Pizzagewürz überstreuen und alles mit grobgeriebenem Käse abdecken.

Bei 225° im vorgeheizten Ofen, mittlere Schiene, 30–35 Minuten backen.

Mit feingeschnittenem Schnittlauch bestreuen und warm servieren.

Das doppelte Rezept ergibt ein Backblech Pizza.

Quiche Lorraine

200 g Weizenvollkornmehl
3 El Wasser
½ Tl Vollmeersalz
120 g Butter

3 El Vollkorn-Semmelbrösel

4 Sojawürstchen von Granovita
250 g Gouda
4 Eier
⅛ l Sauerrahm
½ Tl Paprika
1 Tl Origano
½ Tl Brechts Selleriesalz
½ Tl Brechts Picata
2 MS Pfeffer

1 El gehackte Petersilie

Das frisch gemahlene Weizenvollkornmehl in einer Schüssel mit dem Wasser, Vollmeersalz und der kalten Butter zu einem glatten Teig verkneten, 30 Minuten ruhen lassen. Springform damit auslegen, einen 2 cm hohen Rand bilden und diesen abrädeln. Vollkorn-Semmelbrösel darauf verteilen.

Sojawürstchen fein aufschneiden und den Käse grob reiben. Die Eier mit dem Sauerrahm und den angegebenen Gewürzen gut verquirlen. Die Sojawürstchen und den Käse darunterheben, auf den Teigboden geben und glätten. Ca. 30–35 Minuten bei 210°, mittlere Schiene, backen.

Springformrand lösen und mit Hilfe eines Pappbodens auf eine Kuchenplatte legen und warm servieren. Mit Petersilie bestreuen.

Mittags zu Salaten oder abends zu Bier oder Wein sehr lecker.

Quiche Provence

200 g Weizenvollkornmehl
100 g Magerquark
100 g Butter
1 gestrichener Tl Vollmeersalz

3 El Vollkorn-Semmelbrösel

Belag:
4 große Eier
1 gehäufter El Weizenvollkornmehl
4 El Sahne
1 Tl Vitam-R
½ Tl Brechts Kräutersalz
1 Tl Curry
½ Tl Rosmarin
1 El gehackte Petersilie
250 g frische Champignons
½ frische Ananas, ca. 250 g netto

Das frisch gemahlene Weizenvollkornmehl mit Magerquark, Vollmeersalz und der kalten, feingeschnittenen Butter rasch zusammenkneten. 1 Stunde kühl stellen. Dann den Teig in Springformgröße auswalken, die Springform belegen, einen 3 cm hohen Rand hochdrücken und abrädeln. Vollkorn-Semmelbrösel darauf verteilen.

Die Eier mit dem Schneebesen glattschlagen, Sahne, das frisch gemahlene Weizenvollkornmehl, Vitam-R, Kräutersalz, Curry, Rosmarin und die feingeschnittene Petersilie dazurühren.

Die feingeschnittenen, frischen Champignons und Ananas in der Springform verteilen und mit der Eiersauce übergießen.

Bei 210° im vorgeheizten Ofen, unterste Schiene, ca. 35–40 Minuten backen.

Warm servieren und frische Salate dazu reichen.

Schweizer Käsewähe

Teig:
230 g Weizenvollkornmehl
½ Tl Vollmeersalz
⅛ l Wasser
75 g Butter

zum Garnieren:
1 Bund Schnittlauch

Belag:
250 g Magerquark
gut ⅛ l Milch
2 gut gehäufte El Weizenvollkornmehl
125 g Emmentaler oder Appenzeller
1 Tl Kümmel
1 Tl Vitam-R
½ Tl Brechts Kräutersalz

zum Bestreichen:
1 Eigelb und 1 Tl Milch

Das frisch gemahlene Weizenvollkornmehl in einer Schüssel mit Vollmeersalz vermengen, mit kaltem Wasser verrühren und mit der kalten, feingeschnittenen Butter zu einem glatten Teig kneten, 30 Minuten ruhen lassen.

Den Magerquark mit der Milch, dem frisch gemahlenen Weizenvollkornmehl und dem feingeriebenen Käse verrühren und mit Kümmel, Kräutersalz und Vitam-R würzen. Den Teig auswalken, in eine Springform legen, 2 cm Rand hochziehen und glatt abrädeln. Den Belag darauf verteilen und mit einem Pinsel den mit Milch verrührten Eidotter vorsichtig daraufstreichen.

Im vorgeheizten Ofen, 2. Schiene von unten, bei 200° ca. 40 Minuten goldgelb backen.

Mit feingeschnittenem Schnittlauch bestreut warm servieren.

Dazu grüne Blattsalate.

Ratatouille

500 g Auberginen
500 g Zucchini
500 g Tomaten
3 große Zwiebeln
250 g Champignons
500 g Paprikaschoten
1–3 Peperoni, je nach gewünschter Schärfe!
Vollmeersalz
Frugola
Diäsan

200 g Emmentaler

Auberginen mit der Schale in große Würfel schneiden, ebenso die Zucchini. Tomaten kurz in kochendes Wasser tauchen, enthäuten und vierteln. Zwiebeln groß würfeln, Champignons halbieren, Paprikaschoten entkernen und grob schneiden, Peperoni mit den Kernen fein schneiden.

Das Gemüse in Diäsan andünsten, mit Vollmeersalz und Frugola würzen, ständig rühren, bis es Saft zieht und im eigenen Saft ca. 30 Minuten leicht kochen lassen. Das Gemüse mit dem Sieblöffel in eine feuerfeste Form geben, mit dem geriebenen Käse bestreuen und ca. 3 Minuten unter den Grill schieben oder 10 Minuten bei 230° im vorgeheizten Ofen auf mittlerer Schiene überbacken.

Dazu reicht man Naturreis.

Die Gemüsebrühe verteilt man in Tassen, gibt ein Stückchen Butter dazu und reicht sie als Suppe.

Ravioli

250 g Weizenvollkornmehl
1 gestrichener Tl Vollmeersalz
2 Eier (etwas Eiweiß zurücklassen!)
1 Tl kaltgeschlagenes Öl
3–4 El Wasser, je nach Eiergröße

2 l Wasser
2 Tl Vollmeersalz

30 g Diäsan
2 Tl gehackte Petersilie

Füllung:
siehe Kartoffelpastetchen

Das frisch gemahlene Weizenvollkornmehl in eine Schüssel geben, eine Vertiefung machen und darin Vollmeersalz, Eier und Öl verrühren.

Soviel Wasser dazugeben, daß ein glatter, elastischer Teig geknetet werden kann. Den Teig einige Minuten auf den Tisch schlagen bzw. werfen, damit er elastisch und glänzend wird, dann mit einer gewärmten Schüssel zudecken und 30 Minuten ruhen lassen.

Den Teig nun auf 2mal dünn auswalzen und Vierecke ausrädeln, ca. 10 × 10 cm. Die Ränder der Vierecke mit Eiweiß bestreichen, 1 Tl Füllung in die Mitte legen und die Vierecke zu Dreiecken zusammenklappen und etwas andrücken.

Im kochenden Salzwasser ca. 8–10 Minuten leicht kochen lassen, in heißem Diäsan leicht schwenken und mit Petersilie bestreut servieren.

Dazu reicht man Tomatensauce und gemischte grüne Salate.

Rosenkohlauflauf

500 g Rosenkohl
1 Tasse Wasser
Brechts Kräutersalz
100 g Hensels Sojafleisch nach Hackfleischart
¼ l Wasser
2 Tl Frugola
Diäsan
1 kleine Zwiebel
1 Bund Suppengrün
1 Ei
2 El Currysauce
2 MS Brechts Picata
Brechts Kräutersalz
4 Scheiben Vollkorntoast
¼ l Wasser
1 Tl Vitam-Gemüsebrühe
2 El Vollkorn-Semmelbrösel
Butterflöckchen

Den Rosenkohl mit einer Tasse Wasser und etwas Kräutersalz ca. 10–15 Minuten bei kleiner Hitze dünsten.

Das Sojafleisch in ¼ l warmem, mit Frugola gewürztem Wasser einweichen.

Das kleingeschnittene Suppengrün und die Zwiebel in Diäsan leicht dünsten, Sojafleisch dazugeben und noch ca. 5 Minuten weiterdünsten.

Dann das Ei, die Currysauce, Picata und Kräutersalz dazurühren.

In eine gefettete Auflaufform legt man 4 Scheiben Vollkorntoast, verteilt darauf die Sojamasse und gibt den Rosenkohl darüber.

In ¼ l warmem Wasser löst man 1 Tl Vitam-Gemüsebrühe auf und gießt diese über den Auflauf. Mit Vollkorn-Semmelbrösel und Butterflöckchen bestreuen und bei 200°, mittlere Schiene, 30 Minuten backen.

Dazu Kartoffelbrei oder Salate.

Silberstar-Kartoffeln

10–12 Kartoffeln, je nach Größe
Öl zum Einpinseln
Alu-Folie

50 g Butter
125 g Gouda
knapp ¼ l Sahne
Vollmeersalz
Muskatnuß, gerieben
Pfeffer
1 Tl Majoran

Die Kartoffeln (aus biologischem Anbau) sauber bürsten, mehrmals mit der Gabel einstechen und unten etwas abschneiden, damit sie stehen können. Mit Öl einpinseln, in Alu-Folie wickeln und auf dem Backblech auf mittlerer Schiene bei 200° 45–60 Minuten, je nach Kartoffelgröße, backen.

Die Butter glattrühren, den feingeriebenen Käse und die Sahne dazugeben und mit den angegebenen Gewürzzutaten gut abschmecken.

Die fertigen Kartoffeln oben öffnen, mit einem Kaffeelöffel etwas aushöhlen und 1 Tl Sahnebrei hineingeben und servieren.

Man kann nun die Kartoffeln aus der Folie essen und immer etwas Sahnebrei dazugeben oder die Kartoffeln ganz auswickeln, in dicke Scheiben schneiden und mit dem Sahnebrei bestreichen. Die Schale wird dabei mitgegessen.

Dazu reicht man grüne Salate.

Würstchen im Kartoffelteig

700 g Kartoffeln
½ Tl Kümmel
1 Tasse Wasser

1 Ei
1 Eiweiß
50 g Weizenvollkornmehl
½ Tl Brechts Kräutersalz
½ Tl Kümmel
2 Tl Brechts Endoferm

8 Sojawürstchen
Streumehl
1 Eigelb und 1 Tl Wasser

Kartoffeln mit Kümmel und Wasser gar kochen, schälen und durchpressen. Auskühlen lassen.

Mit Ei, Weizenvollkornmehl, Kräutersalz, Kümmel und Endoferm zu einem Teig verarbeiten. Auf einer bemehlten Arbeitsfläche knapp 1 cm dick auswalken, 8 Rechtecke ausschneiden. Auf jedes Rechteck ein Würstchen legen, den Teig mit einem langen Messer lockern und über das Würstchen schlagen, an den Rändern zusammendrücken.

Auf ein gefettetes Blech legen, Eigelb mit Wasser streichfähig machen und die Teigstücke bestreichen. Bei 200°, mittlere Schiene, 30–40 Minuten goldgelb backen.
Mit grünen Salaten, Gurken- oder Tomatensalat anrichten.

Nach Geschmack etwas Natura Kräutersenf dazu reichen.

Vollkornpfannkuchen

250 g Weizenvollkornmehl
2 El Buchweizenmehl
3 große oder 4 kleine Eier
½ l Milch
¼ l Wasser
1 Tl Vollmeersalz
Diäsan oder Vitagen zum Ausbacken

Das frisch gemahlene Weizen- und Buchweizenvollkornmehl mit den angegebenen Zutaten mit einem Schneebesen gut vermengen und 30 Minuten quellen lassen. Der Teig soll so dünn sein, daß er in der Pfanne gut läuft. Den Teig jedesmal mit dem Schöpfer aufrühren, bevor man ihn in die Pfanne gibt, da sich das Vollkornmehl leicht absetzt.

Pfannkuchen in Diäsan ausbacken. Vor dem Wenden der Pfannkuchen ein Stückchen Diäsan auflegen.

Die Menge ergibt ca. 10 Pfannkuchen.

Mit gehackter Petersilie bestreuen und mit grünen Salaten reichen.

Pfannkuchen, gefüllt

1 Rezept Vollkornpfannkuchen

zum Füllen:
Pasta asciutta, ½ Rezept
50 g Emmentaler oder Gouda

oder

40 g Semmelbrösel und 30 g Butterflocken
1 El gehackte Petersilie

Vollkornpfannkuchen mit Pasta asciutta bestreichen, zusammenrollen und in 3 Teile schneiden.

Senkrecht in eine gefettete Auflaufform stellen. Mit geriebenem Käse oder Semmelbrösel und Butterflöckchen bestreuen und 30 Minuten bei 200° backen, mittlere Schiene.

Mit gehackter Petersilie bestreuen und mit grünen Salaten reichen.

Kinder mögen besonders gern Pfannkuchen gefüllt mit Marmelade aus frischem Obst (siehe Seite 244).

Steierische Schopfnudeln

650 g Kartoffeln
½ Tl Kümmel
1 Tasse Wasser

250 g Weizenvollkornmehl
50 g Butter
1 großes Ei
1 Tl Kümmel
1 Tl Delikata
½ Tl Brechts Kräutersalz

2 l Wasser
2 Tl Vollmeersalz

250 g Emmentaler
150 g Zwiebeln
Diäsan

Kartoffeln kochen, schälen und durchpressen. Mit dem frisch gemahlenen Weizenvollkornmehl, Butter, Ei und den angegebenen Gewürzen zu einem glatten Teig kneten. Nudeln formen und in 2 cm lange Würfel schneiden. Ins kochende Salzwasser geben und 10 Minuten ziehen lassen.

Zwiebeln in Ringe schneiden und in Diäsan goldgelb dünsten.

Die Schopfnudeln mit dem Sieblöffel in eine gefettete, feuerfeste Form geben, schichtweise mit Käse bestreuen, die Zwiebelringe obendrauf legen. Kurz unter dem Grill oder im vorgeheizten Ofen bei 225° 15 Minuten backen, mittlere Schiene.

Dazu grünen Salat, Tomatensalat o. ä.

Zucchini-Allerlei

250 g Zwiebeln
650 g Zucchini
350 g rote Paprikaschoten
125 g Pfifferlinge oder andere frische Pilze
1 Knoblauchzehe
40 g Diäsan
Frugola
Vollmeersalz
Paprika
Pfeffer

250 g Tomaten
125 g Gouda

Die Zwiebeln halbieren und in Scheiben schneiden, die Zucchini halbieren und mit der Schale grob würfeln, die Paprikaschoten in lange Streifen schneiden, die Pfifferlinge etwas zerkleinern und die Knoblauchzehe fein schneiden.

Diäsan zerlassen und das vorbereitete Gemüse mit etwas Vollmeersalz und Frugola darin im eigenen Saft ca. 25 Minuten dünsten. Von der Kochstelle nehmen, mit Paprika und Pfeffer würzen, die enthäuteten, gewürfelten Tomaten und den grobgeriebenen Gouda unterheben.

Mit Risotto oder Vollkornnudeln reichen.

Zucchini, gefüllt

1 große Zucchini (ca. 1 000 g)
½ Tl Brechts Kräutersalz
½ Tl Frugola

250 g Naturreis
⅝ l Wasser
1 gestrichener Tl Vollmeersalz
1 Tl Frugola
1 mittelgroße Zwiebel
1 Bund Suppengrün

1 Dose Paprika-Tartex, 125 g
2 Tl Origano

150 g Gouda in Scheiben
2 El Tomatenketchup

Die Zucchini waschen, der Länge nach halbieren, die Kerne mit einem Eßlöffel herausnehmen, leicht mit Kräutersalz und Frugola würzen und in eine gefettete, feuerfeste Form legen.

Bei frischen Zucchini ist die Schale so weich, daß sie mitgegessen werden kann.

Den Naturreis waschen und mit Wasser, Vollmeersalz, Frugola, der gewürfelten Zwiebel und dem feingeschnittenen Suppengrün zusetzen und ca. 40 Minuten leicht kochen und 20 Minuten nachquellen lassen.

Tartex und Origano unter den Naturreis mischen und gehäuft in die Zucchinihälften füllen, bei 200°, unterste Schiene, ca. 30 Minuten backen.

Dann die Käsescheiben auflegen und nochmals für 10 Minuten in die Röhre schieben. Mit etwas Tomatenketchup garnieren. Dazu frischen Blattsalat, Tomaten- oder Gurkensalat.

Die Zucchini kann auch mit der Masse für Grünkernfrikadellen Hawaii gefüllt werden. Nach dem Backen Ananas und Käse auflegen und überbacken. Mit etwas Tomatenketchup garnieren.

Zwiebel-Rührei

4 Scheiben Vollkorntoast
500 g Zwiebeln
Diäsan
Brechts Selleriesalz

4 Eier
¼ l Sauerrahm
2 El frisch gemahlenes Weizenvollkornmehl
Vollmeersalz
Frugola
Paprika, süß

In eine gefettete, feuerfeste Form legt man den Toast. Die Zwiebeln werden halbiert, in feine Scheiben geschnitten, in Diäsan glasig gedünstet und mit Selleriesalz gewürzt. Die Eier schlägt man gut mit dem Schneebesen, gibt den Sauerrahm und das frisch gemahlene Weizenvollkornmehl dazu und würzt pikant mit Vollmeersalz, Frugola und Paprika.

Mit dieser Sauce tränkt man etwas den Toast, gibt die Zwiebeln darauf und gießt die übrige Sauce über die Zwiebeln. Mit Paprika dünn bestreuen und im vorgeheizten Ofen bei 200°, mittlere Schiene, ca. 35 Minuten bakken. Dazu reicht man Bohnensalat oder frische grüne Salate.

Frikadellen, Steaks

Buchweizenfrikadellen

250 g Buchweizen
$^1/_2$ l Wasser
1 gehäufter Tl Frugola
1 gehäufter Tl Vitam-Gemüsebrühe
1 Curry-Tartex, 125 g
100 g Magerquark
$^1/_2$ Tl Brechts Kräutersalz
1 Tl Curry
1 El Majoran, frisch oder getrocknet
1 Bund Schnittlauch
Vollkorn-Semmelbrösel
Diäsan

Den Buchweizen in einem Sieb waschen und mit Frugola und Vitam-Gemüsebrühe in das kochende Wasser geben. 10 Minuten leicht kochen, 20 Minuten quellen lassen.

Zu der abgekühlten Masse die Tartex, den Magerquark und die Gewürze geben und gut vermengen. Mit feuchten Händen Frikadellen formen und in Semmelbrösel wenden.

Die angegebene Menge ergibt ca. 8 Stück.

In Diäsan auf beiden Seiten leicht braten.

Die Frikadellen können auch aus grobgeschrotetem Buchweizen zubereitet werden. Dazu rührt man 250 g Buchweizenschrot, ungewaschen, in $^3/_4$ l Brühe. Die übrige Zubereitung ist gleich.

Die zähe, grützenartige Masse wird beim Backen der Frikadellen locker und weich.

Grünkernfrikadellen Hawaii

250 g Grünkern
2 Lorbeerblätter
gut ½ l Wasser
1 gehäufter Tl Frugola
1 gestrichener Tl Brechts Selleriesalz

1 Dose Kräuter-Tartex (125 g)
2 Eier
2 Tl Natura Kräutersenf
1 Prise Pfeffer
1 Tl Paprika
4 Tl Majoran
2 Knoblauchzehen
1 El Sojasauce

ca. 40 g Vollkornbrösel zum Wenden
1 Dose Ananas, ungesüßt (Neuform, 10 Scheiben)
8 Scheiben Emmentaler oder Gouda
Tomatenketchup
1 El gehackte Petersilie

Grünkern mittelfein schroten (Einstellung zwischen Müsli und Vollkornmehl) und mit dem Lorbeerblatt, Frugola, Salz und Wasser zusetzen. Unter ständigem Rühren ankochen und auf kleinster Flamme ca. 20 Minuten quellen lassen. Etwas abkühlen, dann Tartex, Eier und sämtliche Gewürze (Knoblauch fein geschnitten) einarbeiten.

Frikadellen formen, in Vollkornbrösel wälzen und in Diäsan ausbacken, dann auf das Backblech legen, mit einer Scheibe Ananas und einer Scheibe Käse belegen und im Ofen bei 200° 15 Minuten lang den Käse schmelzen lassen (oder unter dem Grill). In die Mitte etwas Tomatenketchup geben, mit wenig Petersilie bestreuen und zu Salaten servieren.

Das Rezept ergibt 8 Frikadellen. Sie schmecken auch kalt, mit etwas Senf und milchsauren Gurken, am Abend serviert, gut.

Hirsefrikadellen, überbacken

180 g Hirse
¾ l Wasser
1 Bund Suppengrün
1 kleine Zwiebel
½ Tl Vollmeersalz
1 Tl Frugola

1 Dose Kräuter-Tartex, 125 g
½ Tl Brechts Kräutersalz
1 gehäufter Tl Origano

Vollkorn-Semmelbrösel
Diäsan
200 g Tomaten
150 g Gouda, geschnitten
Kräuselpetersilie

Die Hirse mit Wasser, dem sehr klein geschnittenen Suppengrün und der Zwiebel, dem Vollmeersalz und Frugola 10 Minuten leicht kochen und 10 Minuten nachquellen lassen.

Die ausgekühlte Hirse mit Tartex, Kräutersalz und Origano abschmecken. Mit feuchten Händen Frikadellen formen, in Semmelbrösel wenden und in Diäsan auf beiden Seiten backen.

Auf ein Backblech legen, mit einer Tomatenscheibe und einer Käsescheibe belegen und kurz unter den Grill schieben oder 10 Minuten bei 225° in den vorgeheizten Backofen, mittlere Schiene, stellen.

Mit Kräuselpetersilie anrichten.

Die Menge ergibt ca. 10 Frikadellen.

Käsesteaks

200 g Gouda
½ l Wasser
1 gestrichener Tl Brechts Kräutersalz
1 Suppengrün
150 g Demeter-Weizengrieß mit Schalenteilen
Vollkorn-Semmelbrösel
Diäsan

Wasser mit Kräutersalz und feingeschnittenem Suppengrün zusetzen, beim Kochen Grieß einrühren und 2 Minuten kochen lassen.

Abkühlen. Den geriebenen Käse einarbeiten und mit feuchten Händen flache Küchlein formen. In Vollkorn-Semmelbrösel wälzen und in Diäsan backen.

Ergibt ca. 10 Stück.

Pilzbeefsteak

500 g Pilze (Steinpilze, Pfifferlinge, Reizker o. ä.)
20 g Diäsan
1 Zwiebel

3 Grahambrötchen, 1–2 Tage alt
⅛ l Milch

½ Tl Vollmeersalz
1 Tl Frugola
2 El gehackte Petersilie
1 Ei
40 g Vollkorn-Semmelbrösel

Vollkorn-Semmelbrösel zum Wenden
Diäsan zum Backen

Die geputzten, gewaschenen und zerkleinerten Pilze mit der kleingeschnittenen Zwiebel in Diäsan weich dünsten, ca. 10 Minuten.

Die Grahambrötchen fein aufschneiden, mit heißer Milch übergießen, durchziehen lassen und dann zerdrücken. Zu den Pilzen geben und kurze Zeit unter Rühren mitdünsten.

Die Masse etwas auskühlen lassen, mit Vollmeersalz, Frugola und Petersilie würzen und mit Ei und Vollkorn-Semmelbröseln vermengen.

Mit feuchten Händen Beefsteaks formen und in Semmelbröseln wenden. Die Menge ergibt 8 Stück.

In Diäsan leicht braten und mit buntem Kartoffelsalat und grünen Salaten reichen.

Pilzschnitzel

500 g Pilzkappen (vorzugs-
   weise Reizker, Parasol o. ä.)
2 Eier
$^1/_8$ l Sauerrahm
2 MS Vollmeersalz
$^1/_2$ Tl Frugola

Vollkorn-Semmelbrösel
Diäsan

Saft von 1 Zitrone, ungespritzt

Die ganzen Pilzkappen sorgfältig waschen, abtropfen lassen.

Die Eier mit Sauerrahm verrühren, mit Vollmeersalz und Frugola würzen. Die Pilze durch die Eiersauce ziehen, in Vollkorn-Semmelbröseln wenden und in Diäsan ausbacken.

Bei Tisch mit Zitronensaft beträufeln.

Reisfrikadellen

200 g Naturreis
$^1/_2$ l Wasser
1 Tl Vollmeersalz
1 Tl Frugola
1 Suppengrün
1 kleine Zwiebel

1 Ei
2 Tl Origano
$^1/_2$ Tl Brechts Picata
2 El gehackte Petersilie
Vollkorn-Semmelbrösel zum
   Wenden
Diäsan

100 g Hensels Sojafleisch nach
   Hackfleischart
$^1/_4$ l Wasser
2 Tl Frugola

Den Reis waschen und mit Wasser, Vollmeersalz, Frugola sowie dem feingeschnittenen Suppengrün und der Zwiebel zusetzen. Bei kleinster Hitze ca. 40 Minuten kochen, 20 Minuten quellen lassen.

Das Sojafleisch in $^1/_4$ l warmem, mit Frugola gewürztem Wasser ca. 15 Minuten quellen lassen. Den erkalteten Reis mit dem Sojafleisch, Ei und den Gewürzen gut vermengen. Mit feuchten Händen Frikadellen formen, in Vollkorn-Semmelbröseln wenden und in Diäsan auf beiden Seiten backen.
Mit Käsesauce zu Salaten oder Gemüse reichen.

Die Menge ergibt 8–10 Frikadellen.

Sellerieschnitzel

600 g Sellerie
Brechts Kräutersalz
200 g Schnittkäse
2 Eier
Vollkorn-Semmelbrösel
Diäsan

Sellerie im ganzen kochen (nicht zu weich), auskühlen lassen, schälen und in $1/2$ cm dicke Scheiben schneiden. Leicht würzen, zwischen zwei Selleriescheiben eine passende Käsescheibe legen, zuerst in verquirltem Ei, dann in Vollkorn-Semmelbröseln wälzen und in Diäsan ausbacken.

Dazu Kartoffelsalat, grüne Salate oder Risotto mit Meerrettichsauce.

Zucchini- und Auberginenscheiben, gebacken

500 g Zucchini
300 g Auberginen
2 Eier
$1/2$ Tl Kräutersalz
1–2 Knoblauchzehen
Vollkornsemmelbrösel

Diäsan
200 g Gouda in Scheiben

Zucchini und Auberginen mit der Schale in 1 cm dicke Scheiben schneiden. Es sollten von jeder Sorte gleich viele Scheiben sein.

Die Eier mit Kräutersalz und dem feingeschnittenen Knoblauch glatt schlagen. Die Zucchini- und Auberginenscheiben zuerst in Ei, dann in Semmelbrösel wenden. Zunächst die Auberginenscheiben langsam in Diäsan ausbacken und auf eine Platte in die auf 150° vorgeheizte Röhre stellen. Den Käse zerschneiden, auf die Auberginenscheiben legen und darauf die gebackenen Zucchinischeiben geben. 10 Minuten in der Röhre lassen, damit der Käse schmilzt.

Mit Kartoffelsalat oder frischen Salaten reichen.

Beilagen

Bohnensalat

1 kg frische oder tiefgekühlte
   Bohnen
½ l Wasser
1 Tl Vollmeersalz

4 El kaltgeschlagenes Öl
1 große oder 2 kleine Zwiebeln
1 Knoblauchzehe
4–5 El Obstessig
1 Tl Frugola
1 El Sojasauce
1 Tl Bohnenkraut
½ Tl süßer Paprika

Bohnen waschen, schneiden oder in Stücke brechen und mit Vollmeersalz und Wasser ca. 30 Minuten kochen.

Abkühlen lassen und mit allen angegebenen Zutaten (Zwiebeln und Knoblauch fein schneiden) gut vermengen und etwa 1 Stunde ziehen lassen.

Grünkern, ganze Körner

250 g Grünkern
gut ½ l Wasser

2 Tl Frugola
1 Tl Vitam-Gemüsebrühe

1 Bund frischen Majoran, Bohnenkraut oder Petersilie
10 g Butter

Den Grünkern in einem Sieb waschen und über Nacht in ½ l Wasser einweichen. Mit Frugola und Vitam-Gemüsebrühe gewürzt im Einweichwasser 30 Minuten kochen, 20 Minuten quellen lassen.

Ein Stückchen Butter und frischen Majoran, Bohnenkraut oder Petersilie, feingehackt, unterziehen.

Als Beilage kann wahlweise statt Reis Grünkern verwendet werden.

Käse-Gnocchi

knapp ½ l Wasser
1 Tl Brechts Kräutersalz
30 g Butter
250 g Demeter-Weizengrieß mit Schalenteilen

2 kleine Eier

2 l Wasser
2 Tl Vollmeersalz
150 g Emmentaler
1 El gehackte Petersilie

Das Wasser mit Salz und Butter zum Kochen bringen, den Grieß auf einmal hineinschütten und mit dem Kochlöffel unter ständigem Rühren bei kleiner Hitze zu einem Kloß abrühren, der sich vom Topf löst. Von der Kochstelle nehmen und die Eier nacheinander dazugeben, gut verrühren.

Von dem Teig mit einem Teelöffel kleine Nockerln (Gnocchi) abstechen, ins kochende Salzwasser geben und 5 Minuten ziehen lassen. Mit dem Sieblöffel herausnehmen und in eine gefettete, mit geriebenem Käse ausgestreute, feuerfeste Form legen und mit geriebenem Käse bestreuen. Im vorgeheizten Ofen 15–20 Minuten bei 200°, mittlere Schiene, leicht überbacken.

Mit gehackter Petersilie bestreut servieren.

Als Beilage sehr gut zu gedünstetem Gemüse, zu Fenchel oder zu Salaten.

Kartoffelrösti

1 kg Kartoffeln
Selleriesalz
100 g Diäsan
1 Bund Schnittlauch

Rohe Kartoffeln gut bürsten, Augen ausstechen und nach Möglichkeit mit der Schale in halbfingerlange, dünne Stifte schneiden. In einem Tuch trocknen.

Bei mäßiger Hitze, zugedeckt, in Diäsan braten, des öfteren wenden, mit Selleriesalz würzen und mit Schnittlauch bestreut servieren.

Garzeit: 30–40 Minuten.

Kartoffelrolle

650 g Kartoffeln
1 Tasse Wasser
Kümmel

125 g Weizenvollkornmehl
125 g Demeter-Weizengrieß mit Schalenteilen
1 Tl Vollmeersalz
1 gehäufter Tl Brechts Endoferm
etwas Muskatnuß
2–3 Eier, je nach Größe
50 g Vollkorn-Semmelbrösel

Füllung:
50 g Diäsan
75 g Vollkorn-Semmelbrösel
etwas Brechts Selleriesalz
60 g zerlassene Butter

Die Kartoffeln kochen, schälen, durchpressen und auskühlen lassen. Zur Füllung Diäsan zerlassen und die Vollkorn-Semmelbrösel darin leicht rösten. Mit Selleriesalz bestreuen.

Die erkalteten Kartoffeln mit dem frisch gemahlenen Weizenvollkornmehl, Grieß, Eiern und Gewürzen verkneten. Den Teig auf einer mit Vollkorn-Semmelbrösel bestreuten Serviette auswalken (1 cm dick) in Topfbreite, mit den gerösteten Semmelbröseln bestreuen und mit Hilfe des Tuches aufrollen.

Nun die Rolle mit der zugebundenen Serviette in einen Topf mit kochendem Salzwasser legen und zugedeckt ca. 30 Minuten mehr ziehen als kochen lassen.
Mit der Serviette wieder herausheben und auf einer Platte in dicke Scheiben (ca. 12 Stück) schneiden.

Mit zerlassener Butter übergießen und zu Gemüse mit einer Sauce reichen.

Kartoffelnestchen

800 g Kartoffeln
1 Tasse Wasser
$^1/_2$ Tl Kümmel

$^1/_2$ Tl Vollmeersalz
1 Tl Frugola
Muskat
2 Eier
1 Eischnee
75 g Butter

1 Eidotter

Kartoffeln mit Wasser und Kümmel gar kochen, abschälen und sofort durch die Kartoffelpresse drücken. Etwas abkühlen lassen, mit Vollmeersalz, Frugola und etwas abgeriebener Muskatnuß würzen, mit Eiern und Butter zu einem geschmeidigen Teig verarbeiten.

Aus diesem Teig mit dem Spritzbeutel auf ein gefettetes Blech zuerst kleine, runde Böden und dann um die Böden einen gleichmäßig hohen Ring spritzen. Die Nestchen oben mit Eigelb bestreichen und bei 200° ca. 30 Minuten, mittlere Schiene, goldgelb überbacken.

Ergibt 9 Nestchen. Mit Gemüsefüllung oder Pilzragout gefüllt servieren.

Herzogin-Kartoffeln

Die Zutaten und die Arbeitsweise sind die gleichen wie bei Kartoffelnestchen.

Statt Nestchen werden mit dem Spritzbeutel kleine Häufchen gespritzt, mit Ei bestrichen und goldgelb gebacken.

Eine dekorative und feine Beilage.

Kartoffelcroquetten

1000 g Kartoffeln
2 Eier, getrennt
50 g Weizenvollkornmehl
2 Tl Kümmel
1 Tl Brechts Endoferm
1 Tl Brechts Kräutersalz

Vollkorn-Semmelbrösel
Diäsan

Die Kartoffeln werden mit der Schale in einem Topf mit 1 Tasse Wasser und 1 Tl Kümmel gekocht, abgeschält und durch die Kartoffelpresse gedrückt.

Etwas auskühlen lassen, dann das Weizenvollkornmehl, die Eidotter und Gewürze daruntermengen und Croquetten formen. Eischnee leicht schlagen, darin die Croquetten wälzen, in Semmelbrösel wenden und in Diäsan backen.

Ergibt ca. 10 Stück.

Kartoffelbrei

1000 g Kartoffeln
1 Tasse Wasser
½ Tl Kümmel

gut ¼ l Milch
½ Tl Brechts Kräutersalz

20 g Butter
Petersilie

Die Kartoffeln im ganzen gar kochen, schälen, sofort in die erwärmte Milch pressen und mit dem Schneebesen sahnig rühren. Mit zerlassener Butter übergießen und mit gehackter Petersilie bestreut servieren.

Kartoffelsalat mit Rapunzel

1000 g kleine Kartoffeln
1 Tl Kümmel
1 Tasse Wasser

1 gehäufter El Magerquark
2 El Sauerrahm
1 Joghurt
1 Tl Kräutersenf Natura
2 El kaltgeschlagenes Öl
1 gestrichener Tl Vollmeersalz
1 gestrichener Tl Frugola
1 gestrichener Tl Dillspitzen

2 rotbackige Äpfel
1 Zwiebel
2 milchsaure Gurken
ca. ¼ l verdünnten Obstessig
(Apfel)

100 g Rapunzel (Feldsalat)

Kartoffeln mit wenig Wasser und Kümmel gar kochen, etwas auskühlen lassen.

Salatsauce aus Magerquark, Sauerrahm, Joghurt, Senf und Öl rühren und mit Vollmeersalz, Frugola, Dillspitzen würzen.

Äpfel und Gurken fein würfeln, Zwiebel fein schneiden, Kartoffeln scheibeln und unter die Salatsauce heben.

Mit soviel verdünntem Obstessig übergießen und mischen, daß der Kartoffelsalat saftig ist, 1 Stunde ziehen lassen.

Kurz vor dem Anrichten Rapunzel unterheben.

Bunter Kartoffelsalat

1000 g kleine Kartoffeln
½ Tl Kümmel
1 Tasse Wasser

5 El kaltgeschlagenes Olivenöl
3 El Obstessig
2 Tl Kräutersenf Natura
1 Zwiebel
¼ Tl Vollmeersalz

¼ l warmes Wasser
2 Tl Frugola
1 grüne Paprikaschote
1 rote Paprikaschote
1 Bund Schnittlauch

Kartoffeln kochen, etwas auskühlen lassen und schälen.

Das Öl mit dem Essig cremig rühren, Senf, Vollmeersalz und die kleingeschnittene Zwiebel dazugeben. Die Kartoffeln in Blättchen in die Sauce schneiden.

Warmes Wasser mit Frugola verrühren, über die Kartoffeln gießen und alles gut mischen.

Die Paprikaschoten in feine Streifen schneiden, dann würfeln und unter den Salat mengen, 1 Stunde ziehen lassen und nochmals mischen.

Mit feingeschnittenem Schnittlauch anrichten.

Kartoffelsalat mit Selleriemayonnaise

750 g Kartoffeln
1 Tasse Wasser
½ Tl Kümmel

1 Zwiebel
⅛ l Wasser
1 Tl Frugola

1 Bund Schnittlauch
1 hartgekochtes Ei

1 Eidotter
⅛ l kaltgeschlagenes Olivenöl
3 El Obstessig
1 Tl Curry
½ Tl Vollmeersalz
1 Becher Joghurt
250 g Sellerie

Die Kartoffeln mit Wasser und Kümmel zusetzen und gar kochen. Etwas abkühlen lassen, schälen und fein scheibeln.

Das Eidotter cremig rühren, langsam das Öl dazurühren und die fertige Mayonnaise mit Obstessig, Curry und Vollmeersalz würzen, mit Joghurt verlängern und den Sellerie fein dazureiben.

Nun die Kartoffeln, die feingeschnittene Zwiebel und das in ⅛ l warmem Wasser aufgelöste Frugola unter die fertige Selleriemayonnaise heben.

Mit feingeschnittenem Schnittlauch und Eischeiben garnieren.

Fränkischer Kartoffelsalat

1 000 g Kartoffeln
1 Tasse Wasser
½ Tl Kümmel

5 El kaltgeschlagenes Öl
3 El Obstessig
2 El Tomatenketchup
1 Tl Kräutersenf Natura

¼ l Wasser
1 Tl Frugola
¼ Tl Vollmeersalz

1 Bund Zwiebelschlotten
  (6 Stück)
1 Bund Radieschen

Die Kartoffeln mit Wasser und Kümmel zusetzen. Etwas abkühlen lassen, schälen und fein scheibeln.

Öl mit Obstessig cremig rühren, Tomatenketchup und Senf dazugeben.

Die Kartoffeln sowie die in feine Rädchen geschnittenen Zwiebelschlotten dazugeben und mit warmem Wasser, in dem Frugola und Vollmeersalz aufgelöst wurden, übergießen.

Alles gut vermengen und 30–60 Minuten durchziehen lassen. Mit fein gescheibelten Radieschen garnieren.

Dieser Kartoffelsalat schmeckt auch warm sehr gut.

Maisschnitten

1 l Wasser
1 Bund Suppengrün
1 Tl Brechts Selleriesalz
2 Tl Frugola
250 g Polenta (Maisgrieß)
1 El Buchweizen, gemahlen

200 g Gouda-Schnittkäse
Diäsan

Das Wasser mit dem feingeschnittenen Suppengrün, Selleriesalz und Frugola zum Kochen bringen, den Maisgrieß und den feingemahlenen Buchweizen einrühren, ca. 5 Minuten kochen und 20 Minuten bei kleinster Hitze quellen lassen.

Den Brei auf einen großen, flachen Teller streichen und erkaltet in Stücke schneiden. In Diäsan auf beiden Seiten backen und im Backofen, mit einer Scheibe Käse belegt, kurz unter dem Grill oder bei 225°, mittlere Schiene, ca. 15 Minuten überbacken.

Als Beilage zu Gemüsen und Salaten.

Maiswürfel, gebacken

250 g Maisgrieß (Polenta)
1 l Wasser
1 Tl Vollmeersalz
1 Tl Frugola
1 Tl Vitam-Gemüsebrühe
1 Bund Suppengrün

150 g Gouda oder Emmentaler
2 Tl Thymian
1 Bund Schnittlauch
20 g Butter

Das Wasser mit Vollmeersalz, Frugola, Vitam-Gemüsebrühe und dem sehr fein geschnittenen Suppengrün zusetzen. Den Mais in die kochende Brühe schütten, 5 Minuten kochen und 20 Minuten bei kleinster Hitze quellen lassen.

Den Brei auf einen flachen Teller geben, glattstreichen und ausgekühlt in Würfel schneiden.

In eine gefettete, feuerfeste Form die Maiswürfel, schichtweise mit dem feingeriebenen Käse und dem gerebelten Thymian bestreut, geben. Mit Butterflöckchen belegt im vorgeheizten Ofen bei 220° ca. 35–40 Minuten auf mittlerer Schiene backen.

Mit feingeschnittenem Schnittlauch garnieren und zu Salaten oder Gemüsen reichen.

Polenta

220 g Maisgrieß (feingeschroteter Mais)
1 l Wasser
1 gehäufter Tl Vitam-Gemüsebrühe
1 gehäufter Tl Frugola

50 g geriebenen Emmentaler
20 g Butter
1 El gehackte Kräuter

In das kochende Wasser den Mais, Frugola und Vitam-Gemüsebrühe einrühren, 5 Minuten kochen und 20 Minuten bei kleinster Hitze quellen lassen.

Vor dem Anrichten die Butter und den geriebenen Emmentaler unterziehen und mit gehackten Kräutern garnieren.

Polenta ist eine beliebte Beilage zu Gemüsen und Salaten.

Mehlklöße

350 g Weizenvollkornmehl
$1/_4$ l Milch
10 g Hefe
3 Eier
1 gehäufter Tl Vollmeersalz

3 Grahambrötchen
40 g Diäsan

2 l Salzwasser

In das frisch gemahlene Weizenvollkornmehl die lauwarme, mit Hefe verrührte Milch geben, gut verrühren und 10 Minuten stehenlassen, salzen und nacheinander die Eier unterrühren. Den Teig gut abschlagen, bis er Blasen wirft.

Grahambrötchen fein würfeln, in Diäsan leicht anrösten und unter den Teig heben.

Mit einem nassen Schöpflöffel Klöße abstechen und ins kochende Salzwasser legen, 20 Minuten leicht kochen lassen.

Die Menge ergibt 8 Klöße.

Restliche Klöße kann man am nächsten Tag würflig schneiden, in Diäsan leicht anbraten, mit verquirlten Eiern übergießen und stocken lassen.

Schwemmklöße

60 g Butter
2 große Eier
Vollmeersalz
Demetergrieß mit Schalenteilen, ca. 150 g, hängt von der Größe der Eier ab
1 1/2 l Salzwasser

Butter schaumig rühren, Eier und Vollmeersalz dazurühren und langsam den Demetergrieß dazugeben. Höchstens einige Minuten stehenlassen, da sonst der Grieß zu fest wird.

Mit 2 Eßlöffeln Nockerl formen und in das kochende Salzwasser geben, leicht kochen lassen und nach 10 Minuten die Klößchen schwemmen, d. h. eine Tasse kaltes Wasser langsam über die kochenden Klöße gießen und wieder zum Kochen bringen. 10 Minuten ziehen lassen.

Ergibt ca. 12 Klöße.

Die Klößchen schmecken besonders gut zu zartem Gemüse wie Spargel, Schwarzwurzeln, Karotten mit Erbsen, Pilzen o. ä.

Man kann sie auch als Suppeneinlage verwenden. Statt in kochendes Salzwasser gibt man sie mit 2 Teelöffeln in die kochende Gemüsebrühe, welche aus Vitam-Gemüsebrühe und Frugola bereitet sein kann.

Semmelknödel

10 Grahambrötchen, 1–2 Tage alt
1/2 l Milch
1 leicht gehäufter Tl Vollmeersalz
15 g Diäsan
1 kleine Zwiebel
2 El gehackte Petersilie
2 Eier
zum Kochen: Salzwasser

Grahambrötchen in Scheiben schneiden, salzen, mit lauwarmer Milch übergießen und etwas ziehen lassen.

Zwiebel und Petersilie, fein geschnitten in Diäsan angedünstet, dazugeben und mit den Eiern zu einem Teig verarbeiten. Mit feuchten Händen Knödel formen.

Ins kochende Salzwasser legen und zugedeckt zum Kochen bringen, dann halboffen 20 Minuten leicht kochen lassen.
Die Menge ergibt 10 Semmelknödel.

Curry-Reis

2 Tassen Naturreis
4 Tassen Wasser
1 Bund Suppengrün
1 Tl Vollmeersalz
1 Tl Frugola
1 gehäufter Tl Curry

Reis in einem Sieb gut waschen und mit allen Gewürzen zusetzen. Nach dem Ankochen läßt man den Reis bei kleiner Hitze ca. 40 Minuten weiterkochen. Die letzten 20 Minuten läßt man ihn nur noch quellen.

Risotto

2 Tl Diäsan
125 g Zwiebeln
300 g Naturreis

³/₄ l Wasser
1 gestrichener Tl Brechts Kräutersalz
2 Tl Frugola

Parmesankäse
Schnittlauch

Diäsan zerlassen, die feingeschnittene Zwiebel darin andünsten, den trockenen Reis dazugeben und ungefähr 10 Minuten unter wiederholtem Rühren ganz leicht rösten. Mit warmem Wasser aufgießen, Vollmeersalz und Frugola dazugeben und bei kleiner Hitze 30 Minuten kochen und 20 Minuten quellen lassen. Er muß nach dem Garwerden locker und körnig sein.

Mit Parmesankäse und Schnittlauch bestreut servieren.

Kräuterrisotto

2 Tl Diäsan
300 g Naturreis

³/₄ l Wasser
1 gestrichener Tl Brechts Kräutersalz
2 Tl Frugola

Frisch gehackte Kräuter

Zubereitung wie bei Risotto.

Statt Parmesan wird nach dem Garwerden 1 Tasse frisch gehackter Kräuter untergehoben.

Schwäbische Spätzle

500 g Weizenvollkornmehl
2 Tl Vollmeersalz
4 kleine oder 3 große Eier
³/₈ l lauwarmes Wasser

2 l kochendes Salzwasser und
2 El kaltgeschlagenes Öl

Das frisch und sehr fein gemahlene Weizenvollkornmehl mit Vollmeersalz, Eiern und dem Wasser verrühren und glattschlagen.
In den Spätzleschaber füllen und ins kochende Salzwasser hineinschaben, ab und zu umrühren, so daß sie nicht zusammenkleben. Einmal aufkochen lassen und mit dem Sieblöffel herausnehmen oder in ein Sieb gießen. Kurz mit kaltem Wasser abbrausen.

Spätzle sind eine vielseitige Zugabe zu Gemüsen oder auch eine Mahlzeit für sich, wenn man sie mit geriebenem Käse (dünn Frugola dazwischenstreuen) schichtweise in eine Auflaufform gibt oder mit verquirlten Eiern in der Pfanne bäckt.

Dazu Salate.

Vollkorn-Spaghetti*

375 g Vollkorn-Spaghetti
1 ¼ l Wasser oder ¾ l Wasser für 250 g Vollkornnudeln
2 Tl Frugola
1–2 Tl Vollmeersalz

In das kochende Salzwasser die Nudeln geben und bei kleinster Flamme ca. 15–20 Minuten ganz leicht kochen lassen; 10 Minuten nachziehen lassen.

Das Wasser ist dann vollständig aufgebraucht und muß nicht weggegossen werden.

Die angegebene Wassermenge und Kochzeit gilt auch für alle anderen Vollkornnudelarten wie Bandnudeln, Hörnchen, Makkaroni, Spirali u. a.

---

* Lieferant u. a.: Reform-Teigwarenfabrik, Otto Zettler, 2060 Sühlen, über Bad Oldesloe

Schalenkartoffeln, gebacken

1000 g Kartoffeln, möglichst gleicher Größe
Kümmel

Die Kartoffeln waschen, sauber bürsten und halbieren. Die Schnittfläche in Kümmel drücken und auf ein Blech setzen. Oben die Kartoffeln kreuzweise einschneiden.

Im vorgeheizten Ofen bei 200r°, mittlere Schiene, je nach Kartoffelgröße, ca. 1 Stunde backen.

Spargelsalat, gekocht

750 g Spargel, netto
gut ½ l Wasser
1 gehäufter Tl Vollmeersalz
4 El Obstessig
2 El kaltgeschlagenes Öl

Den Spargel sorgfältig von oben nach unten schälen und ins kochende Salzwasser geben, ca. 30 Minuten leicht kochen lassen.

Spargel herausnehmen, in eine tiefe Platte legen. Zu der ausgekühlten Brühe den Obstessig und das Öl geben und über den Spargel gießen.

1–2 Stunden ziehen lassen.

Gemüse

Artischocken

4 Artischocken
½ l Wasser
Saft von 1 Zitrone, ungespritzt

Französische Mayonnaise
(siehe Rezept Seite 160)

Artischocken sind keine Gemüsefrüchte, sondern Blütenknospen.

Von den Artischocken schneidet man den Stiel und die Spitzen der Blätter mit der Schere weg. Zitronensaft ins Wasser geben und die Artischocken darin ca. 30 Minuten leicht kochen lassen.

Wenn sich die Blätter leicht ausziehen lassen, sind sie gar. Man richtet sie auf einer gewärmten Platte an. Beim Essen zupft man die Blätter von außen nach innen aus, tunkt sie in die Mayonnaise und zieht mit den Zähnen den dicken unteren Teil ab. Die Spitzen legt man dann weg. Hat man alle Blätter entfernt, so schneidet man mit einem scharfen Messer den Bast vorsichtig über dem Boden ab und hebt ihn weg. Nun ißt man den Artischockenboden mit Mayonnaise.

Die Böden der Artischocke gelten als Delikatesse.

Bohnen-Tomaten-Gemüse

1000 g Bohnen
⅛ l Wasser
1 Tl Frugola
½ Tl Vollmeersalz
1 Zwiebel
1 Knoblauchzehe

400 g Tomaten
20 g Butter
1 Tl Bohnenkraut
1 Bund Petersilie

Die Bohnen in fingerlange Stücke schneiden oder brechen und mit wenig Wasser, Vollmeersalz, Frugola und der feingeschnittenen Zwiebel sowie dem Knoblauch ca. 30 Minuten dünsten.

Vor dem Servieren die gewürfelten Tomaten, Butter, Bohnenkraut und feingewiegte Petersilie unterziehen.

Mit neuen Kartoffeln oder Schwemmklößen reichen.

Broccoli

750 g Broccoli
⅛ l Wasser
½ Tl Vollmeersalz

100 g Butter
125 g Vollkorn-Semmelbrösel
Selleriesalz

Broccoli, auch Spargelkohl genannt, ist eine italienische Abart unseres Blumenkohls. Er ist dunkelgrün und langstieliger als dieser und im Geschmack noch ein wenig pikanter. Er ist sehr viel einfacher im Garten selbst zu ziehen als Blumenkohl.

Broccoli waschen, in große Röschen teilen, Stiele mitverwenden und in wenig Salzwasser ca. 20–30 Minuten gar dünsten. Mit dem Sieblöffel auf eine gewärmte Platte heben.

Butter zerlaufen lassen, Vollkorn-Semmelbrösel, mit etwas Selleriesalz gewürzt, darin wälzen und über den Broccoli verteilen.

Fenchel, gedünstet oder überbacken

1000 g Fenchel
⅛ l Wasser
½ Tl Vollmeersalz

50 g Butter
gehacktes Fenchelgrün

Von den Fenchelknollen die Strünke abschneiden, halbieren und gut waschen. In etwas Salzwasser ca. 30–40 Minuten bei kleiner Hitze dünsten. Man kann die Knollen auch in 1 cm dicke Scheiben schneiden und dünsten, dann verringert sich die Kochzeit.

Auf eine gewärmte Platte legen, mit zerlassener Butter begießen und mit gehacktem Grün bestreut servieren.

Dazu reicht man z. B. Käsegnocchi.

Abwandlung: Den gedünsteten Fenchel in eine gefettete, feuerfeste Form legen, mit 150 g geriebenem Emmentaler oder Gouda bestreuen und bei 200° ca. 15–20 Minuten leicht überbacken.

Dazu reicht man z. B. Kräuterrisotto.

Gemüsefüllung für Kartoffelnestchen

300 g Karotten, netto
200 g Spargel, netto
100 g Erbsen, netto
125 g Pfifferlinge, netto
1/8 l Wasser
Brechts Selleriesalz
Frugola

30 g Weizenvollkornmehl
1/8 l Wasser

1 El Sojasauce
2 El Sauerrahm
1 El gehackte Petersilie
1 El gehackter Dill

Das geputzte, zerkleinerte Gemüse mit etwas Wasser zusetzen, mit Selleriesalz und Frugola würzen und gar kochen.

Das frisch gemahlene Weizenvollkornmehl mit Wasser anrühren, unter das Gemüse geben und einmal aufkochen lassen.

Mit Sojasauce, Sauerrahm, Dill und Petersilie abschmecken und in die Kartoffelnestchen füllen, Seite 202.

Pilzfrikassee

500 g Pilze (Champignons, Pfifferlinge, Reizker o. ä.)
40 g Diäsan
Saft von 1 Zitrone, ungespritzt
gut ½ l Wasser
Vollmeersalz
Frugola

50 g Weizenvollkornmehl
⅛ l Wasser

⅛ l Weißwein
2 MS Pfeffer
2 El Sojasauce
1 Eidotter
2 El gehackte Petersilie

Die Pilze waschen, putzen und fein schneiden. In Diäsan andünsten, mit Zitronensaft beträufeln und unter Zugabe von Wasser, Vollmeersalz und Frugola ca. 15 Minuten weichdünsten.

Das frisch gemahlene Weizenvollkornmehl mit Wasser anrühren, zu den Pilzen geben und 1 Minute kochen lassen.

Von der Kochstelle nehmen und mit Weißwein, Sojasauce und Pfeffer abschmecken, mit einem Eigelb abziehen und gehackte Petersilie unterheben.

Mit Reis, Semmelknödel, Mehlklößen oder neuen Kartoffeln anrichten.

Pilzragout

500 g Pilze (Reizker, Pfifferlinge o. ä.)
2 kleine Zwiebeln
15 g Diäsan
gut ¼ l Wasser
Zitronenschale, ungespritzt

40 g Vollkornweizenmehl
⅛ l Wasser
1 Tl Frugola
½ Tl Vollmeersalz
1 El Sojasauce
1 MS Pfeffer
Saft von 1 Zitrone, ungespritzt
1 Tasse Sauerrahm
2 El gehackte Petersilie

Die gut geputzten und gewaschenen Pilze abtropfen lassen und grob zerkleinern.

Die kleingeschnittenen Zwiebeln in Diäsan andünsten, Pilze dazugeben und 5 Minuten dünsten. Unter Zugabe von Wasser ca. 15 Minuten leicht kochen lassen. Zitronenschale 10 Minuten mitkochen lassen und dann entfernen.

Das frisch gemahlene Weizenvollkornmehl mit ⅛ l Wasser anrühren, zu den Pilzen geben und 1 Minute aufkochen lassen. Mit Vollmeersalz, Frugola, Sojasauce, Pfeffer gut abschmecken, Zitronensaft und Sauerrahm unterziehen.

Mit gehackter Petersilie servieren.

Dazu passen gut Semmelknödel, Vollkornmehlklöße oder Naturreis.

Rahmspinat

750 g Spinat
1 kleine Zwiebel
½ Tasse Wasser

2 El Weizenvollkornmehl
Vollmeersalz
je 1 MS gemahlenen Ingwer
  und Thymian
1–2 Tl Frugola
200 ccm Sauerrahm

Spinat gut waschen, abtropfen lassen und mit ½ Tasse Wasser und der gehackten Zwiebel ganz kurz kochen, so daß er eben erst zusammenfällt. Spinat nun in den Mixer füllen und zerkleinern.

Durch die kurze Kochzeit behält der Spinat seine hellgrüne Farbe.

Nun wieder in den Topf geben, 2 El frisch gemahlenes Weizenvollkornmehl mit etwas Wasser glattrühren, dazugeben und kurz aufkochen lassen.

Von der Herdplatte nehmen, mit Vollmeersalz, Frugola, Ingwer und Thymian würzen und den Sauerrahm unterheben.

Dazu Pellkartoffeln, in etwas kaltgeschlagenem Öl gewälzt, und Spiegeleier reichen.

Die Eier in erwärmtem Diäsan in die Pfanne schlagen und auf kleinster Flamme stocken lassen (ca. 7 Minuten). Beim Zerschneiden soll der Dotter noch laufen.

Rosenkohlrührei

500 g Rosenkohl
1 Tasse Wasser
Brechts Selleriesalz

4 Eier
2 El Sahne
1 MS Paprika
1 MS Brechts Selleriesalz
1 MS gemahlenen Kümmel

1 Tl Diäsan

Den Rosenkohl bei kleiner Hitze mit Wasser und Selleriesalz 10–15 Minuten dünsten.

Eier und Sahne verquirlen und mit den angegebenen Gewürzen abschmecken.

Den Rosenkohl in einer Pfanne in Diäsan ganz leicht backen und mit der Eiersauce übergießen. Bei kleiner Hitze ca. 10 Minuten stocken lassen.

Mit Kartoffelsalat reichen.

Sellerie, gedünstet

2 Sellerie
Saft von 1 Zitrone, ungespritzt
knapp 1 Tasse Wasser
2 El Hefeflocken
Vollmeersalz
2 El Petersilie
60 g Butter

Sellerie schälen, in Stücke schneiden, mit Zitrone beträufeln und bei kleiner Hitze mit etwas Salzwasser garen lassen (ca. 20 Minuten).

Hefeflocken, Petersilie und Butterflöckchen untermengen.

Spargel

1 000 g Spargel
½ l Wasser
½ Tl Vollmeersalz
1 gehäufter El gehackte Petersilie

Die Spargelstangen waschen (vom Kopf nach den Enden zu schälen) und in Salzwasser ca. 30–40 Minuten, je nach Frische, leicht kochen. Herausnehmen, abtropfen lassen und auf einer gewärmten Platte, mit Petersilie bestreut, anrichten.

Man kann die Französische Mayonnaise (siehe Rezept) und Schwemmklöße (siehe Rezept) dazureichen. Auch mit zerlassener Butter und neuen Kartoffeln ist der Spargel eine Delikatesse.

Spargel in Buttersauce

(Die Buttersauce paßt auch zu Lauch, Schwarzwurzeln und Blumenkohl.)

650 g Spargel, netto
⅝ l Wasser (bei tiefgekühltem Spargel verringert sich die Wassermenge um ⅛ l)
1 Tl Vollmeersalz

50 g Weizenvollkornmehl
⅛ l Milch
1 Eidotter
Saft von 1 Zitrone, ungespritzt
30 g Butter
1 Bund Petersilie

Den frischen Spargel sorgsam von oben nach unten schälen, in fingerlange Stücke schneiden und in Salzwasser ca. 30 Minuten leicht kochen.

Mit einem Sieblöffel den fertigen Spargel herausheben und das frisch gemahlene Weizenvollkornmehl, mit Milch glattgerührt, in das Spargelwasser einrühren und aufkochen lassen.

Von der Feuerstelle nehmen, Eidotter und Zitronensaft unterziehen und den Spargel wieder in die Sauce geben. Die Butter darin zerfließen lassen und mit gehackter Petersilie bestreut reichen.

Mit Lauch, Schwarzwurzeln und Blumenkohl wird ebenso verfahren.

Den Lauch der Länge nach halbieren und in fingerlange Stücke schneiden. Die Schwarzwurzeln sollten mit Handschuhen und Kartoffelschäler geschält werden. Den Blumenkohl in Röschen teilen.

Leckereien

Süßspeisen

Apfelküchle

250 g Weizenvollkornmehl
¼ l Milch
2 Eier
1 Tl Zimt
1 Prise Vollmeersalz
3 El Honig

100 g Diäsan
4–6 Äpfel, je nach Größe
1 Zitrone, ungespritzt
3 El Preiselbeerkompott (siehe Rezept)

Das frisch gemahlene Weizenvollkornmehl verrührt man mit Milch, Eiern, Zimt, Vollmeersalz und Honig zu einem dicken Pfannkuchenteig.

Die Äpfel schälen, Kernhaus ausstechen und in ca. 8 mm dicke Scheiben schneiden, die man mit Zitronensaft beträufelt.

Die Teigmenge ist für ca. 25 Scheiben berechnet.

1 El heißes Diäsan zum Teig geben (damit dieser besser an den Äpfeln haftet) und die Apfelscheiben nach kurzem Eintauchen in den Teig in das heiße Fett geben und bei kleiner Hitze auf beiden Seiten backen.

Mit einem Tupfer Preiselbeerkompott in der Mitte reichen.

Äpfel im Schlafrock

Teig:
500 g Weizenvollkornmehl
Schale von 1 Zitrone, ungespritzt
1 Prise Vollmeersalz
1 MS Vanille
1 Ei
1 Eiweiß
150 g Honig
100 g Butter
4 El saure Sahne

Sonstige Zutaten:
Saft von 1 Zitrone, ungespritzt
ca. 100 g Rosinen, ungeschwefelt
12 mittelgroße Äpfel
12 Tl Nußmix mit Honig (von Granovita)
1 Eigelb
1 El Wasser

In das frisch gemahlene Weizenvollkornmehl gibt man Vollmeersalz, abgeriebene Zitronenschale und Vanille. Dann verrührt man Ei, Eiweiß, die saure Sahne und Honig in der Mitte, schneidet die kalte Butter darüber und knetet alles rasch zusammen. Den Teig 1 Stunde ruhen lassen.

Die Äpfel inzwischen im ganzen abschälen, das Kerngehäuse herausstechen und mit Zitronensaft beträufeln.

Den Teig zu einer Rolle formen und in 12 Teile teilen. Jedes Teil mit dem Nudelholz etwas auswellen und 1 Apfel darauflegen. Das Loch zur Hälfte mit Rosinen füllen und 1 knappen Tl Nußmix daraufgeben. Nun den Teig um den Apfel wickeln und auf das ungefettete Blech legen (darauf achten, daß das Nußmix oben ist, sonst läuft es während des Backens aus).

Eigelb mit Wasser verrühren und die eingewickelten Äpfel damit bestreichen. Bei 180° ca. 45 Minuten auf der 2. Schiene von unten backen.

Die Äpfel werden warm serviert. Bleiben welche übrig, schmecken sie auch kalt sehr gut.

Aprikosen- oder Zwetschgenknödel

300 g Weizenvollkornmehl
1 gestrichener Tl Zimt
1 Tl Backpulver
1 Prise Vollmeersalz
250 g Quark
Schale von 1 Zitrone, ungespritzt
100 g Honig
125 g Butter

20–22 Aprikosen oder 32 große Zwetschgen, frisch oder tiefgekühlt
1 Eigelb
1 Tl Milch

In das frisch gemahlene Weizenvollkornmehl gibt man Zimt, Backpulver, Vollmeersalz und reibt die Zitrone darüber. In einer Vertiefung verrührt man Quark und Honig mit dem Mehl, schneidet die kalte Butter darüber und knetet alles rasch zusammen. Den Teig läßt man 30–60 Minuten ruhen.

Dann formt man eine lange Rolle und schneidet sie in so viele Teile, wie man Obst hat. Die Aprikosen oder Zwetschgen werden im ganzen (mit Stein) mit dem Teig, den man auf der Handfläche breit drückt, umwickelt und auf das leicht gefettete Blech gesetzt.

Bei tiefgekühltem Obst läßt man dieses nicht zuerst auftauen, sondern wickelt den Teig rasch um die kalten Früchte.

Ein Eigelb verrührt man mit 1 Tl Milch und bestreicht die Knödel.

Im vorgeheizten Backofen bäckt man bei 200° ca. 35 Minuten, mittlere Schiene. Etwas abkühlen lassen und servieren.

Bayerischer Scheiterhaufen

10 Grahambrötchen, 1–2 Tage alt
125 g Rosinen
750 g Äpfel, netto
½ l Milch
2 MS Vanillegewürz
2 MS Brechts Delifrut
2 Eidotter
100 g Honig
20 g Butter

Brötchen in feine Scheiben schneiden, schichtweise mit Apfelschnitzen und Rosinen in eine gefettete Auflaufform füllen (unterste und oberste Schicht sind Brötchen).

Milch leicht erwärmen, mit Honig, Eidotter, Delifrut und Vanille verrühren und langsam über die Brötchen gießen, so daß Milch auch die oberen Brötchen befeuchtet. Mit Butterflöckchen bestreuen.

45–50 Minuten bei 190°, unterste Schiene, backen.

Hirseauflauf

300 g Hirse
1 l Wasser
1 Prise Vollmeersalz
1 Vanillestange
1 Zimtstange

75 g Butter
Schale von ½ Zitrone, ungespritzt
3 Eier, getrennt
100 g Honig
100 g Rosinen
30 g abgezogene, gehackte Mandeln

Hirse mit Wasser, Vollmeersalz, Vanille und Zimtstange zusetzen und 5 Minuten kochen lassen. Dann 20 Minuten auf der warmen Herdplatte quellen lassen.

Butter glattrühren, abgeriebene Zitronenschale, Eidotter und Honig dazu-, Hirse und Rosinen daruntermengen. Eiweiß zu Schnee schlagen und ebenfalls darunterheben.

In eine gefettete Auflaufform geben und mit den gehackten Mandeln bestreuen. Bei 200° ca. 45 Minuten, mittlere Schiene, backen.

Dazu kann man rohes Apfelmus (siehe Rezept) reichen.

Hirsetorte

200 g Hirse
¾ l Wasser
Zitronenschale, ungespritzt
Zimtstange
Vanillestange
1 Prise Vollmeersalz

100 g Butter
100 g Honig
2 Eidotter
100 g Sultaninen, ungeschwefelt
75 g Mandeln
200 g Weizenvollkornmehl
1 gehäufter Tl Backpulver
¼ l Milch
2 Eischnee

Die Hirse mit Wasser und Gewürzen bei mäßiger Hitze ca. 10 Minuten kochen und 10 Minuten quellen lassen. Gewürze herausnehmen und die Hirse auskühlen lassen.

Butter, Honig und Eidotter schaumig rühren, Sultaninen, geriebene Mandeln und die abgekühlte Hirse dazugeben. Das frisch gemahlene Weizenvollkornmehl mit Backpulver mischen und abwechselnd mit Milch dazurühren. Den steifen Eischnee unterheben.

In eine gut gefettete, gebröselte Springform füllen und in dem auf 175° vorgeheizten Ofen, unterste Schiene, ca. 1 Stunde backen.

Die Hirsetorte kann warm oder kalt mit rohem oder gekochtem Apfelmus gereicht werden.

Kaiserschmarren

6 Eigelb
$^3/_8$ l Milch
2 MS Vollmeersalz
80 g Honig
170 g Weizenvollkornmehl

6 Eischnee
60 g Diäsan

Eigelb, Milch, Vollmeersalz und Honig mit dem frisch gemahlenen Weizenvollkornmehl verrühren. Den steifen Eischnee unterheben.

In 2 Pfannen das Fett erhitzen, den Teig hineingeben und auf kleinster Hitze ca. 10 Minuten stocken lassen. Wenden und die andere Seite auch ca. 10 Minuten stocken lassen. Mit 2 Gabeln in Stücke reißen und noch etwas abbacken lassen.

Mit Preiselbeerkompott und Apfelmus (beides mit Honig gesüßt) reichen.

Der Kaiserschmarren kann auch zu Salaten gegessen werden. Man läßt im Teig den Honig weg und nimmt auf dieselbe Menge nur 150 g Weizenvollkornmehl.

Kirschenmännle

1 $^1/_2$ Pfund Kirschen, frisch oder tiefgekühlt
10 Grahambrötchen, 2 Tage alt
$^3/_4$ l Milch
2 Eier
150 g Honig
1 gehäufter El Kakao, dunkel
1 Tl Zimt
Saft und Schale von 1 Zitrone, ungespritzt
25 g Butter

Milch erwärmen, Eier und Honig mit dem Schneebesen einrühren. Brötchen fein schneiden, mit dem Gemisch übergießen. Kakao und Zimt darüberstreuen, Zitrone abreiben und entsaften und alles gut mit einem Kochlöffel oder mit sauberen Händen vermengen.

Kirschen unterheben und das Ganze in eine gefettete Auflaufform geben. Butterflöckchen darauflegen und bei 200° 1 Stunde backen (2. Schiene von unten).

Bei tiefgekühlten Kirschen verringert sich die Milchmenge um $^1/_8$ l.

Reisauflauf

300 g Naturreis (Rundkorn)
⁵/₈ l Wasser
1 Prise Vollmeersalz
1 Vanillestange

80 g Butter
3 Eier, getrennt
120 g Honig
100 g Rosinen
2 MS Delifrut
Schale von 1 Zitrone, ungespritzt
30 g gehackte, abgezogene Mandeln

Reis mit Vollmeersalz, Vanillestange und Wasser zusetzen, ca. 40 Minuten leise kochen lassen, 10 Minuten nachquellen, dann etwas auskühlen lassen.

Butter glattrühren, Honig, Eidotter, Delifrut und Rosinen dazurühren, Zitrone abreiben und nun den Reis dazugeben. Eischnee schaumig schlagen und darunterheben. In eine gefettete Auflaufform füllen und mit gehackten Mandeln bestreuen. Bei 200° ca. 45 Minuten, mittlere Schiene, backen.

Man kann dazu mit Honig gemixtes Obst, wie Aprikosen, Pfirsiche, Zwetschgen oder rohes Apfelmus, reichen.

Reis-Kirschen-Auflauf

300 g Naturreis (Rundkorn)
⁵/₈ l Wasser
1 Prise Vollmeersalz
1 Stückchen Stangenzimt
1 Vanillestange

50 g Butter
3 Eier, getrennt
125 g Honig
2 MS Brechts Delifrut
Schale von 1 Zitrone, ungespritzt
600 g Kirschen, frisch oder tiefgekühlt
25 g Butter für Flöckchen

Reis in einem Sieb gut waschen, mit Vollmeersalz und Gewürzen zusetzen, auf kleiner Flamme ca. 40 Minuten leicht kochen und 10 Minuten nachquellen lassen. Etwas auskühlen lassen.

Butter schaumig rühren, Eidotter, Honig, Delifrut und abgeriebene Zitronenschale verrühren, Reis und Kirschen untermengen und Eischnee unterheben.

In eine gefettete Auflaufform geben, mit Butterflöckchen belegen und bei 175° 45–60 Minuten auf der 2. Schiene von unten backen.

Bei der Verwendung tiefgekühlter Kirschen verringert sich die Wassermenge um $1/8$ l.

Schweizer Früchtereis

400 g Naturreis (Rundkorn)
1 ¼ l Wasser
250 g Trockenfrüchte, gemischt und ungeschwefelt
1 Vanillestange
1 Zimtstange
Schale von 1 Zitrone, ungespritzt
¼ Tl Vollmeersalz
500 g Kirschen, frisch oder tiefgekühlt
500 g verschiedenes Obst, netto
Saft von 1 Zitrone, ungespritzt, oder von 1 Grapefruit
½ Tl Delifrut
⅛ l Sahne

Den Reis in einem Sieb waschen und mit Wasser, Vollmeersalz, den zerkleinerten Trockenfrüchten (Feigen, Aprikosen, Sultaninen, Hutzeln o. ä.) zusetzen.

Die Zimtstange, Vanillestange und die ganze Zitronenschale für 20 Minuten mitkochen, dann herausnehmen. Den Reis 30 Minuten leicht kochen, 20 Minuten quellen lassen.

Die Früchte würfeln, mit Zitronensaft und Delifrut mischen und erst vor dem Servieren unter den Reis heben.

Leicht geschlagene Sahne darübergeben.

Topfenstrudel, bayrisch

Strudelteig:
300 g Weizenvollkornmehl
1 Ei
2 El kaltgeschlagenes Sonnenblumenöl
1 Tl Obstessig (Apfel)
1 Prise Vollmeersalz
⅛ l lauwarmes Wasser

Füllung:
40 g Butter
2 Eigelb
200 g Honig
1 000 g Magerquark
4 El Sauerrahm
125 g dunkle Rosinen, ungeschwefelt
2 Eischnee
40 g zerlassene Butter

In das frisch gemahlene Weizenvollkornmehl rührt man das Ei, Obstessig, Vollmeersalz und Öl, gibt langsam das lauwarme Wasser dazu und knetet alles gut zu einem geschmeidigen Teig zusammen. Diesen schlägt man nun solange auf dem Tisch, bis er glatt ist und glänzt (ca. 5 Minuten). Mit einer erwärmten Schüssel deckt man ihn zu und läßt ihn 30 Minuten ruhen.

Butter, Eigelb und Honig schaumig rühren, Magerquark, Sauerrahm und die Rosinen einrühren und den Eischnee unterziehen.

Die Hälfte des Strudelteigs auf einer bemehlten Arbeitsfläche sehr dünn auswalken und auf ein Geschirrtuch legen. Mit zerlassener Butter bestreichen und die Hälfte der Füllung darauf ausbreiten. Das Geschirrtuch leicht anheben, damit sich der Strudel locker zusammenrollt. Mit Hilfe des Geschirrtuches auf das gefettete Blech gleiten lassen, die Ränder einschlagen.

Mit der 2. Teighälfte ebenso verfahren. Auf dem Blech etwas Abstand halten, da der Strudel doppelt so breit wird. Mit zerlassener Butter bestreichen und bei 190° auf der 2. Schiene von unten ca. 45 Minuten goldbraun backen.

Vor dem Anrichten etwas abkühlen lassen.

Der Strudel kann warm oder kalt gegessen werden.

Wiener Apfelstrudel

50 g Butter
1 Ei
1 Tl Obstessig
1 MS Vollmeersalz
250 g Weizenvollkornmehl
5–6 El lauwarmes Wasser, je nach Eigröße

30 g Butter
1/8 l Sauerrahm
2 Tl Honig
800 g Äpfel, netto
50 g Mandeln
100 g dunkle Rosinen, ungeschwefelt
Zimt

30 g Butter

Die Butter mit Ei, Obstessig und Vollmeersalz glattrühren. Das frisch gemahlene Weizenvollkornmehl und das lauwarme Wasser dazugeben und alles zu einem geschmeidigen Teig sehr gut verkneten.

Den Teig nun ca. 5 Minuten lang auf den Tisch schlagen, damit er elastisch und glänzend wird. Mit einer angewärmten Schüssel zudecken und 30 Minuten ruhen lassen.

Die Äpfel (je nach Sorte) schälen und schnitzeln, die Mandeln reiben. Nun wird der Teig auf einer bemehlten Arbeitsfläche rechteckig in Breite des Backbleches so dünn wie möglich ausgewalkt, dann wird er auf ein großes Geschirrtuch gelegt. Am besten legt man das Nudelholz in die Mitte des Teiges, schlägt die eine Hälfte des Teiges vorsichtig darüber und hebt ihn so auf das Tuch. Jetzt bestreicht man ihn rasch mit zerlassener Butter, dann mit Sauerrahm, in den man Honig gerührt hat, breitet die Äpfel aus und streut Rosinen, Mandeln und Zimt darauf.

Nun hebt man das Tuch an einer Seite leicht an, rollt den Strudel locker zusammen und drückt die Enden etwas an. Vom Tuch auf das gefettete Blech gleiten lassen, mit zerlassener Butter bestreichen.

Im Backofen bei 200° auf mittlerer Schiene 45–50 Minuten backen.

Der Strudel kann warm oder kalt gegessen werden.

Rahmapfelstrudel

Zubereitung wie beim Wiener Apfelstrudel, nur teilen wir den Strudelteig und walken ihn auf 2mal aus, damit der Strudel in eine Backpfanne paßt.

Jedes Teigstück mit der Hälfte der Zutaten belegen und mit Hilfe des Tuches in die Backpfanne gleiten lassen, in der $1/4$ l Milch mit 15 g Butter erhitzt wurde. Mit $1/8$ l Sauerrahm bestreichen und 45–60 Minuten bei 200°, mittlere Schiene, backen.

In der Backpfanne aufschneiden und herausheben.

Wiener Buchteln

550 g Weizenvollkornmehl
⅛ l Milch
20 g Hefe

⅛ l Milch
50 g Butter
75 g Honig
Schale von ½ Zitrone, ungespritzt
1 Prise Vollmeersalz
1 MS Vanille
1 Ei

Streumehl
60 g Butter

Füllung:
250 g Magerquark
1 Eidotter
50 g Honig
2 MS Brechts Delifrut
50 g Sultaninen, ungeschwefelt

Das frisch gemahlene Weizenvollkornmehl in eine Schüssel geben, eine Vertiefung drücken und darin die in lauwarmer Milch angerührte Hefe zu einem dicklichen Brei verrühren und mit etwas Mehl bedeckt 15 Minuten gehen lassen.

In der lauwarmen Milch die Butter, Honig, abgeriebene Zitronenschale, Vollmeersalz, Vanille und Ei verrühren und an den Teig geben, gut schlagen oder kneten. Mit feuchten Händen zu einer Kugel formen, die Schüssel mit Vollkornmehl ausstreuen, den Teig wieder hineinlegen, leicht mit Vollkornmehl bestäuben und 30–45 Minuten zugedeckt gehen lassen, bis er sich ungefähr verdoppelt hat.

Den Quark mit den angegebenen Zutaten glattrühren.

Den Teig auf einer bemehlten Arbeitsfläche durchkneten, fingerdick auswellen und mit einer Tasse Teigscheiben ausstechen. Die Teigscheiben mit der Hand etwas auseinanderziehen, 1 gehäufter Tl Füllung daraufgeben und die Teigränder über der Füllung zusammendrücken und in der Hand rund rollen.

Die Buchteln mit der Verschlußseite nach unten in eine sehr gut eingefettete Backpfanne nebeneinanderlegen und an die Stellen, wo sie sich berühren, etwas flüssige Butter geben, damit sie nicht zusammenbacken.

Nochmals 15 Minuten gehen lassen und bei 200° ca. 40 Minuten backen (unterste Schiene). Heiß stürzen. Schmecken warm und kalt gleich gut.

Warm mit Vanillesauce reichen. Die Menge ergibt ca. 12 Buchteln.

Rohrnudeln

Sie werden wie Wiener Buchteln, jedoch ohne Füllung zubereitet.

Der Teig wird nicht ausgewellt, sondern zu einer Rolle geformt und in 12 Teile geschnitten. Jedes Teil wird mit leicht bemehlten Händen rund gerollt und in eine gut gebutterte Backpfanne gelegt – flüssige Butter zwischen die einzelnen Nudeln.

15 Minuten gehen lassen und bei 200° ca. 40 Minuten backen.

Heiß stürzen und mit Vanillesauce reichen.

Zwetschgendatschi

500 g Weizenvollkornmehl
$1/8$ l Milch
30 g Hefe

$1/8$ l Milch
50 g Butter
100 g Honig
2 MS Vollmeersalz
Schale von 1 Zitrone, ungespritzt
$2 1/2$ kg Spätzwetschgen
Zimt

Das frischgemahlene Weizenvollkornmehl in eine Schüssel geben, eine Vertiefung eindrücken und darin die in lauwarmer Milch aufgelöste Hefe mit einem Teil des Mehles zu einem dicklichen Brei rühren. Mit Mehl bestreut ca. 15 Minuten gehen lassen.

In die lauwarme Milch Butter, Honig und Salz verrühren, dieses zum gegangenen Teig gießen und die Zitronenschale dazureiben. Alles gut zu einem glatten Teig verkneten und ca. 45 Minuten gehen lassen.

Den gegangenen Teig auf einem gefetteten, bemehlten Backblech auswalken, einen 2 cm hohen Rand hochdrücken und dicht mit entkernten, 2mal eingeschnittenen Zwetschgen belegen.

Im vorgeheizten Ofen bei 200°, 2. Schiene von unten, backen. Noch warm mit Zimt bestreuen.

Frisch und lauwarm gegessen, schmeckt der Datschi am besten.

Desserts

Apfelmus, roh

800 g Äpfel
Saft von 1–2 Zitronen, ungespritzt
1–2 El Honig
2 MS Delifrut

⅛ l Sahne
einige Walnußkerne

Dazu eignen sich nur reife, wohlschmeckende Apfelsorten.

Den Zitronensaft mit Honig (die Menge ist von der Apfelsorte abhängig) und Delifrut verrühren.

Die Äpfel vierteln, Kernhaus ausschneiden und auf einer feinen Reibe direkt in den Zitronensaft reiben, so daß die Schale übrigbleibt. Den geriebenen Apfel sofort unterheben.

Mit steifgeschlagener Sahne und einigen Walnußkernen garnieren und gleich servieren.

Das doppelte Rezept, ohne Sahne und Walnußkerne, eignet sich gut als Beilage zu Süßspeisen wie Kaiserschmarren, Hirsetorte, Reibekuchen etc.

Äpfel in Gelee

4 süße Äpfel
Saft von ½ Zitrone, ungespritzt
Zitronenschale, ungespritzt
Zimtstange, 3 cm
Vanillestange
⅛ l Wasser

8 Tl Preiselbeerkompott
knapp ½ l Apfelsaft
1 leicht gehäufter Tl Agar-Agar

Äpfel schälen, Kernhaus ausstechen, mit Zitronensaft beträufeln und in etwas Wasser, dem ein Stück Zimtstange, Vanillestange und ein Stück Zitronenschale beigegeben ist, ca. 10 Minuten dünsten, bis sie weich sind. Die Garzeit hängt von der Apfelsorte ab.

In Portionsschälchen stellen, die Mitte mit Preiselbeerkompott füllen. Das Kochwasser mit Apfelsaft auf 1/2 l auffüllen und erhitzen. Agar-Agar mit etwas Apfelsaft anrühren, in dem heißen Saft verrühren und kurz quellen lassen.

Über die Äpfel verteilen und kalt stellen.

Aprikosenquark

500 g Aprikosen
ca. 3 El Honig, je nach Fruchtsüße
1 MS Brechts Vanille
250 g Magerquark
1/8 l Sahne

Die ausgereiften Aprikosen entsteinen, mit Honig und Vanille im Mixer pürieren (2 zum Verzieren zurücklassen) und unter den Quark ziehen. Kurz kühl stellen.

Mit steifgeschlagener Sahne und einer halben Aprikose verzieren.

Bananenquark

250 g Magerquark
1/8 l Buttermilch
Schale von 1/2 Zitrone, ungespritzt
1 MS Delifrut
2 reife Bananen
2 El Zitronensaft
1 El Honig

zum Verzieren:
1 Banane
1 El Zitronensaft

Den Magerquark mit der Buttermilch cremig rühren, die Zitronenschale abreiben und mit Delifrut würzen.

Die Bananen mit der Gabel fein zerdrücken, mit Zitronensaft und Honig schaumig schlagen und unter den Quark heben.

In Portionsschalen verteilen.

Zum Verzieren die Banane in Scheibchen schneiden, mit Zitronensaft beträufeln und senkrecht in den Quark stellen. Kühl servieren.

Beerenleckerei

400 g rote oder schwarze
　　Johannisbeeren
2 reife Bananen
Saft von ½ Zitrone, ungespritzt
1 MS Brechts Vanille
1 Tl Honig
⅛ l Sahne

zum Verzieren:
4 Sträußchen Johannisbeeren
4 kleine Johannisbeerblätter

Die Bananen mit der Gabel zerdrücken und mit Zitronensaft, Vanille und Honig schaumig rühren. Die abgestreiften Beeren unterziehen, in Glasschälchen füllen und kühl stellen.

Die steifgeschlagene Sahne gehäuft darübergeben und mit den Johannisbeersträußchen und -blättern garnieren.

Birnenigel

2 reife Williams-Birnen
4 Tl Rum
30 g Mandelstifte

⅜ l Wasser
1 gehäufter Tl Agar-Agar
1 El Kakao, dunkel

⅛ l Sahne
100 g Honig

Die Birnen halbieren, Kernhaus ausstechen und abschälen. Mit einer Gabel einstechen, mit Rum beträufeln und mit gestifteten Mandeln spicken. In Portionsschälchen geben.

¼ l Wasser erhitzen, ⅛ l mit Agar-Agar und Kakao verrühren, dazugeben und nahezu bis zum Kochen bringen.

Die ungeschlagene Sahne und den Honig dazurühren und gleich über die vorbereiteten Birnen gießen. 1 Stunde kühl stellen.

Bunter Obstsalat

2 Orangen
2 Äpfel
1 Päckchen Tiefkühl-Himbeeren
　　oder Erdbeeren, ungezuckert
¼ frische Ananas
Saft von 1 Zitrone, ungespritzt
1 El Honig

⅛ l geschlagene Sahne
4 halbe Walnußkerne

Orangen schälen und quer in Scheiben schneiden. 4 Scheiben zurückbehalten zum Verzieren, den Rest kleinschneiden. Äpfel mit der Schale würfeln, mit Zitronensaft beträufeln, Ananas in Stückchen schneiden, Himbeeren auftauen und mit Honig süßen. Alles in einer Schüssel gut vermengen und in Portionsschälchen verteilen. In die Mitte eine runde Scheibe Orange legen, mit Sahnetupfer und Walnuß garnieren.

Creme Hawaii

250 g Magerquark
75 g hellen Honig
1 MS Vanillegewürz
⅛ l Sahne
½ frische Ananas

Den Magerquark mit Honig und Vanillegewürz mit einem Schneebesen verrühren, die geschlagene Sahne unterheben.

Die Ananas wie einen Apfel vierteln, den mittleren Strunk herausschneiden und die Schale mit einem gezackten Messer abschneiden.

In kleine Würfel schneiden und unterheben. Portionsweise verteilen, mit einem Stückchen Ananas verzieren und 30 Minuten kühl stellen.

Erdbeerquark

250 g Magerquark
⅛ l Buttermilch
2 El Honig
1 MS Brechts Delifrut
400 g frische Erdbeeren

Den Magerquark mit Buttermilch und Honig glattrühren, mit Delifrut würzen und die kleingeschnittenen Erdbeeren unterziehen.

In Portionsschälchen verteilt mit einigen halbierten Erdbeeren verzieren.

Bei tiefgekühlten Erdbeeren entfällt die Buttermilch, da diese beim Auftauen viel Saft abgeben.

Erdbeercreme

500 g Erdbeeren, frisch oder tiefgekühlt
250 g Magerquark
80 g Honig
2 MS Brechts Delifrut
⅛ l Sahne

Erdbeeren (einige zum Verzieren zurücklassen), Magerquark, Honig und Delifrut im Mixer pürieren.

Sahne schlagen, etwas in die Garnierspritze abfüllen, den Rest unter die Erdbeeren heben. In Portionsschälchen verteilen und mit Sahnetupfern und Erdbeeren verzieren.

Erdbeerpudding

500 g frische oder tiefgekühlte Erdbeeren
½ l Apfelsaft
1 leicht gehäufter Tl Agar-Agar
2 MS Brechts Delifrut
⅛ l Sahne
1 gehäufter Tl Honig

Die Erdbeeren vierteln, kleine im ganzen lassen.

In den Apfelsaft rührt man mit einem Schneebesen das Agar-Agar und Delifrut und bringt es kurz vors Kochen. Nun gießt man zunächst einen Teil in bereitgestellte Puddingförmchen oder Tassen, gibt einen Teil der Erdbeeren darauf, gießt über diese wieder den angedickten Saft und gibt wieder eine Lage Früchte darüber. Mit Saft abschließen. 1–2 Stunden kühl stellen.

Mit einem Messerchen vorsichtig um den Rand der Förmchen fahren und den steifen Obstpudding auf ein Tellerchen stürzen. Mit steifgeschlagener Sahne, die mit Honig gesüßt wurde, garnieren und kalt servieren.

Tiefgekühlte Erdbeeren eignen sich für diesen Nachtisch besonders gut. Der durch das Auftauen entstandene rote Erdbeersaft, mit Apfelsaft auf ½ l aufgefüllt, gibt dem Pudding eine schöne Farbe.

Erdbeeren mit Sahne (halbgefroren)

⅜ l Sahne
1–2 El Honig
1 MS Delifrut
300 g frische Erdbeeren

Die steifgeschlagene Sahne mit Honig süßen und mit Delifrut würzen. Die Erdbeeren in Scheiben schneiden und unterheben. Einige zum Verzieren zurücklassen.

In Glasschüsseln füllen und ca. 30 Minuten ins Tiefkühlfach stellen.

Dazu Knisterbrot von Drei Pauly reichen.

Creme Hawaii

250 g Magerquark
75 g hellen Honig
1 MS Vanillegewürz
⅛ l Sahne
½ frische Ananas

Den Magerquark mit Honig und Vanillegewürz mit einem Schneebesen verrühren, die geschlagene Sahne unterheben.

Die Ananas wie einen Apfel vierteln, den mittleren Strunk herausschneiden und die Schale mit einem gezackten Messer abschneiden.

In kleine Würfel schneiden und unterheben. Portionsweise verteilen, mit einem Stückchen Ananas verzieren und 30 Minuten kühl stellen.

Erdbeerquark

250 g Magerquark
⅛ l Buttermilch
2 El Honig
1 MS Brechts Delifrut
400 g frische Erdbeeren

Den Magerquark mit Buttermilch und Honig glattrühren, mit Delifrut würzen und die kleingeschnittenen Erdbeeren unterziehen.

In Portionsschälchen verteilt mit einigen halbierten Erdbeeren verzieren.

Bei tiefgekühlten Erdbeeren entfällt die Buttermilch, da diese beim Auftauen viel Saft abgeben.

Erdbeercreme

500 g Erdbeeren, frisch oder tiefgekühlt
250 g Magerquark
80 g Honig
2 MS Brechts Delifrut
⅛ l Sahne

Erdbeeren (einige zum Verzieren zurücklassen), Magerquark, Honig und Delifrut im Mixer pürieren.

Sahne schlagen, etwas in die Garnierspritze abfüllen, den Rest unter die Erdbeeren heben. In Portionsschälchen verteilen und mit Sahnetupfern und Erdbeeren verzieren.

Erdbeerpudding

500 g frische oder tiefgekühlte
 Erdbeeren
½ l Apfelsaft
1 leicht gehäufter Tl Agar-Agar
2 MS Brechts Delifrut

⅛ l Sahne
1 gehäufter Tl Honig

Die Erdbeeren vierteln, kleine im ganzen lassen.

In den Apfelsaft rührt man mit einem Schneebesen das Agar-Agar und Delifrut und bringt es kurz vors Kochen. Nun gießt man zunächst einen Teil in bereitgestellte Puddingförmchen oder Tassen, gibt einen Teil der Erdbeeren darauf, gießt über diese wieder den angedickten Saft und gibt wieder eine Lage Früchte darüber. Mit Saft abschließen. 1–2 Stunden kühl stellen.

Mit einem Messerchen vorsichtig um den Rand der Förmchen fahren und den steifen Obstpudding auf ein Tellerchen stürzen. Mit steifgeschlagener Sahne, die mit Honig gesüßt wurde, garnieren und kalt servieren.

Tiefgekühlte Erdbeeren eignen sich für diesen Nachtisch besonders gut. Der durch das Auftauen entstandene rote Erdbeersaft, mit Apfelsaft auf ½ l aufgefüllt, gibt dem Pudding eine schöne Farbe.

Erdbeeren mit Sahne (halbgefroren)

⅜ l Sahne
1–2 El Honig
1 MS Delifrut
300 g frische Erdbeeren

Die steifgeschlagene Sahne mit Honig süßen und mit Delifrut würzen. Die Erdbeeren in Scheiben schneiden und unterheben. Einige zum Verzieren zurücklassen.

In Glasschüsseln füllen und ca. 30 Minuten ins Tiefkühlfach stellen.

Dazu Knisterbrot von Drei Pauly reichen.

Gefüllte Grapefruit

2 Grapefruits
200 g Magerquark
3 El Sanddornsaft, mit Honig gesüßt (Donath oder Eden)
⅛ l Sahne
2 El Sanddornsaft, mit Honig gesüßt
20 Cashewkerne

Die Grapefruits gut waschen, in 2 Hälften teilen, das Fruchtfleisch mit dem Messer ringsherum lösen und mit einem Löffel herausnehmen.

In kleine Stückchen schneiden.

Den Magerquark mit Sanddornsaft und wenig Grapefruitsaft glattrühren und das Fruchtfleisch dazugeben.

Die Sahne steif schlagen, Sanddornsaft dazurühren und einen Teil unter den Quark heben. Kühl stellen.

Erst vor dem Servieren in die Grapefruits füllen, mit Sanddornsahne und einigen Cashewkernen garnieren.

Grapefruit Piz Palü

3 Grapefruits
3 Tl Honig
1 MS Zimt
⅛ l Sahne

2 Grapefruits schälen und quer in Hälften aufteilen. In Portionsschälchen legen.

1 Grapefruit auspressen, den Saft mit Honig und Zimt verrühren, die vorbereiteten Grapefruits damit tränken und 30 Minuten kühl stellen.

Die steifgeschlagene Sahne darüberhäufen.

Hirse mit frischen Zwetschgen oder Aprikosen

110 g Hirse
$^1/_2$ l Wasser
1 Vanillestange
1 Prise Vollmeersalz

60 g Honig
2 El Sahne
1 MS Brechts Delifrut

750 g Zwetschgen, frisch oder tiefgekühlt, oder 500 g reife Aprikosen
$^1/_8$ l geschlagene Sahne

Hirse in Wasser zusetzen, 10 Minuten leicht kochen und 10 Minuten ziehen lassen. Etwas abkühlen, ungeschlagene Sahne und Honig dazurühren. In Portionsschälchen geben und einstweilen kühl stellen.

Kurz vor dem Servieren Zwetschgen im Mixer fein pürieren und über die Hirse gießen. Zu den Aprikosen 1 El Honig geben.

In die Mitte einen Schlag Sahne geben und servieren.

Ingwersahne

$^1/_8$ l Sahne
200 g Quark
8 in Sirup eingelegte Ingwer
4 El Ingwersirup
1 MS gemahlener Ingwer

Quark mit Ingwersirup und dem gemahlenen Ingwer verrühren. 7 Ingwer fein schneiden und mit der geschlagenen Sahne unter den Quark heben.

In Glasschälchen verteilen. Mit einem in Scheibchen geschnittenen Ingwer verzieren.

Johannisbeercreme

$^3/_8$ l Wasser
75 g sehr fein gemahlenes Weizenvollkornmehl

2 Eier, getrennt
120 g Honig
1 MS Delifrut
400 g frische oder tiefgekühlte Johannisbeeren

$^1/_4$ l Wasser zum Kochen bringen. Das frisch gemahlene Weizenvollkornmehl mit $^1/_8$ l Wasser anrühren und mit Schneebesen einrühren. 1 Minute kochen lassen. Im Wasserbad unter ständigem Rühren abkühlen.

Eidotter, Honig, Delifrut und die Johannisbeeren unterheben, Eischnee unterziehen. Einige Johannisbeeren zum Verzieren zurücklassen.

In Portionsschälchen füllen.

Dieser Nachtisch ist sehr reichlich und ergibt im Sommer mit einer Salatplatte ein vollständiges Essen.

Kirschbecher

500 g Kirschen oder Sauerkirschen
30 g Mandeln
knapp ¼ l Sahne (200 ccm)
1 Eidotter
1 El Honig
2 MS Delifrut
1 Eischnee

zum Verzieren:
4 Paar Kirschen mit Stiel

Die Kirschen entsteinen, die Mandeln reiben.

Die Sahne steif schlagen. Eidotter, Honig und Delifrut dazugeben, den Eischnee unterheben.

Die Kirschen, die Creme und die Mandeln schichtweise in Gläser füllen. Mit einem Paar Kirschen mit Stiel verzieren.

Kühl servieren.

Melonenkörbchen mit Johannisbeeren

2 reife Honigmelonen
400 g Johannisbeeren
2 Bananen
2 MS Brechts Delifrut
⅛ l Sahne

Die gekühlten Melonen halbieren und mit einem Eßlöffel die Kerne entfernen. Als Verzierung den Rand mit einem Messer auszacken und den Melonenboden etwas abschneiden, zum besseren Stand.

Die Bananen zerschneiden, mit einer Gabel zerdrücken und cremig schlagen. Delifrut und die abgeperlten Johannisbeeren unterziehen und in die Melonenkörbchen füllen. Mit steifgeschlagener Sahne garnieren.

Melone mit Kirschsahne

2 Honigmelonen
¼ l Sahne
4 El Sanddornsaft, honiggesüßt (Eden oder Donath)
ca. 400 g entsteinte Kirschen

Die Melonen halbieren, mit einem Löffel die Kerne herausnehmen und nach Belieben den Rand auszacken.

Unter die steifgeschlagene Sahne den Sanddornsaft rühren. ¼ der Sahne in die Garnierspritze abfüllen und unter den Rest der Sahne die Hälfte der entsteinten, feingeschnittenen Kirschen heben.

Die Melonen damit füllen, mit Kirschen und Sahnetupfern garnieren.

Melonensalat

2 reife Honigmelonen
250 g Kirschen
2 Bananen
2 El Portwein

3 El Quark
3 El Sahne
1 El Honig
3 MS Ingwer, gemahlen
1 El Portwein

Die Melonen halbieren, mit einem Löffel zuerst die Kerne herausnehmen, dann das Fruchtfleisch. Dieses wird in Würfel geschnitten, mit entsteinten Kirschen, gescheibelten Bananen und Portwein vermischt. Die Schalen der Melonen auszacken und das gemischte Obst einfüllen.

Quark mit Sahne, Honig, Ingwer und Portwein verrühren und über das Obst geben.

Mit einem Kirschenpaar garnieren.

Bunter Melonensalat

1 reife Honigmelone ca. 600 g
1 reife Netzmelone ca. 600 g
1 reife Wassermelone ca. 600 g, eventuell vom Stück

Die Honig- und Netzmelone halbieren und mit einem Eßlöffel die Kerne herausnehmen. Mit einem Teelöffel das Melonenfleisch als kleine Bällchen herausstechen.

Die Wassermelone in Scheiben aufschneiden, die Schale wegschneiden und die Kerne entfernen. In Würfel geschnitten mit den Melonenbällchen vermengen und $1/2$ Stunde im Kühlschrank (zugedeckt) ziehen lassen. Kühl in Glaskelchen servieren.

Pfirsichkompott, roh

1 000 g reife Pfirsiche
Saft von 1 Zitrone, ungespritzt
2 MS Brechts Delifrut
1–2 El Honig, je nach Fruchtsüße

Die Pfirsiche enthäuten (eventuell kurz in kochendes Wasser tauchen). Entsteinen und in Würfel schneiden. Zittronensaft, Delifrut und Honig unterheben. 30 Minuten ziehen lassen.

Das Kompott eignet sich als Nachspeise ebenso wie als Beilage zu Süßspeisen.

Reife Aprikosen, Birnen, Kiwis und Zwetschgen (gemixt) können ebenso als rohes Kompott zubereitet werden.

Obstsalat Semiramis

1 Apfel
1 Banane
1 Birne
1 Orange
¼ frische Ananas
125 g blaue Weintrauben
½ gelbe Honigmelone
Saft von 1 Zitrone, ungespritzt

2 Eigelb
1 El Honig
1 Prise Vollmeersalz
1 Prise Pfeffer
⅛ l Sahne
50 g Walnußkerne

Apfel und Birne nur schälen, wenn die Schalen zu hart sind. Das angegebene Obst klein würfeln, die Weintrauben halbieren und die Kerne herausnehmen. Die Honigmelone halbieren, mit einem Löffel die Kerne herausnehmen, schälen und dann würfeln. Das Obst mit Zitronensaft beträufeln.

Eigelb, Honig, Vollmeersalz und Pfeffer mit dem Schneebesen schaumig schlagen, bis es eine dicke Creme wird. Die geschlagene Sahne unterheben, über das Obst geben und vorsichtig vermengen.

Mit grobgehackten Walnußkernen verzieren.

Orangencreme

3 Orangen
80 g Honig
2 MS Ingwer, gemahlen

⅛ l Sahne

zum Verzieren:
1 Orange

Die Orangen sorgfältig schälen, eventuell entkernen und mit Honig und Ingwer im Mixer zerkleinern.

Die Sahne steif schlagen und das Orangenmus unterziehen.

In Portionsschälchen verteilen und mit quer aufgeschnittenen Orangenscheiben verzieren.

Petersburger Rahmcreme

2–3 Eigelb, je nach Eiergröße
70 g hellen Honig
¼ l Sahne
1 El Rum, 40%ig
4 Scheiben Knisterbrot von Drei Pauly (Vollkornwaffeln)

Das Eigelb mit Honig ca. 15 Minuten mit dem Schneebesen schaumig schlagen. Die geschlagene Sahne unterziehen und die Creme sehr kalt stellen.

Erst kurz vor dem Servieren den Rum unterziehen und in Gläser füllen.

Knisterbrot von Drei Pauly der Länge nach halbieren und in die Gläser stecken.

Preiselbeerkompott

1000 g Preiselbeeren
1/8 l Wasser
1 Zimtstange
Schale von 1/2 Zitrone, ungespritzt
400 g Honig

Die Preiselbeeren gut verlesen und mit Wasser, Zimtstange und Zitronenschale zusetzen, ca. 10 Minuten sprudelnd kochen lassen, evtl. abschäumen. Wenn die Beeren geplatzt und glasig sind, ist das Kompott fertig.

Abkühlen lassen, Zimtstange und Zitronenschale herausnehmen und den Honig einrühren.

In Gläser füllen und zubinden. Im kühlen Keller 1 Jahr haltbar.

Rhabarber natur mit Bananen

400 g Rhabarber
2 Bananen
Saft von 1/2 Zitrone, ungespritzt
2 El Honig
2 MS Delifrut
1/8 l Sahne

4 Vollkornwaffeln von Drei Pauly

Den Rhabarber schälen, der Länge nach in 4 Teile schneiden und dann in feine Scheibchen schneiden.

Die Bananen mit einer Gabel zerdrücken, mit Zitronensaft und Honig schaumig schlagen. Den Rhabarber und die steifgeschlagene Sahne unterziehen. In Glasschalen füllen und 30 Minuten kühl stellen.

Die Vollkornwaffeln der Länge nach aufschneiden und vor dem Servieren in die Gläser stecken.

Rhabarber natur mit Birnen

500 g Birnen
350 g Rhabarber
Saft von 1 Zitrone, ungespritzt
1 El Honig

1/8 l Sahne
3 El Sanddornsaft, honiggesüßt
   (von Eden oder Donath)

Zitronensaft mit Honig verrühren, die Birnen hineinraspeln (wenn möglich mit Schale), den Rhabarber sehr fein schneiden und untermischen. Kühl stellen.

Die Sahne steif schlagen, den Sanddornsaft unterziehen und gehäuft auf den Rhabarber geben.

Rhabarberkaltschale

500 g Rhabarber, netto
⅛ l Wasser
100 g Honig
2 MS Delifrut
4 große Anisplätzchen (siehe Rezept)
Vanillecreme:
¼ l Milch
1 Natura Vanillesaucenpulver
½ gestrichener Tl Agar-Agar
1 Eidotter
1 El heller Honig
1 Eischnee

Den Rhabarber schälen, in 1 cm breite Stücke schneiden und mit wenig Wasser 3–5 Minuten kochen lassen. Abgekühlt Honig und Delifrut unterrühren.

Die Anisplätzchen in Kompottschalen legen, darüber den Rhabarber und auf diesem die Vanillecreme verteilen, 1 Stunde kühl stellen.

Vanillecreme: In die erhitzte Milch rührt man das mit etwas Milch (von der Gesamtmenge) angerührte Vanillesaucenpulver und Agar-Agar und läßt aufkochen. Unter Rühren abkühlen, Eidotter, Honig und Eischnee unterheben.

Rhabarbercreme

750 g Rhabarber
⅛ l Wasser
2 gestrichene Tl Agar-Agar
⅛ l Wasser
150 g Honig
1 MS Delifrut
⅛ l Sahne

Den geschälten, in 1 cm große Stücke geschnittenen Rhabarber mit Wasser 3–5 Minuten kochen lassen.

Agar-Agar mit Wasser anrühren und unter den kochenden Rhabarber rühren. Etwas abkühlen lassen, Honig und Delifrut dazugeben und in Schälchen geben, 2 Stunden kühl stellen und mit steifgeschlagener Sahne reichen.

Sanddorncreme

gut ⅛ l Sahne
1 Eidotter
1 Eischnee
4 El Sanddornsaft, mit Honig gesüßt (Eden oder Donath)
10 abgezogene Mandeln

In die steifgeschlagene Sahne den Dotter rühren, den steifen Eischnee und den Sanddornsaft unterheben.

In Gläser füllen, in die Mitte einen Tupfer Sanddornsaft und um diesen sternförmig die halbierten, abgezogenen Mandeln legen.

Sauerkirschquark

500 g frische oder tiefgekühlte
 Sauerkirschen
250 g Magerquark
2 El Honig
1 MS Delifrut
$1/8$ l geschlagene Sahne

Sauerkirschen entkernen.

Magerquark, Honig und Delifrut vermengen, die Hälfte der geschlagenen Sahne und die Kirschen unterheben.

In Glasschalen füllen, den Kirschsaft, der sich nach dem Entkernen gebildet hat, darüber verteilen, die restliche Sahne in die Mitte geben und mit einer Kirsche garnieren.

Schokoladencreme

$3/8$ l Wasser
75 g sehr fein gemahlenes
 Weizenvollkornmehl
1 gehäufter El dunkler Kakao
 oder Karobe
100 g Honig
$1/4$ l Sahne

$1/4$ l Wasser zum Kochen bringen. Das sehr fein gemahlene Weizenvollkornmehl mit Kakao (oder Karobe) und $1/8$ l kaltem Wasser glattrühren und in das kochende Wasser einrühren, 1 Minute kochen lassen.

Im Wasserbad unter Rühren abkühlen lassen, Honig unterheben.

Sahne steif schlagen, einen Teil zum Verzieren gleich in die Sahnespritze abfüllen und den Rest mit dem Schneebesen unter die erkaltete Creme ziehen.

In Glasschälchen füllen, mit Sahne garnieren und kalt stellen.

Vanilleäpfel

4 mittelgroße Äpfel
½ Tasse Wasser
½ Zitrone, ungespritzt

¼ l Wasser
50 g Weizenvollkornmehl
1 Eidotter
3 El Sahne
60 g Honig
1 Eischnee
1 MS Brechts Vanille

4 El Preiselbeerkompott (siehe Rezept)

Äpfel im ganzen schälen, Kernhaus ausstechen und mit Zitronensaft beträufeln. In wenig Wasser bei kleiner Hitze dünsten, bis sie mürbe sind.

In Kompottschüsselchen legen, in die Mitte je 1 El Preiselbeerkompott füllen.

⅛ l Wasser erhitzen, das frisch gemahlene Weizenvollkornmehl mit ⅛ l Wasser kalt anrühren und in das heiße Wasser gießen, einmal aufkochen lassen. Im kalten Wasserbad unter ständigem Rühren Eidotter, Sahne, Honig und Vanillegewürz dazugeben, Eischnee darunterheben und über die Äpfel verteilen.

1–2 Stunden kühl stellen.

Weinschaumcreme

⅜ l Weißwein und Apfelsaft gemischt
1 Päckchen Natura Vanillesaucenpulver
1 gestrichener Tl Agar-Agar

2 Eidotter
100 g Honig
2 Eischnee
⅛ l Sahne

4 Tl Preiselbeerkompott

¼ l Weißwein und Apfelsaft gemischt erhitzen, den Rest mit Vanillesaucenpulver und Agar-Agar verrühren, hineingeben und aufkochen lassen.

Im Wasserbad unter ständigem Rühren abkühlen lassen, die Eidotter und den Honig dazurühren und den Eischnee sowie die steif geschlagene Sahne unterziehen.

In Portionsschalen füllen und kalt stellen.

Vor dem Servieren je 1 Tl Preiselbeerkompott in die Mitte geben.

Windbeutel, gefüllt

375 g Erdbeeren
oder Sauerkirschen
oder Himbeeren
2 El Honig
1 MS Brechts Delifrut
⅛ l Sahne
12 Windbeutel (siehe Grundrezept Seite 78)

Die Erdbeeren in Scheiben schneiden, vorsichtig mit Honig und Delifrut mischen.

Die Sahne steif schlagen und unterziehen. Die Windbeutel auseinanderschneiden, mit der Erdbeercreme füllen und Deckel wieder aufsetzen, 30 Minuten kühl stellen.

Die Sauerkirschen entsteint verwenden, die Himbeeren im ganzen, ohne Blüte.

Winterlicher Obstsalat

150 g Trockenfrüchte (Aprikosen, Pflaumen, Datteln, Feigen)
500 g Äpfel
250 g Orangen
1 große Banane
Saft von 1 Zitrone, ungespritzt, oder ½ Grapefruit
2 Tl Honig
2 MS Brechts Delifrut
50 g gehackte Walnüsse
⅛ l Sahne

Trockenfrüchte in wenig Wasser ca. 2 Stunden einweichen und fein schneiden. Äpfel, Banane und Orangen würfeln, Nüsse grob hacken, Honig in Zitronensaft auflösen und mit Delifrut unter das Obst mengen, 30 Minuten durchziehen lassen.

In Portionsschälchen verteilen und mit einem Sahnehäubchen verzieren.

Marmelade aus frischem Obst

750 g frisches Obst (z. B. Erdbeeren, rote oder schwarze Johannisbeeren, Himbeeren, Zwetschgen, Aprikosen)
250 g Honig
2 gehäufte Tl Agar-Agar

Das frische Obst wird mit Honig und Agar-Agar gemixt und unter ständigem Rühren erwärmt, jedoch nicht über 40°. Im erwärmten Zustand 10 Minuten quellen lassen. In Gläser abfüllen und im Kühlschrank aufbewahren. Haltbarkeit ca. 3–4 Wochen.

Die Marmelade kann auch aus tiefgekühltem Obst zubereitet werden. Der Saft, der beim Auftauen entsteht, wird mitverwendet.

Eis

Aprikoseneis

300 g reife Aprikosen
80 g hellen Honig
1 MS Delifrut
¼ l Sahne

Die voll ausgereiften Aprikosen mit Honig und Delifrut mixen und unter die steifgeschlagene Sahne heben.

In Gefrierboxen einfüllen und 1 Tag gefrieren lassen.

Bananeneis

2 reife Bananen
Saft von 1 Zitrone, ungespritzt
80 g hellen Honig (z. B. Heidehonig)
¼ l Sahne

Bananen mit der Gabel zerdrücken und schaumig schlagen, Zitronensaft und Honig dazugeben.

Sahne steif schlagen und unter weiterem Rühren die Bananen darunterheben. In eine geeignete Form füllen und in den Gefrierschrank stellen.

Banane Suchard

4 dicke Scheiben Vanilleeis (siehe Rezept Seite 249)
75 g Bitterschokolade
6 El Sahne
2–4 Bananen, je nach Größe
⅛ l geschlagene Sahne

Vanilleeis in dicke Scheiben schneiden und auf Teller legen. Schokolade in kleiner Pfanne zum Schmelzen bringen und mit kleinem Schneebesen Sahne einrühren, bis alles glatt ist.

Bananen der Länge nach halbieren und auf das Eis legen. Darauf nun die heiße Schokolade verteilen und mit der geschlagenen Sahne verzieren.

Birne Helene

4 dicke Scheiben Vanilleeis
(siehe Rezept Seite 249)
2 große, weiche, saftige Birnen
75 g Bitterschokolade
6 El Sahne
knapp ⅛ l geschlagene Sahne

Birnen schälen, halbieren und mit Zitronensaft beträufeln.

Vom Vanilleeis dicke Scheiben schneiden, in 4 flache Portionsschalen legen und je eine halbe Birne darauflegen.

Die Schokolade in einer kleinen Pfanne schmelzen, mit etwas Sahne glattrühren und über die Birnen gießen.

Mit geschlagener Sahne verzieren und sofort servieren.

Eiscreme Cassata

¼ l Sahne
80 g heller Honig (Blütenhonig)
1 Eidotter
1 MS Delifrut

1 El Zitronat
1 El Orangeat
1 gehäufter El Sultaninen, ungeschwefelt
1 El Rum, 40%ig

1 Eischnee

Das Zitronat und Orangeat sehr fein würfeln, die Sultaninen fein schneiden, mit Rum vermengen und etwas ziehen lassen.

Die Sahne sehr steif schlagen, den Honig, Eidotter und Delifrut unter weiterem Schlagen hinzufügen.

Mit einem Schneebesen die rumgetränkten Früchte und den Eischnee unterheben.

In eine Gefrierbox füllen und sofort einfrieren. 1 Tag gefrieren lassen.

Eisbombe Charlotte (für ca. 12 Personen)

1 Erdbeersahneroulade (siehe Rezept Seite 105)

Creme:
500 g Erdbeeren
160 g hellen Honig
6 El Rum, 40%ig
¼ l Sahne
2 Eidotter
2 Eischnee

Die Erdbeersahneroulade nach Rezept zubereiten und sehr kalt stellen. In ca. 1½ cm breite Stücke schneiden und eine runde Form oder Schüssel mit den Scheiben auslegen, am Rand die Stücke aufstellen.

Die Erdbeeren fein scheibeln und mit der Gabel zerdrücken, mit Honig und Rum vermengen. Die Sahne steif schlagen, die Eidotter, die Erdbeeren sowie den steifen Eischnee unterziehen.

Diese Erdbeercreme in die ausgelegte Form gießen, mit den restlichen Rouladenscheiben belegen und zugedeckt in den Tiefkühlschrank geben. Mindestens 1 Tag kühlen.

1–2 Stunden vor dem Verzehr aus dem Gefrierschrank herausnehmen und so weit auftauen lassen, daß die Roulade weich ist.

Auf eine Platte stürzen und mit einem in heißes Wasser getauchten Messer in Stücke teilen.

Erdbeereis

¼ l Sahne
2 Eidotter
100 g hellen Honig
400 g Erdbeeren
1 MS Delifrut
2 Eischnee

Die Erdbeeren fein scheibeln, dann mit der Gabel zerdrücken, nicht mixen.

Die Sahne steif schlagen, die Eidotter, den Honig und die Erdbeeren unterziehen, mit Delifrut würzen und den Eischnee unterheben. In Gefrierformen einfüllen und sofort in die Tiefkühltruhe legen, mindestens 4 Stunden gefrieren lassen.

Ingwereis

¼ l Sahne
2 El Ingwersirup
3 Ingwer, in Sirup eingelegt
2 MS Ingwer, gemahlen
1 Eidotter
1 Eischnee
30 g Honig, hell

Sahne steif schlagen, Ingwersirup, die sehr fein geschnittenen Ingwer, den gemahlenen Ingwer, Eidotter und Honig dazurühren.

Eischnee schlagen und unterheben. In eine Form oder Schüssel geben und zugedeckt ins Gefrierfach stellen. 1 Tag gefrieren lassen.

Pfirsich Melba

4 dicke Scheiben Vanilleeis (siehe Rezept Seite 249)
4–6 reife Pfirsiche, je nach Größe
Saft von ½ Zitrone, ungespritzt
2 El Johannisbeermarmelade (Seite 244)
1 El Portwein

⅛ l Sahne
4 Scheiben Knisterbrot von Drei Pauly

Die gut ausgereiften Pfirsiche kurz in kochendes Wasser tauchen, die Haut abziehen, entkernen, mit Zitronensaft beträufeln und kühl stellen.

Die Johannisbeermarmelade mit Portwein verrühren, die Sahne steif schlagen, das Knisterbrot der Länge nach aufschneiden.

Das Vanilleeis, in Scheiben geschnitten, in die Portionsschalen legen, die gekühlten Pfirsichhälften daraufgeben und das Johannisbeergelee über die Pfirsiche gießen.

Die Sahne in die Mitte häufen, das Knisterbrot hineinstecken und sofort servieren.

Schokoladeneis

75 g Schokolade, mit Bienenhonig gesüßt, oder Bitterschokolade
4 El Sahne

2 Eidotter
75 g Honig

¼ l Sahne
2 Eischnee

In einer kleinen Pfanne die Schokolade zerlaufen lassen und mit der Sahne glatt verrühren.

Eigelb mit Honig gut verrühren und die abgekühlte Schokolade unterziehen.

Die Sahne steif schlagen, die Schokoladencreme und den steifen Eischnee unterheben. In eine Gefrierbox gießen und zugedeckt in den Gefrierschrank stellen.

Vanilleeis

¼ l Sahne
100 g Blütenhonig
1 gehäufte MS Vanillegewürz
2 Eier, getrennt

Sahne steif schlagen, eine geschmacklich gute Sorte hellen Honig darunterrühren, Vanillegewürz und Eidotter dazugeben.

Eiweiß zu Schnee schlagen und darunterheben. In eine Gefrierbox gießen und in den Gefrierschrank oder das Gefrierfach stellen.

1 Tag gefrieren lassen. Das fertige Eis in Scheiben schneiden oder mit dem Portionierer entnehmen.

Vanilleeis mit heißen Himbeeren

Vanilleeis (siehe Rezept)
250 g Himbeeren, tiefgekühlt
1 El Honig

Himbeeren etwas erwärmen, Honig darin verrühren und über das in Scheiben geschnittene Eis verteilen. Sofort servieren.

Dazu Vollkornwaffeln (Knisterbrot von Drei Pauly) in Streifen schneiden.

Vanilleeis mit heißer Schokolade

Vanilleeis (siehe Rezept)
75 g Bitterschokolade
¹⁄₁₆ l Sahne

Bitterschokolade in einer kleinen Pfanne schmelzen lassen, mit Sahne aufgießen und mit einem kleinen Schneebesen glattrühren. Über das in Scheiben geschnittene Vanilleeis verteilen und sofort servieren.

Dazu Vollkornwaffeln (Knisterbrot von Drei Pauly) in Streifen schneiden.

Zitroneneis

¼ l Sahne
90 g Honig
2 Eidotter
2 Eischnee
1 MS Brechts Delifrut
Saft von 2 Zitronen, ungespritzt (knapp ⅛ l)

Unter die sehr steif geschlagene Sahne gibt man Honig, Eidotter, Zitronensaft, Delifrut und hebt rasch den Eischnee darunter. In eine Gefrierbox gießen und in den Gefrierschrank stellen. 1 Tag gefrieren lassen.

Eistorte Corinna (für ca. 12 Personen)

Vanilleeis (Seite 249)
Erdbeereis (Seite 247)
Schokoladeneis (Seite 248)

¼ l Sahne
4 Scheiben Vollkornwaffeln (Knisterbrot von Drei Pauly)

Das Vanilleeis wie beschrieben zubereiten und statt in eine Gefrierbox in eine schön gewölbte, vorgekühlte Porzellan- oder Chromargan-Schüssel gießen. Zugedeckt in den Gefrierschrank stellen.

Nach ca. 1–1½ Stunden, wenn das Eis anfängt fest zu werden, das Erdbeereis, wie beschrieben, zubereiten und auf das Vanilleeis gießen. Zugedeckt in den Gefrierschrank stellen.

Nach weiteren 1–1½ Stunden, wenn das Erdbeereis anfängt fest zu werden, das Schokoladeneis, wie beschrieben, zubereiten und auf das Erdbeereis gießen. Zugedeckt bis zum nächsten Tag oder auch länger tiefkühlen.

Vor dem Verzehr die Schüssel mit Eis kurz in warmes Wasser stellen (½–1 Minute) und das Eis auf eine Tortenplatte stürzen. Mit einem großen Messer, das immer wieder in heißes Wasser getaucht wird, die Torte zerschneiden.

Jedes Stück mit der Garnierspritze mit steifgeschlagener Sahne verzieren. Die Waffeln in kleine Dreiecke zerschneiden und auf jedes Tortenstück stecken.

Eisgetränke

Aprikosenmilch mit Bananeneis

$^3/_8$ l Rohmilch
300 g reife Aprikosen
2 El Honig
2 MS Vanille

Bananeneis (siehe Rezept Seite 245)

Die Milch mit den entsteinten Aprikosen, Honig und Vanille mixen.

Bananeneis in Würfel schneiden, in Gläser füllen und mit der Aprikosenmilch übergießen.

Mit Trinkhalm und Teelöffel servieren.

Bananenmilch mit Zitroneneis

$^3/_8$ l Rohmilch
2 reife Bananen
1 MS Brechts Delifrut
1 Tl Honig

Zitroneneis (siehe Rezept Seite 250)

Die kalte Milch, die kalten Bananen, Delifrut und Honig mixen.

Einige Würfel Zitroneneis in Gläser füllen und mit Bananenmilch übergießen.

Mit Trinkhalm und Teelöffel servieren.

Erdbeermilch mit Vanilleeis

$^3/_8$ l Rohmilch
300 g Erdbeeren
1 El Honig
1 MS Vanille

Vanilleeis (siehe Rezept Seite 249)

Die kalte Milch mit den Erdbeeren, Honig und Vanille mischen.

Das Vanilleeis in Würfel schneiden, 5–6 Stück in jeden Becher füllen und die Erdbeermilch darübergießen.

Mit Trinkhalm und Teelöffel servieren.

Eiskaffee

Gekühlter, leicht gesüßter Kaffee
Vanilleeis (siehe Rezept Seite 249)
steifgeschlagene Sahne
Knisterbrot von Drei Pauly

Den frisch gefilterten Kaffee etwas abkühlen lassen, mit einer guten, neutral schmeckenden Honigsorte (am besten Blütenhonig vom Imker) leicht süßen. Kalt stellen.

Das Vanilleeis in Würfel schneiden, einige dieser Würfel in breite Sektschalen legen, den gekühlten Kaffee darübergießen und mit der Garnierspritze Sahne daraufspritzen.

Das Knisterbrot der Länge nach halbieren, in die Sahne stecken und mit Löffel und Trinkhalm servieren.

Ein festliches Getränk in der warmen Jahreszeit.

Eistee Privat

Gekühlter, leicht mit Honig gesüßter, schwarzer Tee
pro Person 1 Orange
Zitroneneis (siehe Rezept Seite 250)
Zitronenscheiben zum Verzieren

In breite Sektschalen gibt man einige Würfel Zitroneneis, gießt den Saft von 1 Orange darüber und füllt mit gekühltem, leicht gesüßtem Schwarztee auf.

Auf den Rand der Sektschale steckt man eine Zitronenscheibe.

Mit Trinkhalm und Teelöffel servieren.

Herzhaftes am Abend

Camembert, angemacht

200 g reifen Camembert
75 g Butter
1 Zwiebel
2 MS Paprika
2 MS Pfeffer
3–4 El Joghurt
Rosenpaprika

Den weichen, reifen Camembert und die weiche Butter mit der Gabel fein zerdrücken, mit der feingehackten Zwiebel, Paprika und Pfeffer würzen und das Joghurt unterrühren.

In einer kleinen Schüssel gehäuft anrichten, hauchdünn mit Rosenpaprika bestreuen und 1 Stunde kühl stellen.

Camembert Champignon

100 g Camembert
50 g Butter
3 El Joghurt
100 g Champignons, roh
1 El feingeschnittenen Schnittlauch

Den reifen Camembert und die weiche Butter mit einer Gabel fein zerdrücken und das Joghurt unterziehen.

Die Champignons (1–2 zum Verzieren zurücklassen) fein schneiden und hacken und mit dem Schnittlauch unter die Käsemasse mischen. 30 Minuten kühl stellen.

Gehäuft in einer kleinen Schüssel anrichten und mit senkrecht aufgeschnittenen Champignons verzieren.

Käsesalat mit Birnen

250 g Tilsiter
500 g Birnen
2 El Korinthen und 2 El Wasser
1 El Pistazien oder Pinienkerne
4 El Zitronensaft
2 El kaltgeschlagenes Öl
1 MS weißer Pfeffer
1 El Petersilie

Öl und Zitronensaft cremig rühren, Pfeffer und feingehackte Petersilie sowie die etwa 1 Stunde eingeweichten Korinthen mit dem Einweichwasser dazugeben.

Den Schnittkäse in fingerlange Streifen schneiden, die Birnen (je nach Jahreszeit mit oder ohne Schale) fein würfeln und beides unter die Salatsauce heben, 30 Minuten ziehen lassen.

Dieser Salat kann in ausgehöhlten Tomaten, Paprikaschoten oder in einer mit Salatblättern ausgelegten Schüssel serviert werden. Mit Pistazien oder Pienienkernen bestreuen.

Käsesalat mit Oliven

250 g Emmentaler
250 g Tomaten
75 g gefüllte Oliven
4 El Zitronensaft
2 El kaltgeschlagenes Öl
1 MS Pfeffer
1 El Schnittlauch

Zitronensaft und Öl cremig rühren, Pfeffer und feingeschnittenen Schnittlauch dazugeben.

Den Emmentaler und die Tomaten fein würfeln, die Oliven scheibeln und alles unter die Salatsauce heben, 30 Minuten ziehen lassen.

In grünen Paprikaschoten oder auf Salatblättern servieren.

Käsesalat mit Paprika

250 g Sauermilchkäse (Handkäse)
1 rote Paprikaschote
1 Zwiebel
2 kleine milchsaure Gurken
1 El Schnittlauch

2 El Obstessig
2 El Wasser
2 El kaltgeschlagenes Öl
1 MS Pfeffer
½ Tl Kümmel

oder:
250 g Sauermilchkäse
1 grüne Paprikaschote
1 Zwiebel
3 Tomaten
1 El Schnittlauch

Obstessig, Wasser und Öl verrühren, mit Pfeffer und Kümmel würzen.

Den Käse, die Paprikaschoten, die Zwiebel und die Gurken klein würfeln, unter die Salatsauce mischen und 30 Minuten kühl stellen.

Auf Salatblättern, in ausgehöhlten Tomaten oder Paprikaschoten, mit Schnittlauch bestreut, servieren.

Nudelsalat

½ l Wasser
2 gehäufte Tl Frugola
100 g Hensels Sojafleisch

250 g Vollkornhörnle oder Spirelli
1–2 Peperoni
gut ½ l Wasser

500 g Tomaten
400 g Paprikaschoten, grün und rot
2 milchsaure Gurken
1 Zwiebel
6 El Obstessig
3 El kaltgeschlagenes Sonnenblumenöl

zum Verzieren:
2 Tomaten
1 hartgekochtes Ei
1 Bund Schnittlauch

Das Sojafleisch in ½ l warmem Wasser, mit Frugola gewürzt, 15 Minuten einweichen. Dann mit dem übrigen Wasser zum Kochen bringen, die Nudeln und die feingeschnittenen Peperoni dazugeben und ca. 10 Minuten leicht kochen und 10 Minuten quellen lassen.

Die Tomaten, Paprikaschoten, Gurken und Zwiebel fein würfeln und mit Obstessig und Sonnenblumenöl unter die erkalteten Nudeln mischen.

Im Kühlschrank 1 Stunde durchziehen lassen. Mit Tomatenachtel, Eischeiben und feingeschnittenem Schnittlauch garnieren.

Pikante Torte

Brot:
600 g Weizenvollkornmehl
1/8 l lauwarmes Wasser
30 g Hefe

gut 1/4 l lauwarmes Wasser
2 Tl Vollmeersalz

Füllung:
1 Paprika-Tartex (125 g)

1 Cortina o. ä. (200 g)
2 El Magerquark
1 El frisch geriebener Meerrettich
1 El gehackte Petersilie

125 g Butter
2 gehäufte El Quark
3 El Tomatenketchup

2 Bund Schnittlauch
einige Scheiben runder Pumpernickel
2 hartgekochte Eier
Oliven, Radieschen oder kleine Gurken

Das frisch gemahlene Weizenvollkornmehl in eine Schüssel geben, eine Vertiefung eindrücken und darin die in lauwarmem Wasser aufgelöste Hefe mit etwas Mehl zu einem dicklichen Brei verrühren. Mit Mehl bestäubt 15 Minuten gehen lassen. Das lauwarme Wasser mit Vollmeersalz dazurühren und zu einem glatten, lockeren Teig kneten. In einer bemehlten Schüssel 30–45 Minuten gehen lassen.

Wenn sich der Teig verdoppelt hat, nochmals auf einer bemehlten Arbeitsfläche durchkneten, eine Kugel formen und in Springformgröße auswalken. In eine gefettete, bemehlte Springform legen, 15 Minuten gehen lassen und bei 200° 30–40 Minuten backen, 2. Schiene von unten.

Auf einem Gitter auskühlen lassen, wie eine Torte zweimal quer durchschneiden und füllen:

1. Schicht mit Paprika-Tartex bestreichen,
2. Schicht mit Cortina, verrührt mit Magerquark, Meerrettich und Petersilie, bestreichen

und wieder aufeinandersetzen.

In 12 oder 16 Teile schneiden.

Die weiche Butter mit Magerquark und Tomatenketchup verrühren und die Oberseite und den Rand der Torte damit bestreichen.

Schnittlauch fein schneiden und an den Rand kleben.

Mit zerschnittenen Pumpernickelscheiben, Eischeiben, Oliven, Gurken oder Radieschen die Torte hübsch verzieren. $1/2$ Tag unter einer Tortenhaube kühl stellen.

Mit Messer und Gabel essen.

Die Torte ist ein Blickfang für das kalte Büffet oder ein festliches Abendessen.

Reissalat eignet sich gut für ein kaltes Büffet, als Abendessen oder an heißen Tagen als Mittagsimbiß.

Reis-Champignon-Salat

150 g Naturreis
1 Tl Diäsan
³/₈ l Wasser
½ Tl Vollmeersalz
1 Tl Frugola

1 rote Paprikaschote
2 milchsaure Gurken
250 g frische Champignons

Mayonnaise:
1 Eidotter
⅛ l kaltgeschlagenes Sonnenblumenöl
1 El Obstessig
1 Tl Vitam-R

zum Garnieren:
1 milchsaure Gurke
1 Bund Schnittlauch

Den trockenen Reis in Diäsan leicht anrösten, mit warmem Wasser aufgießen, Vollmeersalz und Frugola dazugeben und ca. 30 Minuten leicht kochen, 20 Minuten quellen lassen. Der Reis muß locker und körnig sein.

Für die Mayonnaise ein Eidotter cremig rühren und das Öl tropfenweise dazurühren, mit Obstessig und Vitam-R abschmecken.

Den abgekühlten Reis, die würflig geschnittene Paprikaschote, die Gurken und die gescheibelten Champignons unter die Mayonnaise heben, 30 Minuten kühl stellen.

Mit feingeschnittenem Schnittlauch und Gurkenscheibchen garnieren.

Reissalat Hawaii

150 g Naturreis
1 Tl Diäsan
³/₈ l Wasser
½ Tl Vollmeersalz
1 Tl Frugola

2 El Obstessig
2 El kaltgeschlagenes Öl
1 El Sojasauce
1 gestrichener Tl Curry

¼–½ frische Ananas, je nach Größe
40 g gekeimte Sojabohnen (siehe Rezept unten)
2 hartgekochte Eier

zum Garnieren:
1 hartgekochtes Ei

Den trockenen Reis in Diäsan leicht anrösten, mit warmem Wasser aufgießen, Vollmeersalz und Frugola dazugeben und ca. 30 Minuten leicht kochen, 20 Minuten quellen lassen. Der Reis muß locker und körnig sein.

Obstessig mit Öl cremig rühren, Sojasauce und Curry dazugeben. Den abgekühlten Reis, die feingeschnittenen Ananasstückchen, die gekeimten Sojabohnen und die feingewürfelten Eier unter die Salatsauce heben, 1 Stunde durchziehen lassen.

Mit Eischeiben garnieren.

Reis-Käse-Salat

150 g Naturreis
1 Tl Diäsan
³/₈ l Wasser
½ Tl Vollmeersalz
1 Tl Frugola

4 El Obstessig
4 El kaltgeschlagenes Öl
200 g Tilsiter, in Scheiben
250 g Tomaten
1 Birne
1 grüne Paprikaschote
75 g Oliven
2 Tl Kapern
1 Bund Schnittlauch

Den trockenen Reis in Diäsan leicht anrösten und mit warmem Wasser aufgießen, Vollmeersalz und Frugola dazugeben und ca. 30 Minuten leicht kochen, 20 Minuten quellen lassen. Der Reis muß locker und körnig sein.

Obstessig und Öl cremig rühren, den Käse in feine Streifen schneiden, die Tomate, Paprikaschote und Birne würfeln, die Oliven fein scheibeln, den Schnittlauch fein schneiden.

Alle Zutaten mit dem abgekühlten Reis unter die Salatsauce heben und gut mischen, 30 Minuten durchziehen lassen.

Sojabohnen, gekeimt

40 g grüne Sojabohnen
⅛ l lauwarmes Wasser

Die Sojabohnen in einem Sieb waschen und in Wasser ca. 12 Stunden quellen lassen. In einem Sieb kurz abspülen und nun bis zur

Keimung 1–2 Tage nur feucht halten. Ab und zu etwas Wasser dazugeben, durchschütteln, so daß alle Bohnen feucht sind. Bei Zimmertemperatur zugedeckt stehenlassen.

Wenn der Keim 1 cm lang ist, sind die Sojabohnen gebrauchsfertig für Salate.

Die Sojabohne gehört zu den konzentriertesten, eiweißreichsten Nahrungsmitteln. Sie ist besonders reich an Lezithin, ungesättigten Fettsäuren, B-Vitaminen und Mineralsalzen.

Toastvariationen

Knoblauchtoast

Vollkorn-Toastbrot, siehe Rezept Seite 64
100 g Butter
2 Knoblauchzehen
Alu-Folie

Das Brot in Scheiben schneiden, die unten noch zusammenhängen. Die Butter mit den sehr fein geschnittenen Knoblauchzehen verrühren und zwischen die Scheiben streichen.

Das Brot nun in eine Alu-Folie einwickeln und bei 250°, mittlere Schiene, 30 Minuten bakken. Etwas abkühlen lassen, jedoch warm servieren.

Kräutertoast

Vollkorn-Toastbrot, siehe Rezept Seite 64
100 g Butter
3 El frische Kräuter, feingewiegt

Die Butter mit 3 El Kräutern, z. B. Petersilie, Schnittlauch, Kerbel, Majoran, Thymian etc. verrühren. Alles Weitere wie bei Knoblauchtoast.

Sellerietoast

Vollkorn-Toastbrot (Seite 64)
Sellerie, im ganzen gekocht
Butter
Kräutersalz
frisch geriebener Meerrettich
Käsescheiben (Gouda oder
   Emmentaler)
Schnittlauch, Radieschen

Den Sellerie in dünne Scheiben schneiden. Die mit Butter bestrichenen Brotscheiben mit einer Scheibe Sellerie belegen, leicht mit Kräutersalz würzen, 1 Tl Meerrettich (pro Toast) darauf verteilen, mit einer zugeschnittenen Käsescheibe bedecken und unter dem Grill oder im vorgeheizten Ofen bei 230° ca. 10–15 Minuten backen.

Mit Schnittlauch oder Radieschen garnieren.

Schlemmersonne

Vollkorn-Toastbrot (Seite 64)
Butter
Sojawürstchen
Käsescheiben (Gouda oder
   Emmentaler)
Eier

Die mit Butter bestrichenen Brotscheiben mit aufgeschnittenen Sojawürstchen belegen (1 Stück pro Scheibe) und darauf eine zugeschnittene Käsescheibe geben.

Für 2 Toastbrote einen Eischnee sehr steif schlagen, mit Kräutersalz, Muskat und Pfeffer leicht würzen, auf dem Brot verteilen und je $^1/_2$ Eidotter in die Mitte geben.

Sofort unter dem Grill oder im vorgeheizten Ofen bei 230° ca. 10 Minuten backen, bis die Spitzen des Eischnees sich leicht färben.

Tomatentoast

Vollkorn-Toastbrot (Seite 64)
Butter
Tomaten
Kräutersalz
Käsescheiben (Gouda
   oder Emmentaler)
Schnittlauch

Auf die mit Butter bestrichenen Brotscheiben Tomatenscheiben legen, leicht salzen oder würzen und eine zugeschnittene Käsescheibe darauflegen. Unter den Grill schieben oder bei 230° im vorgeheizten Ofen ca. 10–15 Minuten backen.

Mit Schnittlauch bestreut servieren.

Windbeutel, pikant gefüllt

Windbeutel (siehe Rezept
   Seite 78)

1. 50 g Roquefort
   50 g Butter
   1 El Magerquark
   1 El Zitronensaft
   1 MS Paprika
   1 El Schnittlauch

2. 100 g Frischkäse (Cortina,
   Gervais o. ä.)
   30 g Butter
   1 El Magerquark
   1 El frisch geriebener Meerrettich
   2 MS Vitam-R
   1 El frischen Dill

3. 100 g Frischkäse (Cortina,
   Gervais o. ä.)
   30 g Butter
   1 El Magerquark
   2 El Tomatenketchup
   1 El gehackte Petersilie

4. 100 g Frischkäse (Cortina,
   Gervais o. ä.)
   30 g Butter
   1 El Magerquark
   1 El Currysauce
   1 kleine milchsaure Gurke
   1 El gehackte Petersilie

Den Käse mit der weichen Butter und dem Quark verrühren, die angegebenen Gewürze und Kräuter fein geschnitten dazugeben.

Jede Füllung ist für 8 Windbeutel ausreichend.

Die Windbeutel aufschneiden, füllen und die Deckel wieder aufsetzen.

Die Rezepte »Camembert, angemacht« und »Camembert Champignon« eignen sich auch gut zum Füllen von Windbeuteln.

Würstchen im Schlafrock

1 Dose Sojawürstchen mit
   8 Stück
1 Ei

Blätterteig (Rezept
   Seite 95)
oder
Quarkblätterteig
   (Rezept Seite 94)

Man kann dazu echten Blätterteig oder Quarkblätterteig verwenden, wobei der letztere einfacher herzustellen ist.

Blätterteig (siehe Rezept Nußbeugerl)
Quarkblätterteig (siehe Rezept Mohntaschen)

Den Teig in 16 Quadrate 10 × 10 cm ausrädeln, mit $1/2$ Sojawurst belegen, die Ränder mit etwas Eischnee bestreichen und das Viereck zu einem Dreieck zusammenlegen. Das

Eigelb mit 1 Tl Milch oder Wasser verdünnen und die Teigdreiecke bestreichen, die Ränder nicht, da sonst der Blätterteig nicht aufgeht.

Das Backblech mit Wasser bestreichen, die Gebäckstücke daraufflegen und mit einer Tasse heißem Wasser bei 220° ca. 20 Minuten, mittlere Schiene, backen.

Warm mit etwas Senf und Salaten reichen.

Zwiebelkuchen Bretagne (ausreichend für 8 Personen)

600 g Weizenvollkornmehl
2 Tl Koriander, gemahlen
20 g Hefe
1/8 l lauwarmes Wasser

1 Tl Vollmeersalz
1/4 l lauwarmes Wasser

750 g Zwiebeln
Diäsan
Selleriesalz

2 gehäufte El Weizenvollkornmehl
1/4 l Sauerrahm
500 g Magerquark
2 Eier
1 Tl Vollmeersalz

zum Bestreuen:
Rosenpaprika

In das frisch gemahlene Weizenvollkornmehl (Koriander gleich mitmahlen) eine Vertiefung drücken und die mit Wasser angerührte Hefe darin zu einem dicklichen Teig verrühren, mit etwas Weizenvollkornmehl bestreuen und 10 Minuten gehen lassen.

Dann gibt man das Vollmeersalz und Wasser dazu und knetet alles zu einem geschmeidigen Teig. 1 Stunde gehen lassen.

Zwiebeln schälen, halbieren, in feine Scheiben schneiden, in Diäsan glasig dünsten und mit Selleriesalz würzen.

Das frisch gemahlene Weizenvollkornmehl, Sauerrahm und Quark mit dem Schneebesen verrühren, Eier und Vollmeersalz dazugeben und $2/3$ der gedünsteten Zwiebeln darunterheben.

Teig auswalzen, auf ein gefettetes Blech legen, Rand abrädeln und die Zwiebelmasse daraufstreichen. Das restliche Drittel der Zwiebeln darüber verteilen und hauchdünn mit Paprika bestreuen. Bei 225° ca. 30 Minuten, mittlere Schiene, goldgelb backen.

Warm servieren, mit Salaten als Beilage. Auch für die Party zu Bier und Wein sehr gut.

Zwiebelkuchen Marseille

175 g Weizenvollkornmehl
1/2 Tl Vollmeersalz
5 El Wasser
75 g Butter

500 g Zwiebeln
Diäsan
Brechts Selleriesalz

1/8 l Sauerrahm
1 gehäufter El Weizenvollkornmehl
2 Eier
Selleriesalz
1 Tl Frugola
1 MS Pfeffer
Paprika

Das frisch gemahlene Weizenvollkornmehl mit Vollmeersalz und etwas Wasser vermengen und mit der kalten, feingeschnittenen Butter zu einem geschmeidigen Teig kneten.

Die Springform damit auslegen, Rand ca. 2 cm hochziehen und mit dem Backrädchen abrädeln, 30 Minuten ruhen lassen. Mit der Gabel einige Male einstechen und bei 200° auf mittlerer Schiene 10 Minuten vorbacken.

Zwiebeln schälen, halbieren, in dünne Scheiben schneiden, in Diäsan glasig dünsten und mit Selleriesalz würzen.

In den Sauerrahm das frisch gemahlene Weizenvollkornmehl, die Eier und die gedünsteten Zwiebeln einrühren und mit Vollmeersalz, Frugola und Pfeffer abschmecken.

Auf den vorgebackenen Teig streichen, mit Paprika bestreuen und bei 200° ca. 25–30 Minuten weiterbacken.

Warm servieren. Schmeckt zu Wein oder Bier vorzüglich.

Die angegebenen Rezepte sind für 4–5 Personen.

Aufstriche mit Avocados zu Vollkornbrötchen, Vollkornknäckebrot oder Vollkorntoast

1 Avocado 1 MS Kräutersalz 1 MS Pfeffer 1 kleine Zwiebel 1 kleine milchsaure Gurke 1 Bund Schnittlauch	Die Avocado halbieren, entsteinen und das Fruchtfleisch mit einem Teelöffel herausnehmen. Mit einer Gabel zerdrücken, mit Salz, Pfeffer, feingeschnittener Zwiebel, Gurke und Schnittlauch würzen und wieder in die Schale füllen.
1 Avocado 60 g Frischkäse (Gervais, Cortina o. ä.) 60 g Pistazien 1 Tl Kräutersenf 1 MS Vollmeersalz 1 Prise Pfeffer 1 rote Paprikaschote	Das Fruchtfleisch zerdrücken und mit Frischkäse, gehackten Pistazien, Senf, Salz und Pfeffer vermengen. Von der Paprikaschote den Deckel abschneiden, die Kerne herausnehmen und mit der Avocadocreme füllen.
1 Avocado 50 g Champignons 1 kleine grüne Paprikaschote 1 kleine Zwiebel 2 MS Paprika 2 MS Kräutersalz	Das Fruchtfleisch mit der Gabel zerdrücken, Champignons, Paprikaschote und Zwiebel fein schneiden und mit Paprika und Kräutersalz vermischen. In die beiden Avocadohälften wieder einfüllen und hauchdünn mit Paprika bestreuen.

Anhang

Schonend tiefkühlen

Einfrieren von Backwaren

Gut zum Einfrieren eignen sich frisch gebackene *Brötchen, Hefebrot* und *Hefegebäck*.

Sauerteigbrot kann zwei Tage liegen, ehe man es einfriert.

Das Brot kann vorher halbiert, geviertelt oder aufgeschnitten werden, je nachdem wie groß die aufgetauten Stücke sein sollen. In Gefrierbeutel geben; die Stücke können einzeln entnommen werden.

Kuchen, Tortenböden und Torten können auch eingefroren werden, jedoch ohne Schlagsahne. Auch in einzelnen oder mehreren Stücken, je nach Verbrauch, ist das Einfrieren möglich.
In Beutel oder Alu-Folie verpackt einfrieren.

Küchle und Faschingskrapfen leicht warm in Gefrierbeuteln einfrieren. Kann stückweise entnommen werden und schmeckt, im Ofen aufgetaut, wie frisch.

Fertiggebackenes wie *Pizza, Gemüsepastetchen oder Wähe* können stückweise frisch eingefroren werden. In Alu-Folie eingeschlagen oder mit Pappunterlage in Gefrierbeutel legen.

Backwaren sollten nicht länger als 3 Monate tiefgefroren aufbewahrt werden.

Einfrieren von Gemüse

Eingefroren wird nur ganz frisches, einwandfreies Gemüse. Das aufgetaute Gemüse eignet sich nur bedingt für Rohkost, jedoch bestens für Gemüse, Suppen und Eintöpfe.

Auberginen
Waschen, mit der Schale würfeln und in Portionen einfrieren. Man kann sie zusammen mit Paprika und Zucchini für Ratatouille oder ähnliches Gemüse einfrieren.

Blumenkohl oder Broccoli
Die Blätter abschneiden, waschen und gut abtropfen lassen. Das Gemüse als ganzen Kopf oder in Röschen geteilt, je nach der gewünschten Zubereitungsart, in Gefrierbeutel geben und einfrieren.

Bohnen
Die Bohnen waschen, vorne und hinten abschneiden, brechen oder schnitzeln, je nach Sorte, und in Portionen in Gefrierbeutel geben. Nach Belieben auch mit Karotten und Petersilienwurzel zusammen für Fränkischen Bohnentopf.

Erbsen oder Maiskörner
Diese braucht man nicht portionsweise abzupacken, weil sie einzeln gefrieren und sich immer wieder bei Bedarf aus dem Gefrierbeutel nehmen lassen (nicht vorher waschen).

Karotten
Zarte Karotten nur bürsten und gescheibelt oder gewürfelt in Portionen in Gefrierbeutel geben und einfrieren.

Kohlrabi
Nur zarte Kohlrabi verwenden. Schälen und gebrauchsfertig geschnitten, eventuell schon mit Karotten gemischt zur Suppe, in Gefrierbeutel geben und einfrieren.

Lauch
Die Lauchstangen der Länge nach halbieren, gut waschen, aufschneiden und portionsweise in Gefrierbeutel geben.

Paprika
Waschen, entkernen und im ganzen einfrieren; geeignet zum Füllen oder in Streifen oder Stücke geschnitten zum Gemüse. Portionsweise in Gefrierbeutel geben.

Pilze
Die ganz frischen Pilze putzen, waschen, abtropfen lassen, eventuell auf einem Tuch trocknen, und die Pilzhüte (für Pilzschnitzel) im ganzen, die anderen geschnitten, in Portionen abgewogen, in Beutel einfrieren.

Rosenkohl
Festgeschlossene Röschen in Gefrierbeutel geben. Gefroren können sie nach Bedarf entnommen werden.

Spargel
Den frischen, zarten Spargel sorgfältig von oben nach unten schälen, waschen und naß in Verbrauchsportionen in Gefrierbeutel geben und einfrieren.
Dünner Spargel kann in 1 cm kleinen Stückchen portionsweise für Suppen oder in fingerlangen Stücken für Gemüse eingefroren werden.

Tomaten
Die Tomaten waschen, trocknen und in Gefrierbeutel einfrieren. Man kann sie stückweise entnehmen. Beim Auftauen unter warmes Wasser gehalten, sind sie gleich abgeschält. Als Salat nicht mehr zu gebrauchen, jedoch im ganzen gedünstet, als Soße oder zu Gemüse gut zu verwenden. Die Tomaten können auch vorher enthäutet, gemixt und in Becher oder Dosen gefüllt, eingefroren werden.

Zucchini
Die Zucchini können mit der Schale in Würfel, Scheiben oder bei größeren der Länge nach halbiert und entkernt in Gefrierbeutel eingefroren werden.

Gemüse sollte nicht länger als 9 Monate tiefgefroren aufbewahrt werden.

Einfrieren von Küchenkräutern

Peperoni
Peperoni waschen und in feine Stücke schneiden, am besten zieht man hierzu Gummihandschuhe an, da die Peperoni sehr scharf sind.
Die Stückchen in eine Plastikdose mit Deckel geben und einfrieren. Nach Bedarf entnehmen.
(Zum Würzen von Pasta asciutta, serbischer Bohnensuppe etc.)

Petersilie und Dill
Petersilie gut waschen, abtropfen lassen und von den Stielen abzupfen. Auf einem sauberen Geschirrtuch nochmals leicht trockenklopfen. Nun in

einen großen Gefrierbeutel geben, verschließen und in das Gefrierfach legen. Nach 24 Stunden herausnehmen und fest zerdrücken, eventuell mit dem Nudelholz über die Tüte rollen. Nun den zerkleinerten Inhalt rasch in eine Plastikbüchse geben, Deckel schließen und zurück ins Gefrierfach. Das muß alles sehr schnell gehen, damit die Petersilie nicht auftaut.
Man kann nun jederzeit das Essen mit gehackter Petersilie würzen und verschönern, besonders im Winter, wenn frische Kräuter nur selten zu bekommen sind.

Auf die gleiche Weise wird auch Dill eingefroren.

Schnittlauch
Den gewaschenen, trockenen Schnittlauch fein schneiden und gleich in eine Plastikdose mit Deckel geben. Einfrieren. Nach Bedarf mit einem Teelöffel entnehmen und auf die Speisen oder Brote streuen.

Suppengrün
Für den Wintervorrat und die eilige Hausfrau ist es sehr praktisch, Suppengrün immer frisch und gebrauchsfertig im Gefrierfach des Kühlschranks zu haben (Karotten, Petersiliengrün und -wurzel, Sellerie, Selleriekraut, Lauch).
Im gleichen Verhältnis wie ein Bündel Suppengrün, nur die vielfache Menge davon (je nach Größe des Haushalts), werden obengenannte Gemüse gewaschen, in große Stücke geschnitten und in einer Küchenmaschine zerkleinert.
Die Masse in das Eiswürfelgitter fest hineindrücken und in einen Plastikbeutel geben und sofort in das Gefrierfach legen.
Nach 24 Stunden herausnehmen, die Schale kurz unter kaltes Wasser halten und die Würfel herauspressen. Die Würfel in einem Tiefkühlbeutel sofort in das Gefrierfach zurücklegen. Je nach Bedarf die Würfel entnehmen und den Beutel wieder verschließen.

Im Sommer und Herbst, wenn mehr Küchenkräuter im Garten anfallen, als man verwenden kann, friert man den Rest für den Wintervorrat ein. Diese Kräuter eignen sich besonders gut für Salatsaucen und zum Überstreuen der Gerichte.
Einige Dosen Kräuter kann man auch im kleinen Gefrierfach lagern.

Küchenkräuter sollten nicht länger als 6 Monate im Tiefkühlschrank aufbewahrt werden.

Einfrieren von Obst

Eingefroren wird nur ganz frisches, einwandfreies Obst. Das Eingefrorene läßt sich zum Backen ebenso verwenden wie roh. Das sich beim Auftauen absondernde Obstwasser wird mitverwendet.

Aprikosen
Die Aprikosen werden gewaschen, getrocknet und im ganzen für Aprikosenknödel eingefroren. Man kann sie stückweise aus dem Beutel nehmen.

Erdbeeren
Die frischen Erdbeeren waschen, die Blüte entfernen und einzeln auf eine Porzellan- oder Chromarganplatte legen und für ca. 1 Stunde in das Vorgefrierfach geben.
Wenn die Beeren etwas hart sind, portionsweise in Beutel füllen. Auf diese Weise sind die Erdbeeren einzeln gefroren und schneller aufgetaut. Sie lassen sich gut für Erdbeerquark, Erdbeerkuchen und Erdbeerpudding verwenden, jedoch nicht mehr für Erdbeereis.

Himbeeren, Brombeeren
Vorsichtig waschen, abtropfen lassen, die Blüte entfernen und, in Alu-Dosen gefüllt, einfrieren.
Ideal für Vanilleeis mit heißen Himbeeren oder als Kuchenbelag.

Johannisbeeren schwarz und rot, Schwarzbeeren
Die Johannisbeeren waschen, abperlen und in Aludosen gefüllt, einfrieren. Als Kuchenbelag, zum Müsli oder Dessert zu verwenden.

Kirschen, Sauerkirschen
Die gewaschenen Kirschen entstielen und in Gefrierbeutel geben.

Rharbarber
Waschen, schälen und in Stücke geschnitten portionsweise in Gefrierbeutel geben. Aufgetaut zum Mixen mit Banane und Quark geeignet.

Zwetschgen
Große, feste Zwetschgen waschen, trocknen und im ganzen einfrieren für Zwetschgenknödel.
Für Kuchen werden die gewaschenen Zwetschgen entkernt, eingeschnitten und portionsweise in Beutel eingefroren. Zum Mixen, aufs Müsli oder zur Hirse werden die Zwetschgen entkernt und halbiert eingefroren.

Obst bleibt maximal bis zu 9 Monaten als Tiefkühlgut wohlschmeckend.

Kleine Teekunde

Anis
Eine Abkochung von Anis wirkt anregend auf die Verdauungsorgane, hemmend auf Gärungsvorgänge, entblähend. Bei Asthma, krampfartigem Husten, schwerem Bronchialkatarrh mit Eibischwurzel, Fenchel und Thymian mischen.

Apfelschalen
Ein Aufguß von getrockneten Apfelschalen (10 Minuten ziehen lassen) wirkt gegen Rheumatismus, Leber- und Nierenerkrankungen. Durststillend, kühlend.

Baldrian
Bei Angst- und Krampfzuständen, Kopfschmerzen nach geistiger Überanstrengung, Asthma, nervösen Magenbeschwerden, nächtlichem Aufschrecken der Kinder und Einschlafstörungen. 10 g Baldrian auf eine Tasse Wasser; 12 Stunden einweichen, aufkochen, 10 Minuten ziehen lassen. In kleineren Gaben wirkt er anregend auf Herz und Kreislauf.

Benediktenkraut
Der Teeaufguß (2 Tl auf 1 Tasse) regt die Magen- und Darmtätigkeit an, wirkt bei entzündlichen Erkrankungen des Darmes und der Gallenblase. Der Tee ist bitter.
Wunden und Geschwüre heilen gut bei Anwendung von Bädern oder Umschlägen mit dem Teeaufguß. Durch Zusatz von Kamille und Schafgarbe wird die Wirkung gesteigert.

Eibisch
Eine Abkochung der Wurzel und Blätter hilft bei Darmkatarrh und Magenschleimhautentzündung. Mit Kamille erzielt man verstärkte Wirkung. Ein Kaltauszug der Wurzel (1 Tl auf 1 Tasse Wasser über Nacht stehenlassen) hilft bei hartnäckigem Husten (3 Tassen täglich).

Fenchel
Eine Abkochung wirkt krampflösend und entgiftend im Magen-Darm-Kanal, hemmt abnorme Gärung und wirkt durchblutungsfördernd auf die Beckenorgane der Frauen. Wegen seiner Inhaltsstoffe Terpene fördert er bei starker Bronchitis den Auswurf und ist krampflösend bei Keuchhusten.

Hagebutte
Bei leichter Abkochung über längere Zeit genommen harntreibend. Über Nacht eingeweicht und kurz gekocht, ergibt er ein durststillendes Getränk.

Kakaoschalen
Die Schale der Kakaobohne birgt den feinen und wertvollen Geschmack, wirkt anregend auf die Nerven und durch den natürlichen Gehalt an Theobromin heilsam auf die Nieren.
Eine Abkochung (10 Minuten) mit einer Vanillestange ist wertvoller als Kakao und Schokolade.
Mit geschlagener Sahne besonders gut.

Kamille
Ein Aufguß der frischen oder getrockneten Kamille hat eine entzündungshemmende, heilende Wirkung, krampflösend auf Verdauungs- und Becken organe, entblähend.
Für Einläufe, Spülungen, Dampf- und Vollbäder bestens geeignet.

Lindenblüten
Ein Aufguß der Blüten und Blätter ist ein schweißtreibendes Mittel, steigert die Abwehrkräfte des Körpers bei Grippe und Erkältungen.

Malve
Eine Abkochung ist bei entzündlichen Erkrankungen der Schleimhäute (Mund, Bronchien, Magen, Darm) angezeigt. Durststillend, erfrischend.

Melisse (Zitronenmelisse)
Ein Aufguß wirkt beruhigend, krampfstillend und entblähend. Bei nervösen Kopfschmerzen, Herzklopfen oder Schlafstörungen.

Pfefferminze
Der Aufguß macht die Magenschleimhaut unempfindlich, dadurch gut bei Übelkeit und Brechreiz. Leber- und Gallentätigkeit werden angeregt. Er wirkt entspannend und beruhigend auf die Verdauungsorgane. Bei Magengeschwüren und Magenschleimhautentzündung unangebracht.

Salbei
Der Aufguß wirkt gegen übermäßige Schweißabsonderung und Magenschleimhautentzündung, allgemein entspannend und beruhigend.
Spülungen bei Zahnfleischentzündung, Mandelentzündungen und Rachenkatarrh.

Schafgarbe
Ein Aufguß wirkt mild anregend auf die Tätigkeit der Verdauungsdrüsen, besonders der Leber. Entzündungshemmend, entspannend, auch bei Krampfzuständen der Beckenorgane und bei Kreuzschmerzen.

Taubnessel, weiße
Ein Aufguß der Blüten und Blätter ist schleimlösend und harntreibend. Besondere Wirkung auf das Gefäßsystem der Organe des kleinen Beckens. Kräftigungsmittel besonders in der Mischung mit Schafgarbe.

Tausendgüldenkraut
Bittermittel, Kaltauszug über Nacht, kurz aufkochen, mehrmals täglich 30 Minuten vor dem Essen trinken. Regt die Magen- und Darmmuskulatur an und ist ein allgemein kräftigendes Mittel bei Appetitlosigkeit und bei Salzsäuremangel des Magens. Muß über längere Zeit genommen werden.

Thymian
Der Aufguß hat eine krampflösende, sekretverflüssigende, auswurffördernde und stark desinfizierende Wirkung. Bei Asthma, Bronchitis, des weiteren bei krampfartigen, infektiösen Magen- und Darmerkrankungen und bei entsprechenden Zuständen bei Blase und Niere sowie bei Blasenkatarrh.
Nicht bei Kropfleiden verwenden.

Veilchen
Ein Aufguß von Blüten und Blättern wirkt hautreinigend und ist ein gutes Hustenmittel.

Weißdorn
Ein Aufguß von Weißdorn (30 Minuten ziehen lassen) kräftigt die Herzmuskulatur, fördert und verbessert die Durchblutung der Kranzgefäße. Beruhigendes, ausgleichendes, blutdruckregulierendes Herzmittel.
Ist über Monate zu trinken, kein Sofortmittel.

Durch das Süßen mit echtem Honig erhöht sich die Wirksamkeit der Tees.

Herstellung von milchsaurem Gemüse

Durch die Herstellung von Spezial-Gärkrügen* mit 5–25 l Inhalt ist es auch im Familienhaushalt wieder möglich, selbst milchsaures Gemüse einzulegen.

Diese Art der Haltbarmachung von Gemüse ist das natürlichste biologische Verfahren. Das Gemüse wird mit wenig Salz ohne Zuckerzusatz eingelegt. Das Salz schützt das Gemüse vor Fäulnis, bis die Milchsäuregärung abgeschlossen ist. Um den Beginn der Gärung zu beschleunigen, gibt man eine Tasse fertigen Sauerkrautsaft (z. B. Schoenebergers) dazu.

Die Gärtöpfe haben am oberen Rand eine Rille, in die man Wasser füllt und den Deckel hineinsetzt. Damit ist der Inhalt praktisch luftdicht abgeschlossen.

Der Gärtopf bleibt ca. 14 Tage in der Küche bei Zimmertemperatur stehen. Sobald die Gärung in Gang kommt, entweichen Gase durch die Wasserrinne, es blubbert!

Dieses Blubbern läßt gegen Ende der Gärung an Intensität nach. Nach 14 Tagen stellt man den Gärtopf an einen kühlen Ort. Nach ca. 6 Wochen kann das erste Gemüse entnommen werden.

Wegen des verdunstenden Wassers muß die Wasserrille im Gärtopf des öfteren nachgefüllt werden.

Sauerkraut

Sauerkraut ist milchsauer vergorenes Weißkraut.

Zur Füllung eines 10-l-Gärtopfes braucht man ca. 9 kg festes Weißkraut der Herbsternte. Es wird gewaschen, in Stücke geschnitten und mit der Rohkostmaschine fein gehobelt.

Den gut gesäuberten Gärkrug legt man mit Weißkrautblättern aus, gibt die erste Schicht gehobelten Krautes hinein und überstreut dünn mit Salz und Gewürzen. Nun stampft man das Kraut mit einem Holzstampfer solange, bis Saft kommt.

---

* Lieferant u. a.: Heinrich Geisel, Ludwigstr. 70, 8510 Fürth/Bayern

Man braucht für 1 kg Kraut 3 g Vollmeersalz, also 27 g für 9 kg Kraut. An Gewürzen werden Kümmel, Senfkörner, Lorbeerblätter und Wacholderbeeren sparsam dazwischengestreut.

Man gibt nun Lage für Lage gehobeltes Kraut, mit Vollmeersalz und Gewürzen dazwischen, in den Gärtopf und stampft, bis sich eine Lake gebildet hat.

Wenn der Topf gut ¾ voll ist, gießt man noch 1 Tasse fertigen Sauerkrautsaft dazu, legt ein Weißkrautblatt darauf und legt darauf die beiden Spezial-Holzbrettchen.

Die Holzbrettchen beschwert man mit einem großen, glatten Kieselstein. Brettchen und Stein müssen vorher in verdünntem Essigwasser ausgekocht werden. Die Sauerkrautlake muß einige Zentimeter über den Brettchen stehen. Wenn das Weißkraut trotz festen Stampfens zuwenig Lake absondert, gießt man nach dem Einstampfen so viel abgekochtes erkaltetes Salzwasser (20 g Vollmeersalz pro 1 l Wasser) dazu, daß dieses einige Zentimeter über den Holzbrettchen steht. Nun füllt man die Rille des Topfes mit Wasser, setzt den Deckel hinein und läßt ihn 14 Tage bei Zimmertemperatur stehen.

Es kommt vor, daß in den ersten Tagen durch die Gärung die Sauerkrautlake so steigt und in die Rille drängt, daß man etwas abschöpfen muß. Man bewahrt sie im Kühlschrank auf und kann sie nach 2 Wochen wieder dazugießen. Die Brettchen dürfen nie trocken liegen.

Nach 14 Tagen stellt man den Gärtopf an einen kühlen Ort. Nach ca. 6 Wochen ist das Sauerkraut eßfertig. Nach der portionsweisen Entnahme von Sauerkraut muß über dem restlichen Kraut immer 1–2 cm Brühe stehen.

Das rohe Sauerkraut findet Verwendung zu Sauerkrautsalaten (siehe Rezepte) oder ist auch, mit kaltgeschlagenem Öl und Pellkartoffeln, das schnellste vollwertige Essen.

Milchsaures Allerlei

Zum Einlegen von Mischgemüse eignen sich Karotten, Blumenkohl, feste, halbreife Tomaten, Bohnen, Erbsen, Maiskerne, Kohlrabi, kleine Gurken, kleine Zwiebeln, rote und grüne Paprikaschoten.

Für die Füllung eines 10-l-Topfes braucht man:

ca. 6 kg Gemüse
ca. 3 l abgekochtes, erkaltetes Salzwasser (25 g Vollmeersalz auf 1 l Wasser)

und folgende Gewürze:

3 El getrocknete Dillspitzen
3 El getrockneten Estragon
5 Lorbeerblätter
7 Knoblauchzehen, mit je 1 hineingesteckten Nelke
10 Pimentkörner
2 El Senfkörner
1 Stange frischen Meerrettich, in Scheibchen geschnitten

Außer den Bohnen, die man 15–20 Minuten nicht zu weich kocht, wird alles übrige Gemüse roh eingelegt. Man schneidet oder würfelt alles, je nach Gemüseart, klein und gibt es in eine große Schüssel. Dazu gibt man alle Gewürze.

Gut gemischt, schichtet man nun das Gemüse in den mit Krautblättern ausgelegten Gärtopf, bis er gut $3/4$ voll ist. Das Ganze wird mit dem erkalteten Salzwasser übergossen, 1 Tasse Sauerkrautsaft dazugegeben und mit Krautblättern abgedeckt.

Die in Essigwasser ausgekochten Brettchen werden daraufgelegt und mit dem ebenfalls ausgekochten, glatten Kieselstein beschwert. Das Salzwasser muß einige Zentimeter über den Brettchen stehen.

Die Rille des Topfes mit Wasser füllen, den Deckel daraufgeben und 10 Tage bei Zimmertemperatur stehenlassen. Ab und zu muß nachgeschaut werden, ob genug Wasser über den Brettchen steht. Bei Bedarf muß noch etwas abgekochtes Salzwasser nachgegossen werden.

Nach 14 Tagen stellt man den Gärtopf an einen kühlen Ort. Nach ca. 6 Wochen ist das Gemüse fertig. Wenn es noch zu hart ist, läßt man es noch etwas länger gären.

Nach der Gemüseentnahme muß über dem Rest immer einige Zentimeter Gemüsebrühe stehen.

Auch dieses Gemüseallerlei, einschließlich Gemüsesaft, ist, mit kaltgeschlagenem Öl gemischt, besonders geeignet als Vorspeise und schmeckt vorzüglich zu Pellkartoffeln oder zu Butterbroten.

Joghurt selbstgemacht

Es gibt für eine Hausfrau mehrere Gründe, Joghurt selbst herzustellen. Für die Vollwerternährung ist dies meist die einzige Quelle, unpasteurisiertes Joghurt, das im Handel (außer in der Schweiz) nicht zu erhalten ist, zu bekommen.

Man braucht dazu:

1. einen Joghurtautomat mit 2 dazugehörenden Behältern (Inhalt knapp 1 l), z. B. den Jogomagic der Firma Biokosma GmbH, Konstanz, in Reformhäusern erhältlich;

2. ein Joghurtferment. In Reformhäusern oder direkt bei der Firma Biokosma erhält man ein gefriergetrocknetes, bulgarisches Joghurtferment;

3. 1 l Rohmilch aus Tbc-freien Beständen oder 1 l rohe Vorzugsmilch.

Den ersten Joghurtansatz macht man jedoch erfahrungsgemäß besser mit H-Milch oder gekochter Milch.

Die Milch wird leicht erwärmt, das Joghurtferment eingestreut und mit dem Schneebesen gut verrührt. Dies wird in einen Behälter des Joghurtapparates gegossen, in den Apparat gestellt, mit dem Deckel leicht bedeckt und 12 Stunden ruhig stehen gelassen. Dann wird der Behälter aus dem Apparat genommen, mit dem Deckel gut verschlossen und kühl gestellt.

Von diesem 1. Ansatz nimmt man aus der Mitte des Behälters, wo das beste Mischverhältnis der Joghurtbakterien ist, 3 Eßlöffel heraus, gibt sie in den 2. Behälter, gießt lauwarme oder kalte Rohmilch darauf, verrührt gut mit dem Schneebesen und stellt ihn ca. 8–10 Stunden, leicht bedeckt, in den Joghurtapparat. Danach wieder gut verschlossen kühl stellen.

Bei der Joghurtherstellung aus Rohmilch setzt sich der Milchrahm oben auf dem Joghurt ab. Nach der Kühlstellung nimmt man ihn ab und hat besten, unpasteurisierten Sauerrahm zur Herstellung von Salatsaucen.

Man kann aus dem Joghurt mindestens 30mal wieder neues Joghurt herstellen, solange bis es zu sauer schmeckt.

Wird das Joghurt einmal nicht gebraucht, kann man es 2–3 Stunden lang durch einen Kaffeefilter laufen lassen. Die abtropfende Molke kann getrunken werden, der im Filterpapier bleibende Rest ergibt frischen, saftigen, unpasteurisierten Quark.

Das Getreide – Grundlage der Vollwertkost

Der Weizen
Für den Weizen gibt es vielfältige Verwendungsmöglichkeiten in der menschlichen Ernährung.
Der Weizen ist das wichtigste Brotgetreide der Erde. Er trägt seinen Mineral- und Vitamingehalt vornehmlich in den Randschichten, wo auch das Eiweiß angereichert ist. Besonders reich ist sein Gehalt an Kieselsäure, daher ist es unbedingt notwendig, das ganze Korn für die Ernährung zu verarbeiten.
Weizen und seine Produkte sind leicht verdaulich und haben harmonisierende und entlastende Wirkung auf die Körperfunktionen.

Der Roggen
Der Roggen ist das wichtigste einheimische Brotgetreide und die neben dem Weizen am meisten angebaute Getreideart.
Er enthält viele wichtige Mineralien, insbesondere Kieselsäure. Dieses für das Knochengerüst, die Haare, Nägel und Zähne wichtige Mineral kommt hier besonders reichlich vor. Außerdem sind wichtige Vitamine enthalten, die für den geregelten Ablauf der Körpervorgänge von großer Bedeutung sind.
Der hohe Kaliumgehalt wirkt wohltuend auf die Leber.

Die Gerste
Die Gerste ist neben dem Weizen das älteste Getreide. Außer Fett, Eiweiß und Kohlenhydrate enthält sie wichtige Mineralien und Vitamine.
Gerste wirkt durch ihren hohen Kieselsäuregehalt vorbeugend gegen Bindegewebsschwäche, Bandscheiben- und Gelenkschäden. Gerstengerichte sollten bereits Kindern gereicht werden.
Bei Erkrankungen des Magens und des Darmes leistet Gerste auf Grund ihrer Schleimbildung wertvolle Heilhilfe. Sie wirkt stärkend auf die Lungen. Das »Barley water« (Gerstenwasser) aus England ist als Volksheilmittel bekannt.

Der Hafer
In früherer Zeit war der Hafer für die Bewohner der nördlichen Breiten die bevorzugte Nahrung. Ebenso wichtig war er für die Tiere.
Wie Gerste und Dinkel gehört Hafer zu den Spelzgetreiden und muß vor Gebrauch seiner natürlichen Hülle entledigt werden.
Neben Kohlenhydraten enthält er viel Fett und Eiweiß und ist reich an Vitaminen und Spurenelementen.

Der Hafer wird seit langer Zeit als kraftspendende und aktivierende Nahrung sehr geschätzt. Er gibt dem geistig Schaffenden wie dem Muskelarbeiter belebende Wirkung. Für den Mineralhaushalt des menschlichen Körpers liefert er wichtige Spurenelemente. Besonders geschätzt wird er bei Eisenmangel.

Nackthafer ist eine spelzenlose Züchtung neuester Zeit.

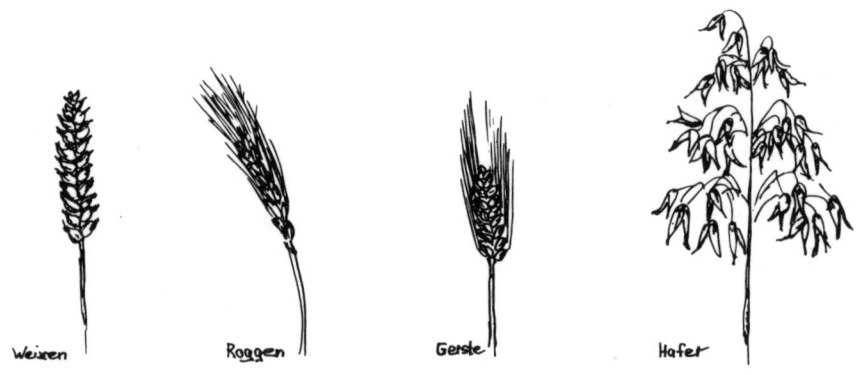

Der Grünkern
Der Grünkern ist ein in der Milchreife geernteter Dinkel oder Spelzweizen. Sofort nach der Ernte werden die Körner gedarrt und dann entspelzt. Der feine Geschmack wirkt anregend und belebend auf die menschlichen Verdauungsdrüsen. Er ist geschätzt wegen seines hohen Eiweißgehalts und der Spurenelemente Phosphor und Eisen.

Die Hirse

Die Hirse muß vor ihrer Verwendung für die menschliche Nahrung geschält werden, wie es auch bei Hafer und Gerste erforderlich ist.

Ihre wichtigen Bestandteile liegen nicht so sehr in den äußeren Randschichten, weshalb sie auch nach dem Schälen noch ein vollwertiges Lebensmittel ist.

Sie enthält neben Magnesium, Fluor, Kali auch Phosphor und Eisen. Sie ist das mineralstoffreichste Getreide der Welt.

Hirse wird bei Hauterkrankungen und zur Erhöhung der Sehkraft verwendet. Die in ihr enthaltene Kieselsäure schützt vor Haarausfall und Bruch der Nägel.

Hirse

Reis

Der Reis

Der Reis ist das Hauptnahrungsmittel der Menschen des Fernen Ostens. Nach der Entspelzung, d. h. von der unverdaulichen Strohhülse befreit, heißt der so behandelte Reis Halbrohreis.

Der Halbrohreis ist von dem sogenannten Silberhäutchen und dem Keim umgeben. Dieses Silberhäutchen enthält Eiweiß, Fett, Vitamine und andere Wirkstoffe.

Der gereinigte Halbrohreis, genannt Naturreis mit dem Silberhäutchen, ist immer ungeschält und unpoliert. Er ist daher ein vollwertiges Naturprodukt.

Wegen seiner Armut an Natrium wird der Reis bei Nierenkrankheiten, Bluthochdruck und Wasseranschwellungen gegeben. Bei diesen Krankheiten muß die Nahrung möglichst natriumarm gehalten werden, da Natrium Wasser im Organismus bindet.

Der Mais
Der Mais stammt aus dem Lebensraum der Indianer und wurde von ihnen als Korn gezüchtet.
Wir haben ihn als Zusatznahrungsmittel übernommen. Hauptanbaugebiete in Europa sind die Mittelmeerländer und der Balkan. Das Maiseiweiß ist kleberfrei und wird deshalb sehr gut vertragen von Menschen, die allergisch gegen Klebereiweiß sind.
Maiseiweiß und Bohneneiweiß lassen sich zu einer hohen Eiweißqualität kombinieren.

Der Buchweizen oder das Heidekorn
Der Buchweizen ist ein Knöterichgewächs wie Sauerampfer und Rhabarber, zählt also nicht zur Familie der Gräser wie alle anderen Getreidearten.
Der Fruchtknoten erinnert an eine Buchecker, was zur Bezeichnung Buchweizen geführt haben dürfte.
Die mineralische Ausstattung des Buchweizens ist bedeutend. Eisen, Phosphor, Kalzium, Kalium, Magnesium, Zinn und Kieselsäure kommen reichlich vor. Aber auch wichtige Vitamine zählen zu seinen Bestandteilen.

Ganz wichtig ist der reiche Lezithingehalt des Buchweizens. Das Mehl des Buchweizens besitzt alle guten Eigenschaften von Getreidemehlen. Er ist ein wertvolles, aufbauendes Nahrungsmittel, das leider in jüngster Zeit wegen des unrentablen Anbaus in Vergessenheit geriet.

Begriffserläuterungen

Agar-Agar ist ein Produkt aus Meeresalgen, und zwar aus der Gruppe der Rotalgen. Es enthält reichlich Pektin und wird allgemein als natürliches Geliermittel verwendet.

Brecht-Gewürze ist ein Markenname. Selbstverständlich kann jedes andere naturreine Gewürz verwendet werden. Nur die Gewürzmischungen wie Delifrut, Delikata, Endoferm, Picata und Salatgewürz sind Spezialmischungen von Brecht, deren unterschiedliche Aromata sehr gut aufeinander abgestimmt sind. Sie sind naturrein und enthalten keine Fremdstoffe oder künstliche Aromata.

Brisoletten* ist ein Markenname für ein Sojaprodukt. Diese Sojaschnitten sind bereits gebrauchsfertig und werden in Dosen oder in Folie eingeschweißt angeboten.

Dangawurst ist eine vegetarische Pastete, naturgeräuchert mit hochwertigem Eiweiß und ungehärtetem Pflanzenfett.

Delifrut ist eine sehr feine Gewürzmischung für süßes Würzen.

Delikata siehe Brecht-Gewürze

Demeter-Grieß mit Schalenteilen* ist dasselbe wie Vollkorngrieß.

Diäsan* ist ein pflanzliches, hartfettfreies und streng natriumarmes Speisefett. Es enthält die lebenswichtigen linolensäurereichen Wirkstoffe des naturbelassenen, kaltgeschlagenen Leinöls. Diäsan oder ähnliche Reformmargarinen werden dort zum Braten verwendet, wo bisher übliche Margarinen bevorzugt wurden. Selbstverständlich kann dafür auch Butter verwendet werden.

Eissalat ist ein gebräuchlicher Handelsname für eine sehr robuste, haltbare Salatsorte. Es ist ein Mittelding zwischen Kopfsalat, Endivien und Weißkohl.

Endoferm siehe Brecht-Gewürze.

Frugola* ist eine gekörnte, rein vegetarische Brühe mit Hefeextrakt.

Graham-Brötchen sind Vollkornbrötchen. Sie sind nach dem amerikanischen Baptistenprediger William Graham benannt.

Hiffenmark ist das Mark der Hagebutte. Es ist ungezuckert im Reformhaus erhältlich. Es kann je nach Bedarf mit Honig gesüßt werden.

Kaltgeschlagenes Öl ist identisch mit sog. kaltgepreßtem Öl. Es weist auf eine besondere Herstellungsart des Öls hin, bei dem die Ölfrüchte nicht raffiniert, sondern im Naturzustand sog. kalt gepreßt werden. Als dieses Verfahren noch nicht maschinell ablief, wurde in früheren Jahren ein Handverfahren angewandt, bei dem die Pressung mittels eines eingeschlagenen Keils in Gang gesetzt wurde. Daher noch der alte Name: Schlagen von Öl.

Karobe oder Karube ist getrocknetes, gemahlenes Johannisbrot. Sie ist sehr wohlschmeckend und kann an Stelle von Kakao verwendet werden. Da sie natürliche Süße enthält, kann die Honigmenge in den Rezepten je nach Geschmack verringert werden. Anstelle von Kakao wird sie auch in Milch verwendet.

Phagschnitten* siehe Brisoletten.

Picata siehe unpasteurisierte Milch.

Tartex* ist eine vegetabile Pastete aus hochwertigem pflanzlichem Eiweiß, leicht verdaulichen Fettstoffen und Ölen und pflanzlichen Stärken. Es eignet sich zu Suppen, Klößen, Frikadellen und als Brotaufstrich.

Vitam-Gemüsebrühe* ist eine vegetarische Brühe mit hohem Anteil an Hefeextrakt Vitam-R, Gemüsezusatz und natürlichen Gewürzen. Sie eignet sich zur Bereitung von Suppen, Eintopfgerichten, Nudeln, Reis und Gemüsen.

Vitam-R* ist ein Hefeextrakt mit wertvollem Hefe-Eiweiß und vielen Vitaminen im natürlichen Verband ohne jeden chemischen Zusatz. Es eignet sich zum Aufwerten und Würzen von Soßen, Suppen, Eintopfgerichten, Quark, Salaten und als Brotaufstrich.

Vorzugsmilch ist Rohmilch aus besonders überwachten Tierbeständen.

Weinsteinbackpulver ist gegenüber herkömmlichem Backpulver ein natürliches Produkt. Der Säureträger ist nur reine natürliche Weinsteinsäure aus Ablagerungen in Holz-Weinfässern.

---

* Diese und ähnliche Produkte sind unter anderen Handelsbezeichnungen auch in Naturkost- und Bio-Läden erhältlich.

Alphabetisches Gesamtverzeichnis der Rezepte und Zutaten

Allgäuer Ananastorte 104
Amerikanisches Maisbrot 53
Ananas
–, Sauerkrautsalat mit 37
–torte, Allgäuer 104
Anis
–hörnchen 77
–plätzchen 136
–zopf 69
Apfel
–, Chicoréesalat mit 21
– im Schlafrock 220
– in Gelee 230
–kuchen, fränkisch 81
––, gedeckt 82
–– mit Rahmguß 83
––, versenkt 83
–küchle 219
–mus, roh 230
–, Selleriesalat mit 39
–, Spinatsalat mit 41
–strudel, Rahm- 227
––, Wiener 226
–torte, Prager 111
–, Vanille- 243
–wähe, Schweizer 98
Apfelsinen-Fenchel-Salat 25
Aprikosen
–eis 245
–, Hirse mit 236
–knödel 221
–kuchen, Wiener 101
–milch mit Bananeneis 251
–quark 231
Artischocken 212
Aspik
–, Gemüseallerlei in 174
–, Gemüse-, mit Sojafleisch 174
Auberginen- und Zucchinischeiben, gebacken 199
Auflauf
–, bayerischer 221
–, Hirse- 222

–, Nudel- 179
–, Reis- 224
–, Kirschen- 224
–, Rosenkohl- 189
Aufstriche mit Avocados zu Vollkornbrötchen 264

Backferment, Spezial- 50
–, Dreikornbrot mit 56
–, Quarkvollkornbrot mit 63
–, Roggenvollkornbrot mit 63
–, Sonnenblumenbrot mit 64
–, Walliser Nußbrot mit 65
–, Weizenvollkornbrot mit 66
Baguette Normandie 78
Banane Suchard 245
Bananen
–eis 245
––, Aprikosenmilch mit 251
–milch mit Zitroneneis 251
–quark 231
–, Rhabarber natur mit 240
Barbarakuchen 84
Basler Leckerli 127
Bauernschmaus 168
Bauern-Vollkornbrot 54
Bayerische Bierstangen 70
Bayerischer Scheiterhaufen 221
Beerenleckerei 232
Bergsteigeressen 153
Bienenstich 85
Bierstangen, bayerische 70
Birne Helene 246
Birnen
–, Chicoréesalat mit 21
–igel 232
–, Käsesalat mit 254
–, Rhabarber natur mit 240
Biskuit
–, Butter-, Allgäuer Ananastorte aus 104
––, aus Vollkorn 86

–, Erdbeersahneroulade aus 105
Blätterteig
–, Nußbeugerl aus 95
–, Quark-, Mohntaschen aus 94
Blaukraut
–salat 18
–und-Weißkraut-Salat 33
Blumenkohl
– mit Karotten 18
– mit Tomaten 18
– Royale 169
Bohnen
–keime 258
– salat 200
–suppe, serbische 159
–Tomaten-Gemüse 213
–topf, fränkischer 154
Brandteig 77
Broccoli 213
– Venezia 20
Buchteln, Wiener 228
Buchweizenfrikadellen 195
Bunter –
– Champignonsalat 19
– Kartoffelsalat 204
– Kopfsalat 29
– Melonensalat 238
– Obstsalat 232
– Salatteller 19
Butter–
–biskuit, Allgäuer Ananastorte aus 104
–– aus Vollkorn 86
–creme, Frankfurter Kranz mit 106
––, gespickter Rehrücken mit 107
–klößchensuppe 143
–milchbrot 55
–nockerlsuppe 144
–sauce, Spargel in 217
–sterne 118

283

Camembert
−, angemacht 253
− Champignon 253
Cattaloniasalat 20
Champignon−
−Camembert 253
−cremesuppe 144
−Reis-Salat 257
−salat, bunter 19
−− mit Mayonnaise 20
Champignons
−, Endivie mit 24
−, Spargelsalat mit 40
Chicorée
−salat 21
−− Cannes 22
−− Korinth 23
−− mit Äpfeln 21
−− mit Birnen 21
−− mit Grapefruit 22
−− mit Mayonnaise 22
Chinakohl
− mit Meerrettich 23
− mit Orangen 23
Chinesische −
− Eierblumensuppe 145
− Frühlingsrolle 170
Chinesisches Reisgericht 171
Christstollen 132
Cocktail, Spargel- 40
Coleslaw 24
Cookies, Vollkorn- 136
Creme
−, Erdbeer- 233
− Hawaii 233
−, Johannisbeer- 236
−, Orangen− 239
−, Rhabarber- 241
−, Rahm-, Petersburger 239
−, Sanddorn- 241
−, Schokoladen- 242
−, Wein-, Haselnußtorte mit 108
−, −schaum- 243
−suppe, Champignon- 144
−−, Kohlrabi- 147
−−, Sellerie- 149
Cumberlandsauce 160
−, Spargel in 41
Curry-Reis 209

Dillsauce
−, Gurkensalat in 27
−, Kopfsalat in 30
Dreikornbrot 56

Eierblumensuppe, chinesische 145
Einlaufsuppe 145
Eis
−bombe Charlotte 247
−creme Cassata 246
−kaffee 252
−tee Privat 252
−torte Corinna 250
Elisen-Lebkuchen 130
Enchiladas 172
Endivie mit Champignons 24
Endiviensalat
− mit Radieschen 24
− mit Tomaten 25
Erdbeer−
−creme 233
−eis 247
−milch mit Vanilleeis 251
−pudding 234
−quark 233
−sahneroulade 105
Erdbeeren mit Sahne 234
Exoten-Topf 171

Faschingskrapfen aus Vollkornmehl 86
Feldsalat (Rapunzel)
− Brüssel 25
−, Karotten mit 28
Fenchel
−Apfelsinen-Salat 25
−, gedünstet 213
−gratin 173
− Rapunzel-Salat 36
−salat mit Karotten 26
−, überbacken 213
Frankfurter Kranz 106
Fränkischer −
− Bohnentopf 154
− Kartoffelsalat 205
Französische −
− Mayonnaise 160
− Zwiebelsuppe 146
Frikassee, Pilz- 215
Frischkäse, Staudensellerie mit 42
Frischkornmüsli 14 ff.
Früchte
−brot 128
−reis, Schweizer 225
Frühlingsrolle, chinesische 170

Geburtstagsblumen 139

Gefüllte −
− Grapefruit 235
− Lebkuchen 130
− Maispfannkuchen 172
Gelee, Äpfel in 230
Gemischter Lauchsalat 26
Gemüse
−allerlei in Aspik 174
−aspik mit Sojafleisch 174
−füllung für Kartoffelnestchen 214
−, milchsaures 273 ff.
−topf, Nockerl- 157
−−, schwäbischer 159
Gersteneintopf 154
Gespickter Rehrücken 107
Getreide 277−280
−mühlen 48 f.
Gewürzbrot, Quark- 62
Gewürzkuchen 88
Gnocchi, Käse- 201
Grapefruit
− Cardinal 26
−, gefüllte 235
− Piz Palü 235
Gratin
−, Fenchel- 173
−, Kartoffel-, Schweizer 176
−, Lauch- 177
−, Pilz- 181
Griechischer Tomatensalat 27
Grundansatz 51
Grünkern
−frikadellen Hawaii 196
−, ganze Körner 200
Gugelhupf 88
Gurken
−salat in Dillsauce 27
−Tomaten-Salat 27

Haselnuß−
−Lebkuchen, Nürnberger 132
−plätzchen 118
−ringe 119
−torte 108
Haselnüsse s. auch Nüsse
Hefe 50
−, Baguette Normandie mit 78
−, Buttermilchbrot mit 55
−, Kräuterbrot mit 57
−, Kümmel-Vollkornbrot mit 58
−, Leinsamenbrot mit 60
−, Quark-Gewürzbrot mit 62
−, Vollkorn-Toastbrot mit 64
−, Zwiebelbrot mit 67

Herzogin-Kartoffeln 203
Himbeeren, Vanilleeis mit heißen 249
Hirse
–auflauf 222
–frikadellen, überbacken 196
– mit frischen Zwetschgen oder Aprikosen 236
–torte 222
Holländische Lauchsuppe 147
Honigpfefferkuchen 128
Hotch-Potch 155
Husarenkrapfen 119
Hutzelbrot 129

Ingwer
–brot 57
–eis 248
–herzen 120
–sahne 236
Irish Stew 155

Jägersuppe 146
Joghurt 276
Johannisbeer–
–creme 236
–kuchen mit Streuseln 89
Johannisbeeren, Melonenkörbchen mit 237

Kaiserschmarren 223
Kapernsauce 161
Karotten
–, Blumenkohl mit 18
–, Fenchelsalat mit 26
–, Kohlrabi mit 28
– mit Feldsalat 28
–Rohkost 28
––, pikant 28
Kartoffel–
–brei 203
–croquetten 203
–nestchen 202
––, Gemüsefüllung für 214
–pastetchen 175
–puffer 176
–rolle 202
–rösti 201
–salat, bunter 204
––, fränkischer 205
–– mit Rapunzel 204
–– mit Selleriemayonnaise 205
–teig, Würstchen im 190
Kartoffeln
–, Herzogin- 203
– in Folie 189

–, Schalen-, gebacken 211
–, Silberstar 189
Käse
–gebäck 70
–Gnocchi 201
–kuchen 90
–Reis-Salat 258
–salat mit Birnen 254
–– mit Oliven 254
–– mit Paprika 255
–sauce 161
–snacks 71
–steaks 197
–wähe, Schweizer 187
Kerbelsuppe 146
Kirchweih–
–herzen 138
–kränzchen 139
–küchle 140
Kirsch–
–becher 237
–kuchen mit Mandelstreuseln 91
––, versenkt 92
–– vom Blech 103
–sahne, Melone mit 237
Kirschen
–männle 223
–Reis-Auflauf 224
Kleine Osterhasen 115
Klößchen
–, Butter-, in Suppe 143
–Gemüsetopf 157
–, Käse- 201
Klöße
–, Mehl- 207
–, Schwemm- 208
Knoblauchtoast 259
Knödel
–, Aprikosen- 221
–, Semmel- 208
–, Zwetschgen- 221
Kohlrabi
–cremesuppe 147
– mit Karotten 28
– mit Tomaten 29
–, pikant 29
–, Tomaten gefüllt mit 43
Kokos–
–berge 120
–makronen 121
Kompott
–, Pfirsich-, roh 238
–, Preiselbeer- 240
Königskuchen 92

Kopfsalat
–, bunter 29
– Frühling 30
– in Dillsauce 30
– Lorraine 30
– Maikönig 31
– mit Spargel 32
– San Remo 31
– Taiwan 32
Körner, Grünkern- 200
Krapfen
–, Faschings-, aus Vollkornmehl 86
–, Husaren- 119
Kräuter
–brot 57
–quark 165
–remoulade 162
–risotto 209
–Salatcreme 161
–tee 270 ff.
–toast 259
Kraut
–salat 33
–– Max und Moritz 33
–wickel 177
Kresse
–, Rettichsalat mit 36
–, Tomatensalat mit 43
Kronensemmeln 76
Kümmel
–ringe 73
–schrippen 61
–stangen 76
–Vollkornbrot 58

Lauch
–gratin 177
–pastete 178
–salat, gemischter 26
–suppe 156
––, holländische 147
Laugenbrezen, Vollkorn- 141
Lebkuchen
–, Elisen- 130
–, gefüllte 130
–, Haselnuß-, Nürnberger 132
–schnitten 131
Leckerli, Basler 127
Leinsamen
–brot 60
–brötchen 59
Linsentopf 156
Linzer–
– Teigkranzerl 121
– Torte 109

285

Mais
−brot, amerikanisches 53
−pfannkuchen, gefüllte 172
−salat Kentucky 34
−schnitten 206
−würfel, gebacken 206
Makronen
−, Kokos- 121
−, Zimt- 126
Mandel−
−kränzchen 122
−mohrchen 122
−plätzchen 123
Marmelade aus frischem Obst 244
Marmorkuchen 93
Mayonnaise
−, Champignonsalat mit 20
−, Chicoréesalat mit 22
−, französische 160
−, Schwarzwurzel-Rohkost mit 38
−, Sellerie-, Kartoffelsalat mit 205
Meerrettich
−quark 165
−sauce 162
Mehlklöße 207
Melone mit Kirschsahne 237
Melonen−
−körbchen mit Johannisbeeren 237
−salat 238
−−, bunter 238
Milch
−, Aprikosen−, mit Bananeneis 251
−, Bananen-, mit Zitroneneis 251
−, Erdbeer-, mit Vanilleeis 251
Minestrone 157
Mohn
−kränzchen 77
−taschen 94
− und Sesambrötchen, Kümmelschrippen 61
−zöpfle 77
Mohrenkuchen 93
Müsli, Frischkorn- 13 ff.

Nikolaus 134
Nockerl-Gemüsetopf 157
Nudelauflauf 179
Nudeln
−, Rohr- 229

−, Schopf-, steierische 192
−, selbstgemachte, in Suppe 151
−, Vollkorn- 210
Nudelsalat 255
Nürnberger Haselnuß-Lebkuchen 132
Nuß−
−beugerl 95
−brot, Walliser 65
−kranz, spanischer 99
−lämmchen 114
−plätzchen, Wiener 125
−printen 123
−torte Mozart 110
−zopf 96

Obst
−marmelade, frische 244
−salat, bunter 232
−− Semiramis 239
−−, winterlicher 244
Oliven, Käsesalat mit 254
Orangen (Apfelsinen)
−, Chinakohl mit 23
−creme 239
Oster−
−gebäck Hase und Hahn 117
−−, Tiroler 74
−hasen, kleine 115
−−, Streusel- 116
−lämmer 113
Ottilienkuchen 97

Pampelmuse s. Grapefruit
Parika
−, Käsesalat mit 255
−quark 166
−salat Alexandria 35
−schoten, gefüllt 180
Pasta asciutta 181
Pastetchen, Kartoffel- 175
Pastete, Lauch- 178
Perltapiokasuppe 148
Petersburger Rahmcreme 239
Pfannkuchen
−, gefüllt 191
−, Mais-, gefüllte 172
−, Pilz- 182
−, Spinat-, Windsor 182
−, Vollkorn- 191
Pfefferkuchen, Honig- 128
Pfeffernüsse 124
Pfirsich
−kompott, roh 238
− Melba 248

Pichelsteiner 158
Pikante Torte 256
Pilz−
−beefsteak 197
−frikassee 215
−gratin 181
−pfannkuchen 182
−ragout 215
−sauce 163
−schnitzel 198
Pizza
− Milano 183
− Napoli 184
− Vesuv 185
Polenta 207
Prager Apfeltorte 111
Preiselbeerkompott 240
Printen, Nuß- 123
Prinzeß-Tomate 35
Pudding, Erdbeer- 234

Quark
−, Aprikosen- 231
−, Bananen- 231
−blätterteig, Mohntaschen aus 94
−, Erdbeer- 233
−Gewürzbrot 62
−, Kräuter- 165
−, Meerrettich- 165
−, Paprika- 166
− pikant 167
−Rührkuchen 97
−, Sauerkirsch- 242
−stollen 134
−, Tomaten- 166
−vollkornbrot 63
Quiche
− Lorraine 185
− Provence 186

Radieschen
−, Endiviensalat mit 24
−, Wirsingsalat mit 45
Ragout, Pilz- 215
Rahm
−apfelstrudel 227
−creme, Petersburger 239
−spinat 216
Rapunzel
−Fenchel-Salat 36
−, Kartoffelsalat mit 204
Ratatouille 187
Ravioli 188
Rehrücken, gespickter 107
Reibekuchen 176

Reis
—auflauf 224
—Champignon-Salat 257
—, Curry- 209
—frikadellen 198
—, Früchte-, Schweizer 225
—gericht, chinesisches 171
—Käse-Salat 258
—Kirschen-Auflauf 224
—salat Hawaii 258
—suppe Calcutta 148
Remoulade, Kräuter- 162
Rettich
—salat mit Kresse 36
—, Tomaten gefüllt mit 43
Rhabarber
—creme 241
—kaltschale 241
—kuchen 98
— natur mit Bananen 240
—— mit Birnen 240
Risotto 209
—, Kräuter- 209
Roggen
—vollkornbrot 63
—vollkornsticks 72
Rohkost
—, Karotten- 28
—, —, pikant 28
—, Rote-Rüben- 36
—, Schwarzwurzel-, mit Mayonnaise 38
—, Wirsing- 46
Rohrnudeln 229
Rosenbrötchen 75
Rosenkohl
—auflauf 189
—rührei 216
Rosinen
—hörnchen 75
—stängchen 75
—zöpfchen 75
Rote Rüben
— mit Sauerrahm 36
—Rohkost 36
—, Sauerkrautsalat mit 37
Rotkohl s. Blaukraut
Rüblitorte, Schweizer 112
Rührei
—, Rosenkohl- 216
—, Zucchini- 194
Rührkuchen, Quark- 97
Sachertorte 111
Sagosuppe 148

Salat
—creme, Kräuter- 161
——, Tomaten- 164
—teller, bunter 19
Sanddorncreme 241
Sauerkirschquark 242
Sauerkrautsalat 37
— Hawaii 37
— Krim 37
—, römisch 38
Sauerteig 50
—, Bauernvollkornbrot mit 54
—, Kümmel-Vollkornbrot mit 58
Schalen-Kartoffeln, gebacken 211
Schaukelpferdchen 135
Schlemmersonne 260
Schmarren, Kaiser- 223
Schneckenhäuschen 75
Schokolade, Vanilleeis mit heißer 249
Schokoladen—
—creme 242
—eis 248
Schopfnudeln, steierische 192
Schusterbuben und Kümmelringe 73
Schwäbische Spätzle 210
Schwäbischer Gemüsetopf 159
Schwarzwurzel—
—Rohkost mit Mayonnaise 38
—salat, pikant 38
Schweinchen 141
Schweizer —
— Apfelwähe 98
— Früchtereis 225
— Kartoffelgratin 176
— Käsewähe 187
— Rüblitorte 112
Schwemmklöße 208
Sellerie
—cremesuppe 149
—, gedünstet 217
—mayonnaise, Kartoffelsalat mit 205
—salat Astor 39
—— Bombay 39
—— Richelieu 40
—schnitzel 199
—, Stauden-, s. Staudensellerie
—toast 260
Semmelknödel 208
Senfsauce 163
Serbische Bohnensuppe 159
Sesambrötchen 61

Sesamschnecken 77
Silberstar-Kartoffeln 189
Snacks, Käse- 71
Sojabohnen, gekeimt 258
Sonnenblumenbrot 64
Spaghetti, Vollkorn- 210
Spanische Tomatensuppe 149
Spanischer Nußkranz 99
Spargel 217
—cocktail 40
— in Buttersauce 217
— in Cumberlandsauce 41
—, Kopfsalat mit 32
—salat, gekocht 211
—— mit Champignons 40
—suppe 150
——, legiert 150
Spätzle, schwäbische 210
Spinat
—pfannkuchen Windsor 182
—, Rahm- 216
—salat in Rahm 41
—— mit Äpfeln 41
—— mit Tomaten 42
—— Regina 42
Spitzbuben 124
Spritzgebäck, Vollkorn- 137
Staudensellerie 43
— mit Frischkäse 42
Steierische Schopfnudeln 192
Stollen, Christ- 132
—, Quark- 134
Streusel—
—Johannisbeerkuchen 89
—Kirschkuchen 91
—lämmchen 114
—osterhasen 116
—Zwetschgenkuchen 103
Strudel
—, Apfel-, Wiener 226
—, Rahmapfel- 227
—, Topfen-, bayrisch 225
Suppe mit selbstgemachten Nudeln 151

Tapiokasuppe 148
Teigkranzerl, Linzer 121
Tiroler Ostergebäck 74
Toast
—brot, Vollkorn- 64
—, Knoblauch- 259
—, Kräuter- 259
—, Schlemmer- 260
—, Sellerie 260

Toast
–, Tomaten- 260
–variationen 259
–, Vollkorn- 264
Tomate, Prinzeß- 35
Tomaten
–, Blumenkohl mit 18
–Bohnen-Gemüse 213
–, Endiviensalat mit 25
– gefüllt mit Kohlrabi (oder Rettich) 43
–Gurken-Salat 27
–, Kohlrabi mit 29
–quark 166
–Salatcreme 164
–salat, griechischer 27
– – mit Kresse 43
–sauce 164
– – aus frischen Tomaten 164
–, Spinatsalat mit 42
–suppe mit Goldwürfeln 152
– –, spanische 149
–toast 260
–, Wirsingsalat mit 46
Topfenstrudel, bayrisch 225
Topinambursalat Brasilia 44
Torte, pikante 256

Vanilleäpfel 243
Vanilleeis 249
– –, Erdbeermilch mit 251
– – mit heißen Himbeeren 249
– – mit heißer Schokolade 249
–sauce 164
Vollkorn–
–allerlei für den Brotkorb 76
–brot, Bauern- 54
– –, Kümmel- 58

– –, Quark- 63
– –, Roggen- 63
– –, Weizen- 66
–brötchen, Aufstriche mit Avocados für 264
– –, Butterbiskuit aus 86
–Cookies 136
–knäckebrot 264
–Laugenbrezen 141
–mehl, Faschingskrapfen aus 86
–pfannkuchen 191
–Rosen 100
–Spaghetti 210
–spritzgebäck 137
–sticks, Roggen- 72
–toast 264
– –brot 64
–waffeln 137
Vorteig s. Grundansatz

Waffeln, Vollkorn- 137
Waldorfsalat 44
Walliser Nußbrot 65
Walnußkuchen 101
Wein
–creme, Haselnußtorte mit 108
–schaumcreme 243
Weißkraut
– mit Karotten 24
–salat 45
– – mit Früchten 33
– – Regent 45
–wickel 177
–und-Blaukraut-Salat 33
Weizenvollkornbrot 66
Wiener –
– Apfelstrudel 226

– Aprikosenkuchen 101
– Buchteln 228
– Nußplätzchen 125
Windbeutel 77
–, gefüllt 244
–, pikant gefüllt 261
Winterlicher Obstsalat 244
Wirsing
–Rohkost 46
–salat mit Radieschen 45
– – mit Tomaten 46
Würstchen
– im Kartoffelteig 190
– im Schlafrock 261

Zimtmakronen 126
Zitronen
–eis 250
– –, Bananenmilch mit 251
–kuchen 102
–laibchen 126
Zucchini
–Allerlei 192
–, gefüllt 193
– und Auberginenscheiben, gebacken 199
Zwetschgen
–datschi 229
–knödel 221
–kuchen mit Streuseln 103
Zwiebel–
–brot 67
–fladen 68
–kuchen Bretagne 262
– – Marseille 263
–Rührei 194
–suppe, französische 146